公共行政与公共管理
经　典　译　丛

"十三五"国家重点出版物出版规划项目

PUBLIC ADMINISTRATION AND PUBLIC MANAGEMENT CLASSICS

## 公 共 行 政 与 公 共 管 理 经 典 译 丛

# 理解治理

## 政策网络、治理、反思与问责

[英] R. A. W. 罗兹（R. A. W. Rhodes）/ 著

丁煌　丁方达 / 译

丁煌 / 校

# UNDERSTANDING GOVERNANCE

## POLICY NETWORKS, GOVERNANCE, REFLEXIVITY AND ACCOUNTABILITY

中国人民大学出版社
·北京·

# 总　序

在当今社会，政府行政体系与市场体系成为控制社会、影响社会的最大的两股力量。理论研究和实践经验表明，政府公共行政与公共管理体系在创造和提升国家竞争优势方面具有不可替代的作用。一个民主的、负责任的、有能力的、高效率的、透明的政府行政管理体系，无论是对经济的发展还是对整个社会的可持续发展都是不可或缺的。

公共行政与公共管理作为一门学科，诞生于 20 世纪初发达的资本主义国家，现已有上百年的历史。在中国，公共行政与公共管理仍是一个正在发展中的新兴学科，公共行政与公共管理的教育也处在探索和发展阶段。我国公共行政与公共管理教育和学科的发展与繁荣，固然取决于多方面的努力，但一个重要的方面在于，我们要以开放的态度，了解、研究、学习和借鉴国外发达国家研究和实践的成果。另一方面，我国正在进行大规模的政府行政改革，致力于建立与社会主义市场经济相适应的公共行政与公共管理体制，这同样需要了解、研究、学习和借鉴发达国家在公共行政与公共管理方面的经验和教训。因此，无论是从我国公共行政与公共管理教育发展和学科建设的需要来看，还是从我国政府改革实践层面的需要来看，全面系统地引进公共行政与公共管理经典著作都是时代赋予我们的职责。

出于上述几方面的考虑，我们于世纪之交开启了大型丛书"公共行政与公共管理经典译丛"的翻译出版工作。自 2001 年 9 月本译丛首部著作《公共管理导论》出版以来，十几年间出版著作逾百种，影响了国内公共行政与公共管理领域无数的学习者和研究者，也得到了学界的广泛认可，先后被评为"十五""十一五""十二五""十三五"国家重点图书出版规划项目，成为国内公共行政与公共管理出版领域的知名品牌。

本译丛主要选取国际公共行政与公共管理学界代表性人物的代表性作品，并持续介绍学科发展的最新研究成果。总的来看，本译丛体现了三个特点：第一，系统性，基本涵盖了公共行政与公共管理学科的主要研究领域。第二，权威性，所选著作均是国外公共行政与公共管理大师或极具影响力的学者的代表作。第三，前沿性，反映了公共行政与公共管理研究领域最新的理论和学术主张。

在半个多世纪以前，公共行政大师罗伯特·达尔（Robert Dahl）在《公共行政学的三个问题》中曾这样讲道："从某一个国家的行政环境归纳出来的概论，不能立刻予以普遍化，或应用到另一个不同环境的行政管理上去。一个理论是否适用于另一个不同的场合，必须先把那个特殊场合加以研究之后才可以判定。"的确，在公共行政与公共管理领域，事实上并不存在放之四海而皆准的行政准则。立足于对中国特殊行政生态的了解，以开放的思想对待国际的经验，通过比较、鉴别和有选择的吸收，来发展中国自己的公共行政与公共管理理论，并积极致力于实践，探索具有中国特色的公共行政体制与公共管理模式，是中国公共行政与公共管理学科发展的现实选择。

　　本译丛的组织策划工作始于 1999 年底，我们成立了由国内外数十位知名专家学者组成的编辑委员会。当年 10 月，美国公共行政学会时任会长，同时也是本译丛编委的马克·霍哲教授访问中国行政管理学会，两国学会签署了交流合作协议，其中一项协议就是美国公共行政与公共管理领域著作在中国的翻译出版。2001 年，中国行政管理学会时任会长郭济先生率团参加美国公共行政学会第 61 届年会，其间，两国学会签署了新的合作协议，并再次提及已经启动的美国公共行政与公共管理领域知名学者代表作品在中国的翻译出版。可以说，本译丛是中美两国行政管理（公共行政）学会与公共管理学术界的交流合作在新阶段的重要成果。

　　在译丛的组织策划和翻译出版过程中，中国人民大学政府管理与改革研究中心、国务院发展研究中心东方公共管理综合研究所给予了大力的支持和帮助。我国的一些留美学者和国内外有关方面的专家学者参与了外文原著的推荐工作。中国人民大学、北京大学、清华大学、中山大学、复旦大学、厦门大学、武汉大学等高校许多该领域的专家学者参与了本译丛的翻译工作。在此，谨向他们表示敬意和衷心的感谢。

**"公共行政与公共管理经典译丛"编辑委员会**

# "二十年前的今天……"

    前辈们曾告诉我，研究者是无法接近中央政府的。赫克洛和威尔达夫斯基（Heclo and Wildavsky，1974）认为这种说法并不准确。当然，有人会反驳说，他们二位之所以会持这种观点，其原因在于他们是外国人。英国的学术界无法揭开这层神秘的面纱。我对此表示怀疑。我觉得，我们是对部长和高级公务员们说"不"，而不是要求并且让他们为了自己而说"不"。我会说，我吸取了一个简单的教训。我在约克大学组织召开了一次会议并且邀请了时任公务员局局长（Head of the Home Civil Service）的罗宾·巴特勒爵士（Sir Robin Butler）到会发表纪念演讲。他表示愿意支持有关中央政府的研究（Butler 1992）。之后，内阁办公室同经济和社会研究委员会（ESRC）签署了一份正式协议，内阁办公室同意加入一个开发研究项目的联合指导专家小组。因此，我们已经接近了中央政府。更为引人注目的是，该协议旨在从事"好奇心研究"。经济和社会研究委员会和内阁办公室一致认为，该研究项目的首要目标不是提供与政策相关的咨询建议，而是提供一本反映英国政府"变革的文集"（anthology of change）。借用同我一起工作过的公务员的话来说就是，该研究项目就是要"为政府竖起一面镜子"，并且要"相互学习彼此的语言"，其任务就是要"帮助大家彼此了解这些变革"。

    英国政府白厅研究项目的理论基础部分地在于网络治理的理念。我在《社会科学》杂志上发表的题为《超越白厅：地方治理研究》的短文中首次使用了"治理"这个词（Rhodes 1992）。这篇研究治理的短文是我对以前关于政策网络研究的逻辑扩展。玛格丽特·撒切尔（Margaret Thatcher）首相在 20 世纪 80 年代推行的公共部门改革意味着我必须对自己的《超越议会与超越政府》（*Beyond Westminster and Whitehall*，1988）一书进行重新评价。该书认为，网络在英国福利国家的政府服务体系中具有核心地位。而《理解治理》一书的写作有一个偶然的原因。约克大学的一位副校长对专家委员会大谈我们的研究和成果。而且，他还说："即便是系主任无暇从事研究，他们也可以写写自己学科的状况。"作为系主任，尽管我对这位校长的话感到不快，但是我记得我以前的导师吉姆·夏普（Jim Sharpe）教授说过，他自己只有时间做"针织式研究"（knitting research），也就是说，他只有时间做一些可以拿得起并且在其他工作刻不容缓时又能够放得下的小片段研究。因此，我决定每年集中精力在自己所从事的公共行政与公共管理研究领域撰写两篇新文章。起初，我并没有打算把这些文章结集成书，然而，1991 年至 1995 年我撰写了数篇论文，最终形成了《理解治理》一书。即便重新评价撒切尔政府之后的政策网络概念是这些文章共同的主题，然而，倘若没有伊夫斯·梅尼（Yves Meny）和帕特·韦勒（Pat Weller）这两位同人的帮助，这些文章也不会发展成为一本专著。伊夫斯·梅尼邀请我担任佛罗伦萨的欧洲大学研究院让·莫内（Jean Monnet）客座教授。帕特·韦勒邀请我担任布里斯班（Brisbane）的格里菲斯大学澳大利亚公共部门研究中心客座教授。我要感谢他们二位为我创造的机会，这使我能够腾出宝贵的时间，免受干扰，专心著书。

我不知道这本书是否会受到欢迎。如同往常一样，我知道自己是带着压力写作的，几乎无暇进行反思和修改。早期有一个评论讽刺说这本书是"罗德·罗兹献给罗德·罗兹"（Rod Rhodes' *homage* to Rod Rhodes）自己的——这是学术界流行的精神慷慨的又一案例。我的脸皮太薄。历经数年，这本书的接受程度远远超出了我的预期。"治理"这个概念已经变得很普遍了，与此同时，如同任何有价值的理念一样，它也引发了一些批判性的争论（可参见 Weller 2011）。而且，我继续在以往发表的文章和章节的基础上撰写著作。其实，这已经成为我喜欢的一种工作方式了。

《理解治理》对人们所勾画的传统英国政府形象提出了质疑。我们可以通过探讨诸如单一制国家、议会主权、强势的内阁政府、部长问责制、对核心行政部门的多数党控制以及制度化的对立这样的核心理念来更好地理解英国政府的这种议会政治模式（威斯敏斯特模式）（可参见 Rhodes and Weller 2005）。《理解治理》的核心内容是对差异化政体的叙述，其基本概念包括政策网络、核心行政部门、国家空心化和治理。我认为已经出现了从依靠单一制国家的政府向通过网络并且依靠网络进行治理的转变（可参见 Rhodes 1999）。网络迅猛发展，国家的掌舵能力也已经受到越来越多的制约。集权和控制并不完备，我们最好将英国视为一个差异化政体（关于白厅政府网络治理研究项目的概况，可参见 Rhodes 2000）。

人们已经对差异化政体和治理提出了许多批评意见。当然，任何作者都会感谢读者，而且，在学术界，提出批评就是表示尊重，因为同行们已经阅读过你的书，并且对那些值得评论的观点有所思考。然而，在这些争论中，我常常感到自己只是一个不能对自己的文本进行权威性解读的"编剧"。相反，它是由每位读者"常常在此时此地写就的"（Barthes 1977：146-6）。它被阐释、再阐释，直到最初的观点已经无法辨认。作者的本意再也不复存在了。我不愿意放弃自己的本意。因此，我在拙文（2007）和拙著（2017）中对批评者给予了答复。而且，我还专门为中国读者撰文作答。这篇文章在《理解治理》中文版出版之际发表于《国家治理评论》。我要感谢武汉大学的丁煌教授，他不仅帮助将《理解治理》这本书译成中文并为本书中文版的出版费尽周折，而且还给我提供机会为中国读者撰写文章。

差异化政体认识到在英国的议会政治模式与英国政府的重大变化中存在的重大经验差距。英国集权化议会制政府的观念和实践与差异化政体的观念和实践存在冲突，差异化政体关注的是由此产生的困境。它为探讨政策制定和政策执行所面临的主要问题开辟了新的研究途径。差异化政体的叙事是对传统议会政治模式（威斯敏斯特模式）的一种矫正，我要用它开发一种通过其与公民社会的关系来认识国家权威的新方式。简而言之，《理解治理》是有教益的。书中提出的许多问题是学者和实践者都为之奔波忙碌的问题。这个差异化政体的叙事不仅仅是学者们相互讲述的故事。我们很难在学术界的评论者与精英行动者之间划出泾渭分明的界限。对于这种体制的运行方式，他们具有相同的观念和假定。这些印象或者组织视角是众所周知的。对于治理而言，情况也是如此；精英行动者谈论的是整体性治理和协同政府。简言之，《理解治理》一书对于实践者也是有教益的。

《理解治理》一书聚焦的是英国的问题。这种研究途径已经很好地传到了西欧发达的工业化民主制国家以及诸如澳大利亚和加拿大这样的议会民主制国家。然而，它会很好地传入中国吗？就其具体细节而言，我对差异化政体的论述与中国的现实并不相关。但是，正如我所说的那样，倘若这种研究途径具有启发性，那么细节就无关紧要。问题的关键在于治理研究是否会提出一些关涉中国政府的新问题。

治理的研究之所以提出了一些与中国的治理直接相关的问题，其原因就在于它强调的是关于国家权威及其行使的一种差异化观点。在中国这样一个幅员辽阔、民族和方言众多的国家，在首都北京行之有效的举措在其他省份未必奏效。政策执行的不充分状况是否正在出现以及为什么会出现？这样的变化是地方所做的有价值的矫正还是有待改正的"错误"？治理提出了一些关于国家与社会之间的边界正在发生变化的问题。治理并没有所谓的本质特征，它是由一些相似之处构成的权变混合体，这些相似之处因国家间的传统差异可能会而且的确有所不同。因此，相关的问题不是中国的治理与英国的治理是否相似，而是治理概念在中国如何构建、由谁来构建以及在什么样的传统背景下构建。由于治理集中关注的是治理结构的调配，所以它要探讨等级制、市场以及网络最佳运行的条件。鉴于中国政府十分关注有效的公共服务供给，因此，在中国探讨网络何时发挥作用就如同在英国一样具有相关性。如果网络被视为传输服务的有效机制，那么对那些网络的高效管理也就很重要。我们如何掌控一个网络（Rhodes 2015）？如果有效的管理需要地方性知识，那么收集和利用这种知识的最佳途径又是什么？如果有效的网络管理要求不直接干预的间接掌控，那么中国政府会退后依靠轻触的管控吗？如果地方网络具有较大的自由裁量权，那么这对官员腐败会产生什么影响呢？简言之，我所描述的治理视角对中国的治理提出了一些可能具有启发意义的问题。毫无疑问，这种研究视角可以为中国的公共管理专家提供一个很长的研究议程。

最后，在拙著《理解治理》的中文版即将出版之际，我要再一次衷心地感谢武汉大学国家治理与公共政策研究中心主任兼《国家治理评论》主编丁煌教授，他不仅于 2016 年 10 月邀请我作为特邀嘉宾出席在武汉大学举办召开的"国家治理现代化与公共政策创新"国际学术研讨会并专门安排我做大会主题报告，使我有机会就我所倡导的"公共治理理论"与中国同行进行面对面的交流，而且还不辞辛苦地帮助我安排拙著《理解治理》中文版的翻译和出版事宜，并且在百忙之中亲自组织拙著中文版的翻译工作；与此同时，我还要感谢北京大学的丁方达同学，他在英国伦敦政治经济学院学习期间就拙著的翻译与我进行了大量的沟通与交流，我希望拙著中文版的出版能成为我们之间深化友谊和拓展合作的新起点！

**R. A. W. 罗兹（R. A. W. Rhodes）**

2018 年 12 月 18 日

于英国南安普敦大学

# 参考文献

Barthes, R. (1977) Death of the Author, in his *Image-Music-Text*. New York: Hill and Wang: 142–8.

Butler, R. (1992) The New Public Management: The Contribution of Whitehall and Academia, *Public Policy and Administration*, 7 (3): 4–14.

Heclo, H. and Wildavsky, A. (1974) *The Private Government of Public Money*. London: Macmillan.

罗兹. (1999) 新的治理. 马克思主义与现实，5: 42–48.

罗兹. (2015) 如何管理政策网络. 中国行政管理，11: 139–44.

Rhodes, R. A. W. (1988) *Beyond Westminster and Whitehall: Sub-centralgovernments in Britain*. London: Allenand Unwin.

Rhodes, R. A. W. (1992) Beyond Whitehall: Researching Local Governance, *Social Sciences*, No. 13, February: 2.

Rhodes, R. A. W. (1997) *Understanding Governance: Policy Networks, Governance Reflexivity and Accountability*. Buckingham: Open University Press, Reprinted 1999; London: McGraw Hill.

Rhodes, R. A. W. (2000) *Transforming British Government*. Volume 1. *Changing Institutions*. Volume 2. *Changing Roles and Relationships*. London: Macmillan.

Rhodes, R. A. W. (2007) *Understanding Governance*: Ten Years On, *Organization Studies*, 28: 1243–1264.

Rhodes, R. A. W. (2017) *Network Governance and the Differentiated Polity: Selected Essays. Volume I*. Oxford: Oxford University Press.

Weller, P. (Ed.) (2011) *From Local Government to Narratives in Honour of R. A. W. Rhodes, Public Administration*, 1986 *to* 2010. Special issue of *Public Administration*, 89 (1): 1-219.

# 前言与致谢

　　本书的缘起有两个方面的原因。在 1988 年至 1994 年，我在 x 约克大学担任政治学系主任，并且在经济和社会研究委员会和（英格兰）高等教育基金委员会兼任职务。其间，我要承担大量的行政工作。当时，正赶上约克大学代理副校长走马上任。同今天的惯常做法一样，他当时也发表了鼓励学术成果和开展科研评价活动的讲话。他还说道："即便是系主任无暇从事研究，他们也可以写写自己学科的状况。"更为糟糕的是，他是一名经济学家。他就假定我们将会在公认的刊物上发表文章。当然，我并没有把这位校长的话当回事儿，与此同时，我也没有因为他的建议而兴奋不已。我只是想恪守这一金科玉律，即"如果对大学的管理心生疑虑，就对其置之不理"。（If in doubt，ignore university management.）但是，我记得自己的导师吉姆·夏普教授曾经说过：我只有时间进行"针织式研究"。因此，我决定每年集中精力撰写两篇文章探讨公共行政实践和研究的状况与发展。我那时还没有想到这些文章后来会成为一部专著。

　　本书的最初内容是我在就职演讲时所进行的一些探讨。我 1990 年在约克大学就职演讲时就已经对公共行政的状况进行过综述。来到纽卡斯尔大学之后，我不得不选择另外一个题目。我与几位同事商讨我应当做些什么研究。从这些讨论中我冒出这样的想法，即应该讨论一下我自己的研究状况。于是，我开始下功夫撰写一篇论文考察一下我自己对英国政府的研究。如果说自我

xi

分析不是自我吹嘘的话，那么这种做法的不良后果之一就是要对自己近期的研究成果重新进行解读。我发现，这些论文关注的都是如何管理和理解英国治理的复杂性问题，因此我产生了这样的想法，即我要运用这些论文进一步阐发我在就职演讲中讨论的那些主题。我的同事们都非常支持我。审稿专家也给予了积极的鼓励。因此，我撰写了《理解治理》这本书。

我是在 1991 年至 1995 年完成本书各章节的写作的。这些章节主要围绕以下四个大题目：网络、治理、反思以及问责。在本书中，我自始至终都对世界的发展状况和自己的学术研究领域的发展动态给予同等的关注，我不仅关注我们研究什么——"公共行政"（public administration），还关注我们怎样研究它——"公共行政学"（public administration）。为了避免重复和交叉，我对所有章节都进行了校订。我还对其中的几个章节进行了大量的改动和更新。有三章的内容是首次公开发表的。我的目的很简单，就是要将自己关于上述论题的研究整合在一起。这本书不是一本回顾性的论文集，而是对我近期研究成果的综合。

书中的每个章节都凝聚了许多人的帮助。自我攻读研究生开始，乔治·琼斯（George Jones）一直以来都是我忠实的拥护者。我们对学术问题并没有共同的兴趣爱好。虽然他对我的理论探索总是不屑一顾，但是他却在不断地帮忙改进我的行文风格。一届又一届的学生继承了他对"悬而不决"的憎恶，我也不例外。我仍然感激他对我的包容和给予的忠告。对于他的忠告，虽然我在行动上没有完全做到，但是我始终尽力倾听。

本书中有两篇文章是我与三位同事合著的，他们是伊恩·贝奇（Ian Bache）、斯蒂芬·乔治（Stephen George）（合著第 8 章）以及戴维·马什（David Marsh）（合著第 2 章）。尽管合作有苦有甜，但是我非常享受这样的合作。我知道，这些文章因为有他们的贡献而得以完善。我感谢他们允许我在书中收录他们的研究成果。

蕾切尔·贝利斯（Rachel Bayliss）为本书的研究和编辑提供了巨大的帮助。她最大的贡献就是以独到的眼光对各章节的内容进行了批评性的审视。她还对参考文献进行了规范，并且为光盘中没有刻录的章节重新排版打印。夏洛特·达吉（Charlotte Dargie）为本书进行了校勘并做了索引。长期以来，她们对我十分包容，愿她们一如既往地帮助我。

我是在佛罗伦萨欧洲大学研究院和布里斯班的格里菲斯大学澳大利亚公共部门研究中心担任客座教授时完成本书初稿的。我要分别感谢伊夫斯·梅尼和帕特·韦勒的盛情邀请。

最后，我要感谢经济和社会研究委员会。由于委员会的赞助，1992 年 4 月 13 日至 14 日我们在约克大学以"行政部门在英国政府中不断变化的角色"为题举办了专题研讨会。本次研讨会使我获批了经济和社会研究委员会的"英国政府研究"项目。这个项目使我有机会同一群富有激情的同事探讨本书的这几个主题，使我有时间完成本书的写作。

如果没有相反的证据，以下所有章节的版权系 R. A. W. 罗兹所有。许多同人都对书中的个别章节提出过批评性建议。

第 1 章吸收了我 1996 年 4 月 18 日在纽卡斯尔大学发表的就职演讲的部分内容。我要感谢蕾切尔·贝利斯在研究方面提供的帮助和给予的评论；我还要感谢约克大学的安德鲁·邓西尔（Andrew Dunsire）、纽卡斯尔大学的蒂姆·格雷（Tim Gray）、利兹大学的布赖恩·哈迪（Brian Hardy）、伦敦政治经济学院的乔治·琼斯、罗伯特·戈登大学的贾尼丝·麦克米伦（Janice McMillan）、伯明翰大学的戴维·马什、谢菲尔德大学的马丁·史密斯（Martin Smith）、斯特拉斯克莱德大学（Strathclyde）的格里·斯托克（Gerry Stoker）、格里菲斯大学的帕特·韦勒以及纳菲尔德学院的文森特·赖特（Vincent Wright）等，他们对部分初稿或者全部初稿提出了批评和建议。

第 2 章的原稿篇幅较长，是我与戴维·马什合写的，我要感谢他同意我在本书中转载这篇文章。该文 1996 年 8 月在《政治学教学》（Teaching Politics）发表，征得政治学会（The Politics Association）允许转载。

第 3 章是我 1995 年 2 月 24 日在英国皇家艺术学会（RSA）为皇家艺术学会与经济和社会研究委员会联合开展的英国国家创新研究项目（the RSA and ESRC Joint Initiative on the State of Britain）所做的一次演讲。演讲的内容后来于 1996 年发表在英国政治研究协会（Political Studies Association of the United Kingdom）主办的《政治研究》（Political Studies）第 44 期上。我要感谢布莱克韦尔出版公司和英国政治研究协会允许转载。我还要感谢纽卡斯尔大学的夏洛特·达吉帮助我开展大量的文献检索工作，感谢阿德里安·莱夫特威克（Adrian Leftwich）对"善治"（good governance）提出的建议，感谢格里·斯托克对早期的草稿进行评论。

就第 4 章而言，我要感谢麦克米伦出版有限公司允许转载；感谢夏洛特·达吉检索相关研究文献以及校对书中的引文和参考文献；感谢伦敦政治经济学院的乔治·琼斯"惯常的唱反调"，这如同以往一样有助于我阐明自己的观点，尽管我不敢肯定他是否满意。本章最初载于戴维·马什和格里·斯托克合编的《政治科学的理论与方法》（Theory and Methods in Political Science，London：Macmillan，1995）一书（论文集）中，在本书中增加了威廉·罗布森（William Robson）这个例子和有关比较案例研究方法的讨论。

第 5 章首次出版英文版。较早的版本是以意大利语发表在登特（B. Dente）和罗兹等主编的《公共行政改革》（Riformare la Pubblica Amministrazione，Turin：Edizioni della Fondazione Giovanni Agnelli，1996）上。该章的修订版于 1995 年 9 月 6 日至 9 日提交给荷兰鹿特丹伊拉斯姆斯大学（Erasmus University Rotterdam，EUR）召开的欧洲公共行政小组年会"公共管理与行政现代化"专题研讨会。我还要感谢约克大学的尼尔·卡特（Neil Carter）、罗伯特·戈登大学的贾尼丝·麦克米伦、肯特（郡）的比尔·詹金斯（Bill Jenkins）以及斯特拉斯克莱德大学的戴夫·理查兹（Dave Richards）给予的有益评论，感谢蕾切尔·贝利斯在研究上给予的帮助。

第 6 章征得爱德华·埃尔加出版有限公司的允许在此转载。本章的内容最初发表于 P. 诺顿（P. Norton）主编的《英国政治的新方向？》（New Directions in British

*Politics*？，Aldershot：Edward Elgar，1991）。文中的内容有大量的更新。感谢约克大学的基思·奥尔德曼（Keith Alderman）和斯特拉斯克莱德大学的格里·斯托克提出的建设性意见。

　　我还要感谢斯蒂芬·乔治和伊恩·贝奇允许我使用合写的两章内容，它们是本书第7章的基础。这些材料经牛津大学出版社的允许得以再次使用。感谢多伦多大学的莱斯贝特·胡戈（Liesbet Hooghe）提出的许多积极的批评建议，感谢纽卡斯尔大学的埃拉·里奇（Ella Ritchie）和丹麦奥胡斯（Aarhus）大学的卡斯滕·多戈布杰格（Casten Daugbjerg）对初稿提出的有益建议。这些材料最初刊载于胡戈主编的《凝聚力与欧洲一体化：建设多层级治理》（*Cohesion and European Integration：Building Multi-level Governance*，Oxford：Clarendon Press，1996）。

xiii　　第8章征得美国公共行政学会（the American Society for Public Administration，ASPA）（1120 G Street NW，Suite 700，Washington DC 20005）主办的《公共行政评论》（*Public Administration Review*）的允许在此转载。保留版权。感谢伦敦政治经济学院的克里斯托弗·胡德（Christopher Hood）和约克大学的安德鲁·邓西尔提出的有益建议。

　　关于第9章，我要感谢夏洛特·达吉帮助进行CD-ROM文献检索，感谢她对初稿进行评论并提出建议。蒙特福德大学公共政策与管理学系（the Department of Public Policy and Managerial Studies）于1995年9月4日至6日在英国森宁代尔（Sunningdale）文官学院召开的公共行政学会25周年大会以及（德国）曼海姆大学曼海姆欧洲社会研究中心等提供了宝贵的机会来实践本章中的一些想法。纽卡斯尔大学的马克·贝维尔（Mark Bevir）、约克大学的安德鲁·邓西尔、蒙特福德大学的克莱夫·格雷、哥本哈根大学的洛特·詹森（Lotte Jensen）以及罗伯特·戈登大学的贾尼丝·麦克米伦等都提出了有益的建议。

# 目　录

## 第1篇　导论

## 第2篇　理论

# 第3篇　方法论

# 第4篇　应用

# 第5篇　发展

第 1 篇

导 论

■ 第 1 章　无政府的治理：英国政治的秩序与变革

# 第 1 章

# 无政府的治理：英国政治的秩序与变革

如果说经济学是让人忧郁的科学，那么政治学研究的就是 *3* "意外结果背后的那些令人酸楚的法则"（Hennessy 1992：453）。虽然英国政府已经有所变革，但是并非如从阿特利（Attlee）到撒切尔这样的政治家所期望的那样变革。纵然英国的制度具有人们所说的那种连续性，它们虽坚如磐石，但并非一成不变。因此，被封装在"议会政治模式"（the Westminster model）中的强力行政部门——"领导最懂"（leaders know best）的传统——是建立在构成差异化政体的那些复杂多样的制度迷宫之上的。相互依赖就会削弱权力集中。施加的控制更多，而不是过少。尽管服务的供给并未停止，但是，服务的供给却是通过抵制集中指挥的组织网络来完成的。现在有许多政府都是中央政府无法掌舵的。我们生活在一个"无中心的社会"里（Luhmann 1982：xv，253−5）。这个短语很有煽动性，所以重要的是我们要懂得，它意味着我们不再拥有一个具有单一中心的或者单一制的政府。现在，不是一个中心，而是多个中心连接着从地方政府、区域政府到国家政府以及超国家政府的多个政府层级。

"议会政治模式"是我们对英国政府进行考察的出发点。谁要想弄懂英国政府，谁就必须先弄懂英国政治传统部分。"议会政治模式"抓住了英国体制的制度延续性。本章首先介绍"议会政治模式"，并且指出该模式再也无法对英国是如何治理的这个问题给予准确的或者全面的解释。然后，本章提供一种不同的"组织视角"（Gamble 1990：405−6），也就是所谓的"差异化政体"视角。

到20世纪末,改革的范围和速度都在不断加剧。我们目前正生活在一个"一切一成不变的东西都烟消云散"的世界里(Berman 1983),关于这种世界的描述多种多样,有人说它是后福特主义的,有人称其为后现代的或者后官僚主义的。自1945年以来,英国政府的制度至少经历了两次革命。战后的工党政府建立了一个福利国家及其制度,但这些制度仅仅幸存了30年就遭遇到保守党政府的改革,保守党政府上台后力图对其中的大多数制度进行重新定义,并且废除了其中的许多制度。有许多人都对英国政府提出了批评。彼得·亨尼西(Peter Hennessy 1992:278-81,436)这位善于简明扼要地讲述当代英国历史的学者,一而再再而三地重新提到"制度僵化"和"政府超负荷"的主题。威尔·赫顿(Will Hutton 1996:3-4,32-9,286-94)明确指出"政治体制正在失灵",并如人们所熟悉的那样就集权化问题发表了长篇言论,说它是一个由行政部门主导的议会,是一部非成文的宪法,是密谋,是一党统治。据说,议会政治模式已不再奏效。英国政府真的已经变成评论家口中高度集权、行政部门主导的那种利维坦(Leviathan)了吗?我重新考察了在我的研究中不断重现的四个主题,即网络、治理、反思和问责,以便构建一种不同的图景:其中,权力集中能够与碎片化和相互依赖共存;在这种情境下,政策意图会被它们的意外结果所淹没。如果我们期望改革行之有效,那么我们就必须了解我们正在力图改变的那些制度。议会政治模式只能为我们提供一种部分的理解。差异化政体不仅可以描述英国政府新的制度环境,而且还可以识别那些削弱政策效力的行政权力制约因素。

本章是对上述观点的概括。在对差异化政体进行更为详细的探讨之前,我首先对议会政治模式进行简要的介绍。我要选择集中探讨的核心概念有:政府间关系、权力依赖、政策网络、核心行政部门、治理、国家空心化、反思以及问责。我要通过确定现在所列举的核心主题来勾画出本章以及全书其他章节的概况。最后,我将通过对本书各个章节及其与核心主题之间的联系进行概述来为读者提供指南。

## 1.1 核心主题

### 网络

主题一:自1945年以来,英国已经从一个单一制国家转变为差异化政体。

主题二:资源依赖型组织构成的政策网络是英国政策过程的显著特征。

主题三:英国已经由一个强力行政部门(以及"领导最懂"的传统)向碎片化行政部门转变,其特点在于网络内部和网络之间讨价还价的博弈。

治理

　　主题四：政府面对的是自我掌控的组织间网络。尽管这种关系是不对称的，但是权力集中必须与相互依赖共存。

　　主题五：因为干预会造成意外后果、执行差距和"政策混乱"，所以政策制定不是线性的，而是递归的。

　　主题六：对这种有序社会复杂性进行的直接管理（或者控制）会造成意外后果 5
的成倍增加。间接管理是治理对核心层精英的工作准则造成的主要挑战。

　　主题七：英国这个国家正在遭受内部空心化和外部空心化。

反思

　　主题八：关于英国政府的研究必须通过保护制度分析方法、它的历史主义核心以及关注行为主义和后现代主义挑战来省视英国政府自己的传统。

　　主题九：这样的研究应当运用局部推理和再证实的研究方法将学术界、政府以及公民联系起来。

问责

　　主题十：自我掌控的组织间政策网络可以使聚焦于个人与制度的民主问责机制变得模糊不清。行之有效的问责在于功能性领域的民主化。

## 1.2　议会政治模式

　　组织视角可以"提供一个分析框架，提供一幅事物如何相互关联的示意图以及一组研究问题"（Greenleaf 1983：3-8；Gamble 1990：405）。由此可见，一种组织视角总是不全面的，它并不是可证伪的，它大约是准确的，它绝不会提供一个全面的甚或是确定的解释。因此，评估组织视角的关键标准包括但不限于它的事实准确性。更为重要的是，组织视角还可以识别出值得研究的问题。换言之，组织视角提出的问题与答案一样重要，如果这些问题忽略了一个政体的关键特征的话，则情况尤其如此。

　　议会政治模式就是一种组织视角，它抓住了英国体制的某些本质特征，而且，它已经成为常规的观点或者主流的观点。议会政治模式聚焦于议会主权、强势内阁政府、通过选举的问责制、多数党控制行政部门（首相、内阁以及公务员）、处理议会事务的各项条例、制度化的对立以及议会辩论的规则（Gamble 1990：407；Weller 1989）。

这种模式在确保"英国政治制度继续保持灵活性和回应性"的同时规定了"独立行动、领导和决策"的能力。这种组织视角因其重要性而在政治科学界颇受尊崇，政治学专业的学者们对其"大体上都抱有好感"（Gamble 1990：411）；"相信改革需要循序渐进"，并且十分赞赏"英国制度安排中所体现的实践智慧"（Gamble 1990：409）。韦勒（Weller 1989：5-8）赞同帕克（Parker 1979）有关"威斯敏斯特综合征"的讨论并加以引用，"威斯敏斯特综合征"的特点是奉行部长负责制的教条；中立的官员，这与出现分歧时享有最终话语权的那类政治性的部长们显然不同；以及实行部长对内阁负责、内阁对议会负责，进而迂回地对选民负责的责任链（也可参见 Weller 1985：16；Verney 1991：637；Wilson 1994：190-3）。

然而，韦勒（Weller 1985：17）还指出，该模式没有哪一个版本是正确的。同样，弗尼（Verney 1991：638）称"议会政治模式"这个词是一种"速记"，并且认为可能会产生误导。这个模式必须"与政府加以区分，因为该模式是在威斯敏斯特这个地方发展起来的，而且更要与英联邦国家的政府实践区别开来"。但是"议会政治模式"描述的并不仅仅是某一个政体，其用途也并不仅仅在于其事实的准确性。它主要是一种分析框架，或者说是一种组织视角，它可以识别出什么是重要的问题和值得研究的问题。

这种制度主题——政府的规则、程序和正式组织——是政治学具有历史感情的内核。正如莱夫特威克（Leftwich 1984：16）所指出的那样，政治学这门学科传统上具有两个研究重点：关于政府制度的研究和关于政治思想的研究（可参见第4章）。在此，我要指出制度研究途径对于议会政治模式尤其重要。

该研究途径还具有一套共同的方法论假定。这些假定意味着要运用律师和历史学家所采用的归纳工具来解释政治行为和民主有效性的制约因素。此外，还有一股促进代议制民主的强大规范性或者改革性力量（可参见第4章）。它坚决拒斥经济学家的演绎推理方法。正如甘布尔（Gamble 1990：409）所强调指出的那样，"议会政治模式"是理想主义的，它"将制度视为人类目的的表达"，并因此将关注的重点聚焦于理念与制度之间的相互作用。例如，约翰逊（Johnson 1975：276-7）关于政治制度研究的理论基础就利用了迈克尔·奥克肖特（Michael Oakeshott）的政治哲学思想：

> 政治制度表达的是关于政治关系应该如何塑造的特有选择；它们类似于对社会成员不断发出强制令，要求社会成员应当在追求政治目的时力求以特定的方式表现自己。这就是要将政治制度界定为必须包含某种规范性元素。

而且，最受拥护的规范性元素或价值观就是代议制民主中的那些规范性元素或价值观。

虽然议会政治模式几乎没有专门讨论权力问题，但它还是提出了一些即便是含蓄的但却很重要的假定。正如史密斯（Smith 1996：6-9）所述，议会政治模式集中关注的是行为、动机与个体。权力是属于首相、内阁和公务员的东西。因此，权力关系是一种"有赢家和输家的零和博弈"，而且权力"被认为是一个制度或者个人所具有的且为其所固有，与问题或者环境无关"。人格是对一个行动者的权力进行解释时所要考虑的关键要素。

议会政治模式过去是而且现在依旧是主流政治学的组成部分（可参见爱泼斯坦著作中的例子，Epstein 1987：100-4）。虽然议会政治模式的控制力"既没有消失，也没有一个合适的备选模式取而代之"（Gamble 1990：419），但是研究途径却变得越来越多元化。本书所提供的就是一种可以替代议会政治模式的备选研究途径。它用相互依赖、被分解的行政部门、政策网络、治理以及空心化来取代强势的内阁政府、议会主权、女王陛下忠诚的反对派（HM's loyal opposition）以及大臣负责制。这种组织视角的简称就是"差异化政体"。

# 1.3　"差异化政体"

"差异化政体"的特点是功能专业化、制度的专业化以及政策与政治的碎片化。本节拟对所选取的核心概念及其在差异化政体组织视角中的地位进行批判性的评价。尽管差异化政体的组织视角只是对英国政府的一种可能的解释，但是它具有三个优点。首先，它可以识别出议会政治模式的重要缺点；其次，它可以就英国政府提出一些独特的问题；最后，它可以对 20 世纪八九十年代政策制定和政策执行所面临的重要问题做出说明。

## 政府间关系（IGR）

"政府间关系"这个词是指各种类型和各个层级政府部门之间的相互作用（Anderson 1960：3；Rhodes 1976：196-8；1981：76）。描述英国政府的常用术语是"中央-地方关系"，它指的是中央政府部门与地方当局之间的关系。即便是在 20 世纪 70 年代，这种用法也过于狭隘。"政府间关系的网络要远远大于中央与地方之间的关系"，而且"这种框架还可以扩展到涵盖公共部门组织的范围"（Rhodes 1981：87，98）。由于 20 世纪 80 年代保守党政府忽视地方政府，而更喜欢利用特殊目的的机构和分解服务供给体系，因此中间这几年的情况只适合于强化这种论点（可参见第 7 章）。

D. S. 赖特（Wright 1988：58）将政府间关系定义为"国家（national）官员、州（state）官员以及地方官员之间的那种相互依赖、讨价还价的模式化行为"。他认为（同上：15）政府间关系有以下显著特征。政府间关系集中关注的是所有政府单位、官员的行动和态度、所有公共官员（选举产生的官员和被任命的官员）的常规互动以及政策问题。赖特（Wright 1974：4）认为，政府间关系这个词集中关注的是"政治系统中各种官员之间所发生的持续动态的多重行为交换"。他将其比作"一个不同的全新视觉过滤器"，人们通过它可以透视美国政治。

赖特的观点同样适用于对英国的研究。例如，政府间关系这个词不仅可以使人们关注服务供给所涉及的政府组织范围，而且还可以使人们关注欧盟对英国的政策制定所产生的越来越大的影响。政府间关系涵盖了所有层级的政府。因此，赫尔和罗兹（Hull and Rhodes 1977：5）将这些多层级的联系称为政府间关系。他们认为，欧盟的成员身份已经将政府间关系从二元关系转变为地方－区域（local-regional）政府、国家政府以及超国家政府之间的三元关系（可参见 Rhodes 1986c：45－6；1992b；以及第 8 章）。

政府间关系这个术语虽然有用但也存在弱点。首先，虽然关于政府间关系的研究强调不同层级和不同类型的政府之间的相互依赖，但是这些文献却很少探究这种相互依赖的基础。政府间关系这一短语是描述性的，而非解释性的；它没有对政府间网络运行的方式或其变化的原因予以说明。例如，人们所满足的与其说是解释政府间依赖程度的变化，倒不如说是对美国联邦制进行全新的再描述。

其次，政府间关系这个术语不再局限于描述政府官员之间的相互作用。服务供给现在还涉及私人部门和志愿者团体，而且政府间关系还必须涵盖诸如合同外包和公私伙伴关系这样的发展形式。现在，地方"治理"这个词已经取代地方"政府"来涵盖地方服务供给所涉及的从公共部门、私人部门到志愿者团体的组织范围（可参见 Rhodes 1992a；第 3 章）。

尽管政府间关系这个词可能仅仅是一个出发点，但对于揭示英国是一个单一制国家的概念内涵来说，它却是必要的第一步（可参见上述主题一）。罗兹（Rhodes，1988：2－3，69－70，407－13）勾画了一个具有制度迷宫特征的差异化政体形象——"无中心的社会"，以此来反对那种无所不管的单一指令中心形象。"碎片化"和"相互依赖"这两个概念是差异化政体这一隐喻的核心内容。换言之，服务是通过不受中心完全控制的政府间网络来提供的。但是，倘若差异化政体这个隐喻具有解释力，那么它就必须超越对相互依赖的描述，不仅要说明政府部门之间为什么相互依赖，而且还要对依赖的变动方式和原因做出解释。

## 权力依赖

关于中央－地方关系的研究一般都围绕着代理人模式和合作伙伴关系模式展开。在代理人模式中，地方当局在中央部门的监督下执行国家政策。在合作伙伴关系模式中，地方当局与中央部门在议会制下是相互平等的，而且地方当局在政策的设计和执行上具有很大的自由裁量权（详见 Rhodes 1980，1981：Chapter 2）。由于地方政府既不依赖于中央政府，也不独立于中央政府，因此，上述两种模式都不够准确。中央政府与地方政府相互依赖，这种相互依赖随着地方自由裁量权的不断波动而被嵌入各种关系之中。政府间关系描述的就是各级、各类政府部门之间的相互依赖。"权力依赖模式"，或曰后来为人们所知的"罗兹模式"，对政府间依赖的变动进行了解释（可参见 Rhodes 1978：24－7，Chapter 4；1979a；1981：Chapter 5）。

虽然我们在第 2 章中概述了这种"权力依赖模式"，但是概述得比较简要，该 *9* 模式假定，组织因资源而相互依赖，并因此而进入交换关系之中。在该模式的最初版本中，中央–地方关系是中央参与者和地方参与者都会力图进行优势操纵的一种"博弈"。双方都会在尽量避免对其他"玩家"产生依赖的同时有效地利用各自的资源——无论是宪法–法律资源、组织资源、财政资源、政治资源，还是信息资源——以最大限度地对结果产生影响。这是一场复杂的博弈，其中，尽管各级政府彼此相互依赖，但是，它们之间的关系却正在从多元主义谈判转向社团主义（corporatism）。

这个框架曾经引起争议，其中，中央部门与地方当局之间的讨价还价这个问题最受关注。（关于概述、引言以及评论，可参见 Rhodes 1986b）。这种争论引发了重大的修改。虽然政府间政治过程的模式认识到谈判行为的重要性，但是该模式并没有包括谈判的各种形式，即劝说、讨价还价以及"权力博弈"。关于讨价还价策略的理论需要致力于分析围绕讨价还价的相互作用、评价体系、策略以及子过程（例如，可参见 Barrett and Fudge 1981）。

权力依赖之所以对差异化政体的组织视角十分重要，是因为它提供了解释的引擎（可参见上述的主题二）。它说明了不同层级的政府相互作用的原因。它对政策网络内部和网络之间的权力分配变动给予了解释。此外，它还用一种关系概念取代议会政治模式中的权力零和概念，这种关系概念强调的是资源，而非人格；强调的是关系的背景，而非个人意志。

# 政策网络

罗兹（Rhodes 1986a：Chapter 2）区分了五类政策网络，依次为紧密整合的政策共同体、专业网络、政府间网络、生产者网络以及松散整合的问题网络，它们构成了一个连续统一体。这些网络依据成员组成和成员间资源分配的差异也会有所不同[1]。

政策网络的确很重要：它并不是又一个没有用处的社会科学用语。所有的政府都会面对大量的利益。这些利益的聚合在功能上具有必然性。事实上，调解是政府的日常工作。所谓描述和解释调解模式的变化，就是要探究其中的一个至关重要的政府过程和政治过程。政策网络就是利益聚合与调解的一种分析途径，是政治市场的寡头垄断。政策网络之所以重要，是因为以下六个原因（可参见 Marsh and Rhodes 1992a；Marsh and Smith 1995）。

（1）政策网络可以限制政策过程中的参与。

（2）政策网络可以确定行动者的角色。

（3）政策网络可以决定政策议程将会包括和排除的问题。

*10*

---

[1]　关于这一模式的构建可参考：Rhodes 1976：189–90；1978：210–13，221，252–3；Rhodes，Hardy and Pudney 1980；Rhodes 1981；1985 a；1986b；1988；Marsh and Rhodes 1992a。

（4）政策网络可以通过博弈规则来塑造行动者的行为。

（5）政策网络不仅可以通过为利益集团提供途径而且还可以通过支持他们所偏好的政策结果来给予利益集团特权。

（6）政策网络可以用私人政府替代公共问责。

因此，关于网络中的争论，例如主导利益集团，权力依赖，结构、网络与行动者之间的联系，中央部门的不对称权力以及政策产出，所有这些都不是在故意卖弄学问。它们所关涉的是"由谁来统治？"（who rules?）、"他们是如何统治的？"（How do they rule?）以及"他们为了谁的利益而统治？"（In whose interest do they rule?）。政策网络实际上就是用来探究现代英国权力如何行使以及谁在从权力行使中获利的一种工具。

现在已经有一些对"政策网络"研究的批评意见（例如，可参见 Dowding 1994；1995a；LeGales and Thatcher 1995）。本节仅对那场争论中最显著的观点进行简要的概括，集中聚焦于"分类"、"解释"、"分析的层次"、"制度"和"政策"这些标题下的突出问题。在每个标题下，我都会对该模式和关键的批评做简要的介绍。

1. 政策网络的分类

罗兹模式展示了一个从紧密整合的政策共同体到松散的问题网络构成的网络连续统一体。然而，这个连续统一体融合了两个分离的维度：整合与利益集团（可参见第 2 章）。

尽管将政策共同体与问题网络置于网络连续统一体相反两端的原因显而易见，但是，其他类型的网络在连续统一体中的定位并不清楚。并非所有类型的网络都是依据其整合的程度而有所区别的。它们还会因主导利益的差异而有所不同（Saward 1992：78-9）。正如笔者所意指的那样（1986；1988），尽管网络可能会受到专业利益集团、经济利益集团或者政府的支配，但是这一模式却表明不可能有一个由专业主导的政策共同体或者由生产者主导的**政策共同体**。这意味着，有鉴于政策共同体创造公共利益，因此，它们要么由政府主导，要么为共同体全体成员的利益服务。此外，我的研究框架还意味着，从定义上来看，就其整合度和凝聚力而言，生产者网络必然不如专业网络。该模式的修订版（Marsh and Rhodes 1992a）吸收了塞沃德（Saward）的特质。

2. 解释

政策网络模式力求解释为什么一个网络中的某些群体比其他群体更强大以及为什么某些网络比其他网络更强大。批评者否认政策网络模式具有解释力。例如，本宁顿和哈维（Bennington and Harvey 1994）以及道丁（Dowding 1994）就宣称，该模式的那些解释性断言是错误的。它缺乏关于权力的解释性理论，因为它没有"对能够超越政策网络方法所包含的只贴标签或速记描述的讨价还价过程进行建模"。

这种批评之所以是错误的，其原因在于批评者忽略了权力依赖模式。道丁（Dowding 1995a：145，note 48）承认确实存在这种疏忽。他承认该模式具有解释性，并且心满意足地评论道，"在一项关于政策结果的博弈中，如果不考虑行动者的资源"，该模式是建立不起来的①。

虽然关于网络理论细节的交流往往晦涩难懂，但是这方面的交流却很重要。权力依赖是政策网络的重要特征。一个网络中的资源分配和类型可以**解释**行动者（个人和组织）的相对权力。资源依赖的不同模式可以**解释**政策网络之间的差异。必定要有一种理论能够对网络内部和网络之间的差异给予解释。

### 3. 分析的层次

罗兹模式集中关注的是中观层次的分析，因此它必须置于宏观层次的国家理论之中。批评者认为该模式对国家的理论阐述还不够充分，尚缺乏对不同分析层次之间联系的解释（例如，可参见 Kassim 1993：22；Bennington and Harvey 1994；Mills and Saward 1994）。

马什和罗兹（Marsh and Rhodes 1992a：266-8）都认为政策网络必须被置于一个更宽泛的国家理论框架之中（可参见 Smith 1993：77）。罗兹（Rhodes 1988：97）将国家定义为"一套通过在职官员个人持续管理活动来实施管治的复杂制度安排"（依照 Nordlinger 1981：9）。这类制度和官职的显著特征是，它们都合法地垄断了强制性权力。这个定义涵盖各级政府。尽管某些利益集团享有特权，但是国家却程度不同地享有不受这些利益集团影响的自主权，并且可以为了自身的利益而采取行动。差异化和不对称的相互依赖便成为政府制度的特点②。

然而，有一个至关重要的问题依然存在，即这些分析层次之间的联系仍然没有建立起来。政策网络是一个中观层次的概念，它集中关注的是利益集团调解的模式（Rhodes 1986a：22-32；Marsh and Rhodes 1992a：1-4）。政策网络模式将网络视为既能够约束又能够促进政策行动者和政策结果的政治结构。结构、网络和行动者之间的关系是相互的。行动者可以改变结构，而结构又可以约束行动者。网络可以调解这种关系。网络既会受到结构的约束又会被其改变，网络可以为行动者提供在其中进行讨价还价的结构。而且，这样的讨价还价行为和协商行为也可以改变网络。这种关系既具有被构性（constituted），也具有本构性（constitutive）。罗兹模式必定会在理论层面和经验层面对这种关系给予更好的认识。

---

① 道丁（Dowding 1995a：142-45）还抱怨说这个模式混淆了他变量与自变量（dependent and independent variable）。他认为政策网络类型之间的差异可以通过行动者的特点加以解释，因此，他否认网络的特点是解释的最重要组成部分。然而，网络是一种关系结构。在一个网络中占据一个位置就等于获得了机会，往往是有优先的机会获取资源和参与讨价还价的博弈，而这又受制于该网络中形成的博弈规则。因此，行动者的特点源于他们在网络中的位置。讨价还价是受网络规则支配的。网络的结构既能对行动者产生制约又可以给行动者赋能。鉴于网络总是被概念化为资源依赖型组织的一种结构，资源交换似乎明显地始终都是我的解释中最引人注目的部分。但同样显而易见的是，网络也决定着资源交换的结构。资源交换和网络结构对于解释网络之间的差异及其结果都是至关重要的。

② 我喜欢用"政府"而不是"国家"这个词来泛指政府机构及其对强制性权力的垄断。一直到最近，"国家"这个词指的要么是（欧洲）大陆国家传统，要么是激进的理论，通常是指马克思主义理论。普遍意义上的盎格鲁-撒克逊政治理论以及特殊意义上的多元主义理论一贯都是指"政府"（Dryson 1980）。传统观念常常使人们忘却了这些有用区别。因此，虽然我依循目前流行的表述指涉国家，但是我的意思实际上还是指"政府"。

4. 制度

政策网络的研究途径是要对有组织的社会复杂性进行分析，它集中关注的是公
12 共组织与私人利益集团之间的组织相互依赖。因此，我们会惊讶地发现该模式不能
处理制度的复杂性和密度问题。例如，卡西姆（Kassim 1993：8，11）认为，欧盟
就没有一个核心部门能够支撑这种网络，而且这种研究途径也无法解决欧盟制度的
流动性和碎片化问题。

政策网络研究途径其实是政治学中制度研究途径的一种现代变体（可参见第 4
章），它集中关注的是"制度环境中的行为"（Gamble 1990：417）。制度的复杂性
和竞争性制度议程是政策网络的素材。欧盟仅仅是在程度上不同于复杂的国内制度
环境。一个单一的核心部门并不是一个网络的前提条件。正如彼得森（Peterson，
1995a：402）所言，政策网络研究途径只要求"一种制度关注某一政策部门、具有
产生结果的资源以及需要追求其政策目标的其他资源"。

然而，近来治理研究的重心发生了变化。第 2 章（也可参见 Rhodes 1986a）所
描述的功能性政策网络就建立在中央部门或其组成部分的基础之上。20 世纪八九
十年代的政府政策都力图削弱和控制政策网络，并通过建立专用机构来绕过地方政
府。通过分解英国的制度结构，政府建立起了具有两个显著特点的服务供给网络。
首先，网络的成员范围扩大了，吸纳了私人部门和志愿部门。其次，政府用间接控
制替代了直接控制。中央部门不再必然或永远是一个网络的支柱或核心组织。权力
关系也许依然是不对称的。政府可以对网络行动设置参数指标。政府仍然会为服务
提供资助。不过，政府也已经更加依赖于形形色色的网络（可参见第 3 章）。这些
变化的意义仍然有待探究，特别是从谁获益这个方面来看。

5. 政策

政策网络研究途径集中关注的是制度以及制度之间的联系。它要描述的是制度
管理制度间关系的过程。批评者认为该模式最终排除了政策和政策结果。例如，本
宁顿和哈维（Bennington and Harvey 1994）就认为，该模式专注于"制度层面的
分析和指令"，而忽视了"实质性问题和结果"。

如果说政策网络研究途径不重视问题和结果，那也是不准确的。马什和罗兹
（Marsh and Rhodes 1992a：262-4）就讨论了政策结果并且直接探讨了哪些利益集
团占据主导地位以及谁受益的问题。政策网络研究途径根本没有阻碍对政策结果的
分析（关于例证，可参见 Rhodes 1988：387-406；Marsh and Rhodes 1992b）。
此外，政策网络的重要性也会随着政策过程的阶段不同而有所变化，马什和罗
兹（Marsh and Rhodes 1992b：185-6）很强调政策网络与政策执行分析的
相关性。

然而，还有一个突出的问题，即对政策变迁的分析。马什和罗兹（Marsh and
13 Rhodes 1992a：261）认为，网络存在的目的就是使关系惯例化。具有一个主导经
济利益集团或者专业利益集团的网络最能够抵制变革。如果政策对于政府的醒目性
程度低，那么网络就会自行运转。简而言之，变化是渐进的。马什和罗兹识别了广
义的四大变迁类型：经济变迁、意识形态变迁、知识变迁以及制度变迁；然而，更

为重要的是，他们断定"聚焦于政策网络绝不会对政策变迁做出恰当的解释"。政策网络是解释的组成部分。我们需要对政策网络及其政策变迁的时间、方式和原因进行详细的分析。马什（Marsh 1996）有效地将这个一般的问题破解为几个具体的论题。首先，他对外因变迁与内因变迁的区分提出了质疑，因为外因变迁是通过网络行动者的评价体系进行调解的。其次，他指出了在一个网络中价值观和意识形态对于理解变迁的重要性以及联盟对于维系和倡导价值观的重要性。最后，他认为，网络的环境是由其他网络构成的。因此，对变迁的分析必须探究网络之间的关系以及网络影响政策结果的方式。此外，变迁的好处可能就在于一个网络及其与下级部门网络（sub-sectoral network）之间的关系，这取决于该网络在何种程度上能够为下级部门网络设置政策指标。

尽管围绕政策共同体的界定而开展的神秘争论对于参与者可能很有趣，但是这种争论却可能没什么效果。因此，本节的重点在于识别突出的重要问题，这些问题并不是都已在批评性的文献中有所提及。这些问题包括：需要对讨价还价的协商环境进行分析，结构、网络和行动者之间的关系，向治理及其结果的转变以及对政策变迁的分析。此外，我们需要进行更有根据的比较研究。我们必须根据概念认识英国政府的能力来对其效用进行评价。我们只有通过考察概念能否经得起比较分析的检验，才能够评估概念的稳健性。

资源依赖型组织的政策网络是英国政策过程的典型特征，它们是理解向治理转型的一块奠基石（可参见主题二和主题三）。政府间关系表现为垂直的功能性联系或网络。政策网络是对任何意外后果（或者"政策混乱"）做出解释的重要组成部分。它们是对行政权力的一种约束，是关于空心化解释的一个关键要素。地方治理的特征就是与中央的纵向联系以及与各种公共部门的横向联系。

## 核心行政部门

教科书、评论家和实际工作者都不言自明地认为，英国作为单一制国家的特点就是有一个强力的行政部门（可参见 Birch 1964：243-4）。议会政治模式鼓励人们就首相和内阁相对权力开展一些无新意的辩论（Rhodes 1995e）。事实上，碎片化和相互依赖如同强力一样都是中央的特点：

> 行政权威既不专属于首相，也不为政治领袖所独享……决策在政策网络之间因首相的分散干预而被碎片化。在很大程度上，负责国内事务部门的部长对其主管的领域享有最高权威。在官僚机制的补充之下，不仅协调可以在内阁及其各种委员会中并且可以通过内阁及其各种委员会得以实现（如果真是这样的话），而且冲突也可以在内阁及其各种委员会中并且可以通过内阁及其各种委员会得以解决（或者至少得以遏制）。官僚协调的手段包括财政部、公共支出调查、部级委员会、内阁办公室以及"影子"内阁部长委员会的行政官员委员会。因此，政策制定的碎片化就产生了各种各样的协调机制和网络，这就是一个复杂的"中央行政领地"（Madgwick，1986，p.32）。其实，这个中央行政

14

领地的不断发展和变化证实了中央有效协调目标难以捉摸的本性。

(Rhodes 1988：76)

这个分解行政部门的概念后来发展到包括了核心行政部门：

> 我们认为从功能上讲，核心行政部门包括所有这样一些组织和结构，即：它们主要适宜于将中央政府的政策汇集在一起进行整合，或者主要适宜于在政府机器的不同要素之间存在冲突的行政部门内部充当最终的仲裁者。

(Dunleavy and Rhodes 1990：4；Rhodes 1993；1995e)

核心行政部门就是监督功能性政策网络的那套网络。

这个概念也引来了一些批评。安德维格（Andeweg 1997）就质疑"协调是否应当成为内阁政府的规定功能"。他提出了一些功能，例如，"为政府提供民主合法性，或者建立政治问责的渠道，或者只是进行决策制定：'对价值进行权威性分配'"。他还宣称"协调"这个词含混不清；"这个词包含什么？又不包含什么？"换言之，功能研究途径并没有驱散"笼罩在内阁政府这个概念边缘的迷雾"（也可参见 Saward 1997）。

邓利维（Dunleavy）和罗兹（1990）要界定的概念不是"内阁政府"，而是"核心行政部门"，他们利用"核心行政部门"这个更宽泛的语词来吸引人们关注"笼罩在边缘的迷雾"。其目的是要避开内阁政府现行定义中宪法所确定的那些方面以及提出谁协调、谁做什么的问题。通过聚焦于核心行政部门，他们提出了哪些制度可以协调和解决冲突的问题，进而将制度角色留给了经验调查。现有的证据证明，英国行政部门的关键特点就是碎片化、协调和冲突解决（可参见上述主题三）。的确，行政部门的合法权力已经在不受制于更高级别合法权威的部门中间被分解了。邓利维和罗兹并没有对其他议会体制下行政部门的功能发表评论，而这个问题正是引起安德维格关注的根源。但是，对协调的集中关注并不是一种英国的癖好（Rhodes 1997）。例如，坎贝尔（Campbell）和萨布洛斯基（Szablowski）（1979：9以及 Chapter 2）对加拿大行政部门的比较研究就包括了"一个政府/行政部门战略规划的开发与调适"、"实质性政策的形成"以及作为行政部门关键协调功能和控制功能的经济政策和财政政策的开发与整合。此外，还有许多评论家也提到了处在英国政府核心位置的碎片化（关于近来的例证，可参见 James 1992：181−4；Burch and Holliday 1996：Chapter 5；Campbell and Wilson 1995：246，258）。

然而，批评者却忽略了最重要的限制条件。"核心行政部门"这个术语只是**重新描述**机器的心脏，但并没有**解释**机器运行的方式。

总之，政策网络中的权力依赖是行政部门分解的一个原因。尽管国家空心化的强大动力来自诸如民营化和欧洲一体化，但是其根源则在于政策网络中职业-官僚复合体对行政部门所施加的限制。

## 治理

"治理"这个词指的是政府在一定意义上的变化，它意味着一种**新的**统治过程。治理具有多种用法，例如，它可以指涉最小化国家（the minimal state）、可以指涉公司治理，并且可以指涉新公共管理（new public management，NPM）（可参见第 3 章）。"治理"一词因其意义太多而无法令人满意。但是，在第 3 章中，我拟明确规定一种意义来表明"治理"这个词如何有助于我们分析英国政府的变革。因此，**治理指的是自组织的组织间网络**，其特点是相互依赖、资源交换、博弈规则以及不受国家制约的显著自主性。

治理与差异化政体的组织视角具有明显且直接的联系（可参见上述主题四）。乍一看，治理与保守党政府因集权和控制而形成的行为之间存在显著的差别。这种反差比实际情况更为明显。如果我们认为英国的中央政府绝不可能进行有效的干预，那么我们就太傻了。中央政府与其他政府单位以及政策网络之间的关系是不对称的，例如，中央政府比其他任何负责国内事务的行动者具有更多的合法资源。然而，倘若我们无视中央政府干预所明显存在的局限以及它所受到的制约，那同样也是十分愚蠢的，因为毕竟客观存在着"不对称的相互依赖"（Rhodes 1988：407）。碎片化和集权共存。在希望采取权威性行动与对他人服从和行动的依赖这两者之间存在着一种持续的张力。

自 1979 年以来，关于政府间关系的报道可以提供关于这种张力的生动例证（关于更详细的讨论可参见第 6 章）。政府决心要控制各个地方当局。它采用了命令或者官僚运作的准则。政府要么就是没有理解，要么就是愿意忽视这样一个简单的事实，即英国政府是差异化的和分解的：单一制国家就是一个形式多样的相互依赖之迷宫。政府缺乏切实有效的手段来强化其政策：亦即缺乏实地代理人实施监督的组织基础。因此，中央政府的行动削弱了地方政府的"责任伦理"，或者说削弱了地方政府服从中央政府支出方针的倾向（Bramley and Steward 1981：60）。没有什么更好的例证可以比地方政府财政更能够说明中央政府和地方政府都无法实现各自目标的"政策混乱"（Rhodes 1984：283）①。这种"政策混乱"并非仅仅限于"人头税"。这种乱象在 20 世纪 80 年代已经成为一种常态。由于政府总是试图解决先前的立法所产生的问题，因此重复立法已经司空见惯。一个不当的精英性命令-操作准则面对有组织的社会复杂性就会遭遇失败，进而产生一种令众人沮丧的体制。这种最初的政策设计就存在缺陷（可参见上述主题五）②。

使问题变得更为糟糕的是，处在英国政府核心位置的专业-官僚复合体——政策网络——阻碍了政府的远大抱负。功能具体的网络——包括中央部门、专业

① 中央集权这个论题是关于中央-地方关系的一种传统观念。尽管我们可以罗列出很长的引述文献清单，但是有一个例子可以参见 Chandler 1991a 这个文献。显而易见，在 20 世纪八九十年代中央政府的干预非常频繁，但是，这种干预并不意味着控制乃至中央集权，因为中央政府没有实现其政策目标。我对中央-地方关系发展趋势的看法可参见：Dunleavy and Rhodes 1983；1986；1988；Rhodes 1984；1985b；1991d；以及后面的第 6 章。至于支持我观点的评论，可参见 Cochrane 1993：22，25，44-5。

② 意外后果不只是由于质量低劣的政策设计或者抗命不遵的政策执行，这些意外后果因"社会知识的传播"而具有必然性。"新知识（概念、理论以及研究发现）并没有使社会变得更加透明，而是改变了社会的本质，使社会朝着新的方向分化。"（可参见 Giddens 1990：153）政策就是理论。作为反馈的政策执行可以提供研究发现。知识对政治制度的影响本质上具有一种"不可抗拒的强大力量"。

机构以及其他关键的利益集团——主导着英国政府的政策制定。外部的利益集团在政府中被制度化，关系被常规化，政策议程因带有一个小写的"c"而稳定且保守，而且政策变迁也是渐进的。撒切尔政府对这些网络尤其是那些专业机构施以"无情攻击"。遗憾的是，它们的合作对于政策的有效执行是不可或缺的。中央发布权威性指令，紧接着出现的是执行中的政策下滑，这种模式是司空见惯的。政策网络的"动态保守主义"（Schon 1973：31）说明了英国政府中权威性决策制定与相互依赖之间不断出现的张力以及一种政策执行鸿沟的必然结果（可参见 Marsh and Rhodes 1992 b）。

为组织的复合体掌舵绝非易事。到目前为止，英国政府已经采用一种"更多对更少的控制"策略。它对公用事业实行民营化策略；它将服务内容外包给私人部门；当对服务无法实行民营化时，它则通过购买者与供给者的切分来引入准市场手段；它为了专门机构而绕过地方当局；它将运营管理从中央部门中剔除并将其归属于独立机构（可参见第 5 章到第 7 章）。中央部门很少亲自提供服务，它们是非执行者。政府的政策于是就使服务供给系统变得碎片化。政府通过强化其对资源的控制来弥补其无法亲自控制的损失。服务供给的分散已经与财政控制的集中相伴发生。这种不亲自干预的控制也许不能为中央掌控网络提供足够的力量。随着网络成倍地增加，对于中央掌舵能力的质疑也在成倍地增加。

## 国家空心化

*17*　　"国家空心化"这个词概括了英国政府已经发生和正在发生的许多变化。它指的是上至欧盟，下至专门机构，远至代理机构都普遍出现的功能丧失（关于更详细的讨论，可参见第 3 章）。

塞沃德（Saward 1997）对这种表达方式提出了两点批评意见。首先，他认为现有的证据并不支持这种关于英国的内部空心化论点。中央只是想要去除某些功能，因此这些功能并不构成损失。政治与行政明确分离意味着中央能够实施更为有效的控制。民营化可以加强国家的规制能力。核心行政部门的能力并没有因为功能向其他国家行动者分散而受到削弱。代理机构化赋予大臣们"一种新的灵活性——操纵控制的自由以及一种聚焦关注所选问题的能力，从而对国家官僚体系进行划分和统治"。其次，塞沃德还认为，外部空心化并不是欧洲一体化的函数，而是全球化的结果。

尽管塞沃德的第二点批评意见言之有理（详见下文），但是他对内部空心化的分析却存在两个问题。第一，中央去除某种功能的动机并不是争论的焦点。甘愿失去的功能依旧是丧失了的功能，中央再也不能做它过去常做的事情。第二，塞沃德关于内部空心化的分析对意图与结果的区分不够明确。意图经常会消失在一系列意外后果之中。马什和罗兹（Marsh and Rhodes 1992b）对九个政策领域的政策执行进行了探讨，包括健康、住房、社会保障和地方政府财政等领域。在每种情况下，他们都表明了立法意图与付诸实践的政策之间存在明显的差异。这些变化并不"令人惊讶"，尤其是在政府已经提出政策目标的情况下。因此，罗兹（Rhodes 1994a）和塞沃德（Saward 1997）各自关于空心化的观点最好都被视为问题，而且对这些问题的分析必须寻找政府行动的意外后果。民营化增强了国家的规制能力或者民营化的公司"俘获"了它们的规制机构吗？核心行政部门能够为规制机构掌舵吗？虽然规制也许可以增强国家的能力，但是，如果核心行政部门不能为这些规制机构掌舵，那么这是空心化的证据吗？或者它证明核心行政部门的能力增强了吗？部门与代理机构之间的关系是什么？是否存在有效的角色分离，或者说部门和部长可以随意干预代理机构吗？合理化意味着要重新界定国家的边界，以便核心行政部门管得更少。合理化还意味着要对控制重新进行聚焦。但是，如果这种聚焦并没有提供所期望的控制，那么核心行政部门至多保持原有的控制，或者更有可能是控制得更少。

此外，塞沃德的证据可以被解释为控制的丧失。虽然英国也许还没有分权化为地方政府和区域政府，但是它的专门机构却已成倍地增长。尽管这些专门机构的计数充满了政治争议，但是韦尔（Weir）和霍尔（Hall）（1994）估计这类专门机构大约有 5 521 个，其公共支出占有 370 亿～460 亿英镑。塞沃德关于强化中央能力的证据还可以被解释为核心行政部门弱化的证据。改革之所以必要，其原因在于现存的机构不具备恰当的能力。还需要指出的是，塞沃德描述的是改革而不是改革的结果。人们有可能会认同核心行政部门已经试图努力提高它们的能力，并且会断定这就是核心行政部门软弱无力的证据。由于核心行政部门会继续寻求控制，因此我们很有可能会看到以下几轮的改革。

因此，关于内部空心化的证据并没有指明一个方向（Weller，Bakvis and Rhodes 1997）。空心化识别了关键的趋势，将注意力聚焦于分割及其对行政部门行为和变化的影响以及其对于英国官僚体系的后果。

"全球化"这个词还没有一个公认的含义，而且，到目前为止，还没有一个"完备的全球化理论"（Amin and Thrift 1994：1）。不过，"全球化"这个概念仍然有助于分析民族国家的外部空心化（Held 1991；Jessop 1992；Hirst and Thompson 1995；Saward 1996）。赫尔德（Held 1991：151—7）指出有四种过程正在限制民族国家的自主权：生产和金融交易的国际化、国际组织、国际法以及支配权力和权力集团（也可参见 Jessop 1992：27；Saward 1997；以及后面的第 9 章）。结果，虽然民族国家的治理能力受到削弱，但"它仍然是一种关键的制度"（Hirst and Thompson 1995：409）。将上至国际层面的权力与下至次国家代理机构的权力进行"缝合对接"的过程十分必要（同上：423）。

国家是"权力转移或者批准'其上'或'其下'新权力的合法性来源"（同上：431）。赫斯特（Hirst）和汤普森（Thompson）将国家设想为一种"宪法秩序的来源"，其描述如下：

　　世界是由国际层面和国家层面的各种政治力量、管理机构和组织构成的，它会需要一个相互关联的公共权力网络以一种相对连续的方式对行动进行规制和引导，进而提供起码的行为标准，免于伤害。

（Hirst and Thompson 1995：435）

欧盟凝聚政策和初期的区域政策网络明确地说明了这种相互作用的网络模式（可参见后面的第 7 章）。跨国政策网络出现的时间条件包括：跨国政策网络是国家政策制定的一个特点，政策部门存在对资源的高度依赖，政策制定是去政治化和常态化的，在超国家的机构依赖其他机构来提供某种服务的情况下；以及需要进行利益聚合和加强功能性表征（functional representation）的情况下。因此，全球化假定了一个相互依赖的复杂世界，其特点是没有政府的治理（J. N. Rosenau 1992：3-6）。

*19* 　　这幅图景与作为差异化政体的英国是一致的。它将我们的论点拓展至超越了欧洲一体化的影响，进而包括了国家间相互依赖的影响。政策网络对于理解内部空心化至关重要。全球化对于理解外部空心化至关重要。空心化的过程而不是最终状态对于理解从单一制国家向差异化政体的转变至关重要。

## 反思

对议会政治模式的制度研究途径已经有许多方法论的挑战。两个主要的挑战分别来自行为主义和后现代主义。英国政府的变化不仅仅限于制度，还在于研究制度的方式。要想对这些变化做出解释，我们不仅要批判性地审视我们的研究对象，而且还要批判性地审视我们的研究方式。因此，反思是必不可少的。对于如何研究英国政府这个问题，一直都存在着反思性的争论，通过将诸如后现代主义这样的新视角吸纳进这种持续的反思性争论，可以避免这个研究领域产生僵化，即便这些变化是渐进性的。我的目标是使制度研究途径重新焕发活力，保持其在政治学研究中的核心地位。

行为主义挑战的核心观点宣称，历史研究方法和案例研究方法之所以有局限性，其原因不仅在于它们缺乏数据，而且还在于它们不能对政府的结构和行为进行系统的比较和解释（Blondel 1969：5）。尽管案例研究方法适用于描述独特的事件和伟大的人物，但是它却不允许进行归纳概括。案例研究方法没有"提供这样的指导原则，即人们可以据其从现实中提取能够为大规模比较研究提供素材的'关键性'元素"（Blondel 1981：67）。定量的中层分析是一种**通则式**研究途径（也就是说，它是系统性的，而且会产生一般性的结论），而案例研究方法则是一种**特殊规律的**具体研究途径（也就是说，它是描述性的，而且集中关注的是独特性）。

后现代主义拒斥在社会科学中处于核心地位的合理性。P. M. 罗西瑙（Rosenau 1992：137）简洁地对比了现代项目与后现代项目之间的差异。例如，现代社会科学：

> 要求简化。它放弃描述的丰富性和对复杂性的感觉，取而代之的是追求与问题接近的答案，而这些问题在范围上往往都具有局限性，并且是按自己的条件适宜于考虑的问题。

而就后现代主义而言：

> 倒是仍然缺乏知识主张，承认多种现实，并且接受不同解释。我们可以说服那些赞同我们的人，但是我们没有任何根据去说服那些不赞同我们的人，而且我们没有任何标准可以用来支持对任何特定观点的偏好。

所以，案例研究就是讲述故事，它对真理性主张并没有支持作用。

直率地说，行为主义的批评意见是错误的。在政治学中，最早也是最好地对案例研究方法进行讨论的是埃克斯坦（Eckstein 1975）。他认为（同上：116）"案例研究是达到检验理论之目的的备选手段"。与其相类似的是，尹（Yin 1984：39）也认为案例研究（与实验一样）使人们得以进行**分析性的**归纳概括。倘若埃克斯坦的论述被人们更为广泛地阅读，并且受到应有的关注，那么政治学界就可能不会出现那么多关于案例研究方法及其不如定量方法的无端批评了。从定义上看，案例研究既不是描述性的，也不是脱离理论的；案例研究是检验理论的一种有效途径（关于更详细的讨论，可参见第 4 章）。

对后现代主义批评的回应可能要多花一些时间。我们需要质问英国政府的传统，并且重新解释旧的途径。按照里德（Reed 1992：Chapter 6；1993）的观点，关于英国政府的研究可以被视为这样一个研究领域，它具有自己的实践、传统以及为人们研究英国政府提供框架的叙事结构。这些都为争论提供了评判标准，虽然这些标准并不具有普遍性和客观性，但是它们却依然是"评价……知识主张的共同标准"（Reed 1993：177）；**它们是一种组织视角**。

尽管后现代主义常常会将这种"分析性的结构化叙事"称为"自我指涉的会话"（self-referential discourse），并且会将一个"社会实践框架"称为"解释共同体"（interpretive community）（Fish 1989：Chapter 7），但它们并不是那么有限或者内省。叙事是锚定知识的一种方法。学术界持续不断的争论会对我们借以评判学术界个体成员知识主张的标准进行界定和重新界定。这种争论不是自我指涉的，因为知识主张是通过与实践者和使用者的正面相遇得以"再确认"的。因此，我们在实地调查中将抽象的概念转化成交谈。这些"正面相遇"及其交谈可以产生为了形成叙事而要阐释的数据（例如，案例研究），而这些叙事之后要接受英国政府专业学子们不断发展的知识标准的评判。"再确认"是一个重复的过程。概念由于学界的评价而被重新界定，并且因为新的相遇、交谈和讲述故事而再一次被转化（关于更详细的讨论，可参见上述主题九和第 9 章）。

上述的这种讨论之所以重要，其原因在于以下几点。首先，这种讨论对关于制度研究途径的批评做出了回应。该研究途径处在政治学的核心位置。我们必须对这些挑战做出回应，必须修正而不是放弃我们的方法（可参见主题八）。其次，更为重要的是，在与实践者和使用者的交谈中再确认我们讲述的"故事"，这一点对于通过政策网络内的多重话语来建立问责制是至关重要的。它反对专家知识的权威，赞同公开交流中的知识交换；这样不仅可以使公民知情，而且还会在这个过程中改变"专家的咨询建议"（可参见主题十）。最后，它反对通常被称为"主流"的认识论帝国主义和本体论帝国主义。我们研究什么以及如何研究，这些都是合法的争论话题，而且，多重理论的研究途径和方法论的多元主义是活力而非紊乱的标志。我们需要运用与该经验问题相关的所有理论并且需要利用定量分析方法、案例研究方法（当今的和历史的）、定性分析方法以及理性选择的演绎方法，方法的选择取决于哪一种方法最适合探究问题（Rhodes 1991a：551-2）。

## 问责

无论导致民主问责丧失的是所谓的削弱地方当局，代理机构对部长问责制的侵蚀，还是非选举产生的专门机构和分赃任命数量的增长，英国政府最近发生的变革已经使人们对民主问责的丧失怨声载道。罗兹（Rhodes 1988：402-6）区分了政治问责、管理问责和法律问责，他特别提到次国家层面的政府受制于"无用低效的问责机制"。更为重要的是，"问责体系"：

> 聚焦的是制度及其决策制定和执行的过程。这里存在一个根本性的问题：要求一种制度对其业已运行的方式负责，就是无视差异化政体的关键特征。政策不是某一种制度的责任，而是从若干种制度的相互作用中出现的。

> （同上：404）

巴克（Barker 1982：17）以同样的口吻谈到了相互问责的网络，并且识别了下至委托人的问责、上至大臣和议会的问责以及横向对同伴参照团体的问责制。因此，罗兹（Rhodes 1988：405）断言，问责不可能再是专门针对某一种制度的，而是必须适合政策及其网络的。差异化政体中的问责要求"领域不确定，交流公开以及评估政策效应"，复杂的问题就需要复杂的解决办法。

对问责的这种分析有两个问题：这种分析无疑是规范性的，它低估了代议制民主尤其是议会的传统机制。塞沃德（Saward 1997）对罗兹关于治理和空心化讨论中的规范性假定提出了批评。他把对碎片化存在的危险、政策协调的重要性以及公务员反腐堡垒和维护正直角色的强调，描述为一种"绝对的"规范性立场，因为它"与其说是在对所发生的一切给予说明，还不如说是在对其进行谴责"。

虽然这种立场是规范性的，但却是显而易见的。空心化是一种经验现象，它具有规范性后果。描述和解释也可能就是在证明其合理性，虽然是含而不露的。因此，服务应该是有效的、公平的且负责任的（Rhodes 1988：387-406）。对空心化的专门评论只不过是对先前论点的扩展而已。代议制民主的传统问责机制绝不是旨在应对多组织的碎片化政策体系（可参见主题十）。对网络中多重话语的分析试图使问责的概念适应20世纪90年代后期的情况（可参见第9章）。更为重要的是，我们需要使代议制民主的机制适应差异化政体的运行方式。

贾奇（Judge 1993：120-30）之所以对关于政策共同体的文献提出了批评意见，其原因在于这些文献没有将政策共同体置于"代议制政府的更大框架之内"（同上：124）。议会并非处在政策过程的外围，因为它可以提供"分散的支持"，提

供 "议会体系自身的合法化框架"（同上：126）。议会还具有一些特定的作用。对于局内人和局外人来说，它都是一种 "保险政策"（同上：130）；例如，被排斥在政策共同体之外的利益集团可以广泛传播它们的关切。贾奇关于将议会视为合法化框架的观点表明，议会政治模式并不只是一个神话，它是可以传递日常政治实践的信息。然而，贾奇却不愿承认政策共同体是 **相对**封闭的（Marsh and Rhodes 1992 a：296），不愿承认议会被边缘化，进而导致他低估了问责制的侵蚀。贾奇（Judge 1993：124）承认立法机关可以对立法做出 "有限的" 贡献并且处在政策制定和政策执行的 "外围"。所以，议会政治模式中的关键性原则并没有发挥预期的作用。理论与实践之间的这种配合不当将会侵蚀议会的合法化作用。

因此，关于代议制民主中问责的讨论对于这个论点至关重要。毫无疑问，描述和解释政策网络的活动就是在证明它们的合理性。但是，私人的政府却是坏政府，开放性是代议制民主的基本公理。代议制民主与差异化政体之间的冲突——功能政治与领域政治之间的冲突——在我对英国政府的解释中扮演着核心角色。

## 1.4 结语

差异化政体的地图很复杂。通过以上论述，我指出了本书的核心解释主题。这些主题已经在本章的开头列出并且概括了本章的内容。以下我将概述本书其余的内容以及各个章节与各个主题之间的联系。

第 2 篇为政府向治理转变和单一制国家向差异化政体（主题一）转变的论点提供了基本的理论基石。第 2 章介绍的是政策网络和权力依赖模式（主题二）。我既不试图回应对我的各种批评意见，也不试图识别网络研究中的议题和问题（可参见 Marsh and Rhodes 1992a）。我先为第 3 章提供一些背景介绍，在第 3 章中，我认为 "治理" 现在是英国政府的本质特征（主题四）；第 3 章是本书描述与分析的核心部分。强力行政领导的传统在政策网络内部和政策网络之间讨价还价的博弈中会失去作用（主题三）。然而，政策网络已经发生了很大的变化。网络中的相互依赖总是不对称的，例如，中央政府总是可以单方面地改变博弈规则。在 20 世纪 80 年代中央政府就经常这么做，进而选择性地激发新的行动者绕过专门机构和地方政府。这种权力的行使具有明显的意外后果（主题五）。中央部门侵蚀了自己在网络中的节点地位。网络的数量变得越来越多，其复杂性程度也越来越高。掌舵便更为困难。有些新的行动者，如商业部门，甚至比工党控制下的地方当局更不服从中央的掌舵。治理，或者说是自我组织的组织间网络，就是一个重大的意外后果，进而迫使中央的精英用间接的管理去取代控制（主题六）。

本书的第 3 篇从理论转向方法并且要探究我们如何研究治理这个问题。我要为其重心在于政府规则、政府程序和政府正式组织的经典制度研究途径进行辩护。然而，我还提出这种研究途径需要与时俱进，要包括非正式的组织网络，要在历史学家和律师的技能中增添行为政治学家的技能（主题八）。

本书的第 4 篇运用这种制度研究途径探究政府向治理的转化程度（主题三和主题七）。第 5 章考察的是公务员制度改革，我认为已经出现了渐进性的革命。然而，改革却带来了制度的碎片化，并且使掌舵的问题进一步恶化。尽管中央创建了网络，但是中央却没有制定一种新的操作规则来管理网络。第 6 章用文件证明了"政策混乱"问题，亦即中央－地方的关系问题。该章表明，中央的指令操作准则具有多种意外后果，而且，地方政府的经常性支出在整个这一时期实际上是在增长。在 20 世纪 90 年代，政府发展了强调竞争和更好地进行公共管理的赋能政府和赋能政策概念；但是，更为重要的是，它使服务供给体系碎片化。碎片化分散了权威，增加了差异化政体的制度复杂性。第 7 章考察了欧盟对于地方政府的影响，进而评价了英国政府在多层次治理体系中的嵌入程度。虽然英国中央政府仍然扮演着联系欧盟委员会与地方政府的有效守门者角色，但是欧盟成员国身份依旧创造了横跨各级政府的跨国政策网络。在这些网络中，虽然英国中央政府是一个强有力的参与者，但是它也只是一个参与者而已。总之，这几章运用文献材料证明了英国政府空心化的压力和正在出现的治理体系。

本书的第 5 篇又回到我们如何研究 20 世纪八九十年代的变革这个问题上（主题八和主题九）。第 8 章考察的是（作为研究领域的）公共行政学（Public Administration）的发展历程。该章描述了战后时期的主要发展趋势，进而断言这个分支领域（公共行政学）是 20 世纪八九十年代变革的旁观者。在 1995 年之前，这个分支领域还没有条理分明的知识身份。然而，这个分支领域的未来在于坚持到底并产出高质量的学术作品，而不是试图去竭力效仿管理顾问或者智库。第 9 章探究了如何才能做到这一点。该章考察了后现代主义的挑战，进而提出了公共行政学可以从这种腔调或者气氛中学到什么？我认为，我们需要批判性地解释我们自己的传统并且识别出六种可能的探究途径：制度分析、人种志与网络文化、核心行政部门行为、治理结构、全球化以及差异化政体中的代议制民主。我强调有必要重新塑造差异化政体的议会政治模式（主题十）。我并不打算确定某个特定的研究议程，而是想要提出一种公共行政学的新方法来考察公共行政。这些特定的议题说明了进行反思的必要性：批判性地质问我们的实践、传统和叙事。

英国政府在 20 世纪八九十年代经历了一些重大的变革。本书力图对这些变革提供一种可能的解释。人们认为，已经出现了从议会政治模式向差异化政体的转变。这些变革呼唤着我们在研究该主题的方法上要进行相应的转变。虽然 20 世纪 90 年代可能没有预示后现代主义作为新纪元的到来，但是从政府到治理的转变却是引人注目的。尽管后现代主义作为认识论还没有引起公共行政学的关注，但是它对我们认识论提出的挑战却意义深远，而且，我们非常需要有一种反思性的公共行政学。理解治理就意味着要对作为差异化政体的英国政府进行批判性的解释，还意味着要对我们研究英国政府的方式进行批判性的解释。

第 2 篇

理

论

# 第 2 章

# 英国政治学中的政策网络

本章概述了英国政治学中"政策共同体"概念和"政策网络"概念的发展和使用现状。第一节简要地论述了政策网络研究途径与多元主义的政府-利益集团关系模式与社团主义的政府-利益集团关系模式之间的关系。第二节更为详细地分析了政策网络概念的发展，尤其关注的是英国在这方面的研究文献。第三节阐释了政策网络的三种分类。本章为我在第 3 章中探讨治理以及在第 4 篇中探讨英国政府自 1979 年以来所发生的变化提供了背景介绍。

## 2.1 多元主义的政府-利益集团关系模式 与社团主义的政府-利益集团关系模式

政策网络的概念有各种不同的定义方式和使用方式。我将政策网络视为一个中观概念，它可以提供微观分析与宏观分析之间的联系，微观分析涉及的是利益集团和政府在特定政策决策中的角色，而宏观分析则聚焦于现代社会内部更宽泛的权力分配问题。网络分析强调利益集团与政府部门之间关系的连续性，施密特（Schmitter 1979）将这种关系称为利益集团调解。政策网络的存在不仅能够影响（即便是它没有明显地决定）政策结果，**而且**能够反映特定利益集团在某一广泛政策领域中的相对地位甚或权力。

当然，政策网络模式并不是利益集团调解的唯一模式甚或最

30    常用的模式。施密特本人也识别了两种模式：多元主义模式和社团主义模式。从历史上看，多元主义模式处于主导地位，而且重要的是强调社团主义和网络对多元主义模式提出批评。施密特提出了一个综合定义，将多元主义界定为一个政府-利益集团调解的体系：

> 多元主义可以被定义为一个利益表征的体系，在这个体系中，组成单元被组织成为大量多重的、志愿的、竞争性的、无等级排序的、自行确定的部门（按照利益的类型或范围），这些部门在领导层的选择和利益的表达方面并没有专门获得国家的特许、认可、资助、册封甚或控制，而且它们在其各自的部门中也并没有对代表利益的活动实施垄断。

(Schmitter 1979：15)

多元主义利益集团表征体系的关键要素是显而易见的。有许多利益集团都是为了影响政策而相互竞争的，在这些利益集团中，领导层会关注其成员。在此，"政府"——而非"国家"——主要扮演的是一种被动的角色，它只是权威性地分配稀缺资源，政府决策反映的是某一特定时期社会内部利益集团之间的平衡。在游说政府的同时，利益集团也许会得以制度化，但是政府仍然独立于利益集团之外。

这种多元主义模式变得更加精致，它采纳了政策网络研究途径的一些理念（例如，可参见 McFarland 1987）。然而，研究次级政府的社团主义学者和美国学者所关注的多元主义版本与施密特所概述的那种多元主义版本很相似，他们的研究成果为网络研究途径提供了重要的动力（例如，可参见 Freeman and Stevens 1987）。

在 20 世纪 70 年代和 20 世纪 80 年代初，英国如同其他地方一样，尽管不同的学者对社团主义这个概念的使用五花八门，但是社团主义却引起了人们的广泛兴趣（可参见 Panitch 1980；Cawson 1986）。施密特再一次将"社团主义"有益地界定为一个利益集团调解的体系：

> 社团主义可以被界定为一个利益表征体系，在这个体系中，组成单元被组织成数量有限的单一的、强制性的、非竞争的、按等级排序的并且根据功能区分的部门，这些部门得到国家的认可或者特许（如果不是被册封的话）并且在其各自的部门内被赋予一种审慎的代表性垄断权来关注某些对其领导选拔与需求和支持表达的控制。

(Schmitter 1979：13)

这种模式在以下几个方面不同于多元主义模式。第一，社团主义模式强调利益集团的调解仅限于少数几个集团。多数学者都将研究重点置于经济政策和产业政策领域，他们主要关注的是代表劳资各方的利益集团。他们之所以这样做，是因为作

31    为马克思主义和资本主义替代品的社团主义的起源，社团主义强调的是阶级之间的合作，而不是冲突或者剥削。第二，利益集团具有等级结构，集团领导者能够为他们的成员"提供"成员资格。第三，在一个完整的社团主义体系内，社团之间的联系以及社团与政府之间的联系是封闭的。这种统一源自人们对政治经济体系应该怎

样运行所达成的一种基本共识，它反过来又强化了这种共识。社团主义模式还有两个特征值得我们进一步讨论：一是国家的角色，二是宏观层面的分析。

在社团主义的模式中，"国家"——而非"政府"——扮演着一种积极主动的角色，虽然这种角色的本质取决于社团主义的变体。施密特区分了国家社团主义和社会社团主义。在国家社团主义的模式下，国家指导社团，国家决定政策，而社团执行政策，事实上，社团对其成员实施监督。国家社团主义模式是一种自上而下的政策制定与执行的模式，它弱化了社团的自主权。社团主义的这种变体在具有发达公民社会的社群中是不合适的。在社会社团主义的模式下，国家和社团协商制定政策，虽然社团成员并没有大量参与协商。政策一旦制定，社团或者利益集团就要执行政策。在此，政策制定意味着国家与具有等级结构的利益集团之间要进行磋商，但是利益集团对政策的执行则主要是自上而下的。

多元主义的政府-利益集团关系模式和社团主义的政府-利益集团关系模式都没有提供一幅再现政府与利益集团之间关系的真实图景，因为它们提供的只是一般的、宏观层面的关系模式。事实上，政府与利益集团的关系因政策领域的不同而有所差异。但是，公平地说，最近的社团主义研究文献认识到了这一点。考森（Cawson 1986：38）特地将"社团主义"界定为：

> 一种特定的社会-政治过程，其中，代表功能性垄断利益集团的组织致力于同国家机构就公共政策输出进行政治交换，这种政治交换所涉及的那些组织通过委托自我执行的方式将利益表征与政策执行结合起来。

接着，他对中观社团主义与宏观社团主义进行了区分：

> 中观社团主义是指利益表征过程、决策过程和政策执行过程的融合；与宏观社团主义对"为系统掌舵"的关注相比，中观社团主义所关注的问题范围更为有限。

（同上）

因此，正如施密特所解释的那样，社团主义提供了一个政府与利益集团关系的一般模式；考森既承认社团主义模式可能只适用于某些特定的政策领域的观点，也赞同这样的关系会随着时间的推移而消失（Cawson 1986：39）。虽然这种修正明显是一个进步，但是问题却依然存在。

主要的问题在于，"社团主义"这个概念仍然带有施密特用法的知识包袱，姑且不说它早期与法西斯主义有联系。社团主义过分强调政策制定的自上而下属性，过分强调经济利益集团并且过分强调聚合分析。然而，即使在经济领域，施密特所识别的社团主义的那些特征也很少以纯洁（unsullied）的形式出现，例如，聚合、许可、垄断利益表征以及规制成员。这个问题促使了大量对新社团主义、自由社团主义和协定社团主义的描述和讨论（关于社团主义更为详细的考察，可参见 Jessop 1979；Jordan 1981）。利益集团调解的社团主义模式不仅最好地被用作一种中观层面的概念，而且还是被分解了的。它是政策网络的一种子类型，是一个由国家和代表劳资各方的利益集团构成的紧密政策共同体。

32

相比之下，政策网络的研究途径强调对政策分析进行分解的必要性，强调利益集团与政府之间的关系因政策领域的不同而有所差异。同时，它还承认利益集团很少参与多数政策领域的政策制定。许多政策领域的政策制定都具有结果和利益集团的连续性特点。下一节将追溯政策网络分析的起源。总之，本小节强调了两点。首先，网络的研究途径是多元主义模式和社团主义模式的一种替代方法。其次，政策网络是一个中观层面的概念，运用不同自由民主政体中权力分配模式的学者都可以使用这个概念。

## 2.2　政策网络概念的发展

最近，有两种刻画英国政策网络研究文献发展特点的尝试。乔丹（Jordan 1990a）的分析强调美国政治学研究文献对英国学者的重要性以及这些理念对英国学者的影响。相比之下，罗兹（Rhodes 1990）提供的研究途径则更为宽泛。他强调网络概念不仅可以应用于政治学，而且还可以应用于社会学、社会心理学和社会人类学。此外，他还指出这个概念可以应用于不同层次的分析；在不同的语境下，网络这个概念可以被用来指称微观层面的人际关系，或者可以被用来指称中观层面利益集团与政府之间的关系，或者可以被用来指称宏观层面国家与公民社会之间的关系。罗兹（Rhodes 1990：307）特别关注政府间关系研究中有关网络研究的文献，他断言，"美国政治学并不是对英国政治学发展具有持续重大影响的因素"。然而，我们很有必要对美国的研究文献和英国的研究文献都做一个简要的考察，以便为政策网络这个术语的流行用法提供背景。

### 美国的研究文献

33　　尽管乔丹还追溯了他所谓的"政策网络"的"知识史前史"，但是他认为，"政策网络"的理念——显然不是这个术语本身——却是在20世纪五六十年代的美国出现的（Jordan 1990a：320）。美国学者对"政策网络"这个词的用法强调的是利益集团、官僚机构和政府中个体之间的经常性联系，这种联系为次级政府提供了基础。这种研究途径是对利益集团调解的多元主义模式的一种批判，这种批判有时是含蓄的。虽然这种研究途径有很多支持者，但是它从未占据主导地位。更为重要而且并不令人惊讶的是，在20世纪70年代末和80年代，出现了一种反对这种立场的多元主义观点（最为显著的例子，可参见 Heclo 1978）。

乔丹正确地将弗里曼（Freeman）认定为次级政府研究文献中的一位关键人物。弗里曼于1955年首次发表的研究成果强调，应将政策制定的研究分解为官僚、国会议员以及利益集团在其中相互作用的子系统。弗里曼将子系统界定为：

与某一特殊公共政策领域决策的参与者或行动者相互作用的模式……尽

管明显存在其他类型的子系统，但是我们在此所关注的这类子系统却是在一个由行政部门和国会委员会连同紧附的特殊利益集团一起形成的直接背景中发现的。

(Freeman 1965：11)

弗里曼将公共政策视为这类子系统中所做的全部决策：

> 子系统做出的许多决策，尽管可能会被认为是微不足道的或者是细枝末节的，乃至是无足轻重的……共同构成我们全部公共政策中的大部分内容。由于这些政策源于这样一些参与者的互动，他们往往具有专业化和纯粹的耐力等特点，因此单个来看，这些政策可能会缺乏引起广泛关注的魅力。但是，它们叠加起来的重要性……不容忽视。

(Freeman 1965：33)

里普利和富兰克林（Ripley and Franklin 1981）有效地刻画了20世纪六七十年代出现的次级政府模式的特点：

> 次级政府是在某一特定实质性政策领域中有效地做出大部分日常决策的人群……一个典型的次级政府包括众议院和/或参议院议员、国会议员、少数官僚以及关注该政策领域的私人团体和组织的代表。

(转引自 Jordan 1990a：321)

还有一些学者增添了一部分重要内容，如卡特（Carter 1964）和麦康奈尔（McConnell 1966），他们认为，次级政府所包含的私人利益集团可能会占据主导地位。这些次级政府可以控制它们内部的成员而不是对其做出回应，它们可以俘获本应该对其活动加以规制的政府机构，这种情况被称为"机构俘获"。

这种次级政府研究文献所强调的是少数与政府关系密切的特权集团，所产生的次级政府排除其他利益集团并制定政策。有些学者打了更为严格的比喻来刻画这种关系的特征。西奥多·洛伊（Thedore Lowi 1964）强调了这些关系的三角属性，因为中央政府机构、国会委员会和利益集团享有一种几乎共生性的相互作用。这种洞见产生了次级政府研究文献中的著名标签："铁三角"（iron triangle）。

彼得斯（Peters 1986：24）将铁三角的特点描述如下：

> 铁三角中的每一个行动者都需要其他两个行动者才能取得成功，而且，其所形成的风格是共生性的。压力集团需要政府代理机构为集团成员提供服务并提供一个与政府的友好接触点，与此同时，政府代理机构也需要压力集团在有影响的委托人中间动员对其项目的政治支持……铁三角所涉及的所有相关人员都具有共同的利益。在许多方面，他们都代表同样的个体，扮演着选民、委托人和组织成员等各种角色。美国的许多国内政策都可以通过这些具有特定功能的政策子系统的存在和有效的中央协调的缺乏得以解释。

面对这样的批评，多元主义者在20世纪70年代末期予以反击也不足为奇。赫克洛（Heclo 1978）的著作是这种发展的里程碑。面对来自次级政府模式支持者的攻击，赫克洛为捍卫多元主义而进行的辩护弱化了参与政策制定的有限性，强调问

30

题网络的重要性。按照赫克洛的用法，麦克法兰（McFarland 1987：146）将问题
网络概念化为：

> 对某一领域的政策感兴趣的那些人构成的信息传播网络，其中包括政府当
> 局、立法者、商人、说客乃至学术界和新闻记者。显而易见，问题网络不同于
> 铁三角。一个富有活力的问题网络会不断地传播关于政策的批评信息并且会不
> 断产生提出新政策动议的想法。

虽然赫克洛承认铁三角有时的确存在，但是他却宣称，一般来说，相对开放的
问题网络已经取代了"封闭的控制圈"。

主张多元主义的学者并没有强调次级政府的重要性。相反，他们表明了 20 世
纪 70 年代游说国家政府的利益集团在数量上的剧增和美国行政制度的自主权（可
参见 McFarland 1987：135-6）。麦克法兰重新强调了多元主义的两个基本原则：
政府相对于特定利益集团压力的潜在独立性，以及存在着防止经济利益集团主导的
实际或者潜在的抗衡权力联盟。麦克法兰将他对多元主义的再发现命名为"三元权
力的理论"。

因此，虽然次级政府可能存在，但是它们却很少具有排他性。就其特点而言，
次级政府是一个涉及政府代理机构、生产者或专业利益集团以及**对立的**公共利益集
35 团的三套件，它要么是一个消费者集团，要么就是一种社会运动。值得注意的是，
这种变体仍然保持着有限参与政策制定的理念。实际上，它保留了三角形象，但却
强调经济利益集团不再占据主导地位。强大的抗衡势力和一个自治权不断增强的国
家反对它们的交互检测。

总而言之，美国的研究文献强调微观层面，研究的不是制度之间的结构关系，
而是关键行动者之间的个人关系。最初集中关注的是次级政府的存在，而且常常把
次级政府视为对该政体之民主取向的制约因素。然而，最近有各种学者对这种次级
政府的论点提出了批评意见。虽然他们仍然承认密切关系的存在，但是他们对这样
的安排给民主政体造成的威胁提出了批评。

在我们将政策网络的概念应用于分析英国的政策制定之前，我们还有两点需要
强调。首先，具体地说，无论铁三角模式还是次级政府模式，都不能直接应用于像
英国这样的国家，因为在这些国家中立法机关在政策制定中所能发挥的作用不大。
在英国，撇开立法委员会，谈论政府部门、规制机构以及利益集团或群体之间的关
系要更有意义。其次，让"政策网络"这个词得以发展的不是美国，而是英国，美
国更喜欢用"次级政府"这个词的某种变体。

## 英国的研究文献

英国关于政策网络的研究文献在很大程度上要归功于非美国的研究资料来
源。罗兹所利用的有关组织间理论的研究文献，有许多都出自欧洲的学者（例
如，可参见 Hanf and Scharpf 1978；Marin and Mayntz 1991；以及 Jordan and

Schubert 1992)。然而，理查森和乔丹（Richardson and Jordan 1979）以及威尔克斯和赖特（Wilks and Wright 1987）显然都深受赫克洛和威尔达夫斯基（Heclo and Wildavsky 1974）有关英国财政部公共开支决策研究成果的影响。当然，他们也受到了其他欧洲学者的影响。例如，理查森和乔丹就受益于斯堪的纳维亚学者关于社团多元主义的研究文献（可参见 Heisler 1979），而威尔克斯和赖特则运用了一个最初从罗兹的著作中开发出来的框架（可参见 Wilks 1989）。

赫克洛和威尔达夫斯基（Heclo and Wildavsky 1974：xv）认为财政部类似于一个村落共同体。他们集中关注的是：

> 主要政治行动者和行政行动者之间的个人关系——这种关系有时发生在冲突中，通常会达成一致，但始终会在一个共同的框架内接触和运行。

政策是在这种共同体中由互动频繁且具有共同价值观的少数行动者制定的。

理查森和乔丹采纳了政策共同体这个理念，并指出这样的安排是理解稳定的自由民主政体中多数政策制定的关键。他们认为，英国的政策制定就发生在政府机构与压力集团在其中进行磋商的子系统之中：

*36*

> 政策制定图实际上是一系列纵向的分割间或者部分——每个部分都被一组不同的有组织群体所占据，而且，一般来说，"未被认可的群体"或者普通大众是无法进入其中的。
>
> （Richardson and Jordan 1979：74）

理查森和乔丹也强调分解。政府内部有许多部门。社会被碎片化了——这是一个反映利益集团越来越多的事实。政策制定发生在各种各样的政策网络之中，这些网络的特点在于特定的利益集团与不同政府部门之间的关系密切。此外，理查森和乔丹强调了政策共同体中联系的人际关系属性而不是结构关系属性。

罗兹（Rhodes 1981）采用了一种不同的研究途径，他利用的是欧洲学者关于组织间关系的研究文献，而非美国学者关于次级政府的研究文献。因此，他强调的是作为政策网络关键要素的政治制度之间的结构关系，而不是那些政治制度内个体之间的人际关系。此外，他集中探讨的是网络在部门层面而非子部门层面存在。在罗兹的模式中，我们首先要在聚合层面而非分解层面寻找并期望发现网络。

尽管英国关于网络的研究文献互不相同，但它们却不同寻常。虽然美国的研究文献对一些学者有影响，但是也还存在一些其他方面的重要贡献。在下一节中，我将概述近年来学者们专门为分析英国的政策制定而构建的政策网络分类的三种尝试。

## 2.3　政策网络的三种分类

### 罗兹的分类

罗兹（Rhodes 1981：Chapter 1 和 Chapter 5）建立了他自己关于英国中央-地方关系研究的分类。他的框架基于一种权力依赖理论，该理论包含以下五个命题：

（1）任何组织都**依赖**其他组织获取资源。

（2）组织为了实现自己的**目标**而必须交换资源。

（3）虽然组织内部的决策受制于其他组织，但是**主导联盟却**保留着某种自由裁量权。主导联盟的**评价体系**影响着哪些关系被认为有问题以及哪些资源将会被追求。

37　　（4）主导联盟利用已知**博弈规则**中的策略来规制资源**交换过程**。

（5）自由裁量程度的变化是由互动组织的目标和相对权力潜能而产生的。这种相对的权力潜能又是由每个组织所拥有的资源、组织间的博弈规则和交换过程而产生的。

（Rhodes 1981：98）

在这个模式的最初版本中，中央-地方的关系就是一场中央的参与者和地方的参与者都力图进行优势操纵的"博弈"。各方都会调配自己的各种资源——无论是宪法-法律资源、组织资源、财政资源还是政治资源或者信息资源——来使得其对结果的影响最大化，同时各方都会力图避免对其他"博弈方"产生依赖。这是一场复杂的博弈，其中，虽然各种不同层级的政府相互依赖，但是它们之间的关系却正从多元主义的讨价还价向社团主义转变。这个框架显然还没有超越政府间的传统。但是，它已经受到了许多批评（对此的概述、引用和评论，可参见 Rhodes 1986b）。也许，权力依赖模式最显著的弱点在于它没有明确地区分微观分析、中观分析和宏观分析。因此，这三种分析之间的联系就没有得到充分的探讨。鉴于许多学者没有区分作为政府与利益集团关系形式的社团主义与作为一种国家理论的社团主义，因此这个问题源自运用社团主义理论来分析这个"战场"（Marsh 1983：1）。

鉴于社团主义研究文献内在的弱点及其运用的不准确，罗兹对其模式进行了修正（Rhodes 1986a；1986b）。修正后的模式对这三个层面的分析进行了区分。政府间关系的宏观分析必定要涉及对战后时期英国政府变化特点的描述。中观层面的分析集中关注的是中央政府与中央以下的政治组织和政府部门之间联系的多样性。政策网络这个概念很适合于中观层面的分析。微观层面的分析强调的是特定行动者的行为，无论行动者是个体还是组织。宏观层面与中观层面之间的相互关系对于解释网络关系及其结果的变化模式至关重要。然而，网络植根于资源的交换。因此，特定网络中行动者之间的资源分配对于解释该网络中的权力分配仍然是至关重要的。同样，网络中资源的不同模式以及资源在各个行动者之间分配的不同模式，在某种程度上可以说明不同网络之间的差异。由于宏观层面的分析集中关注起源——例如，讨价还价博弈规则的起源以及为什么一些行动者比其他行动者控制更多的资源，所以，宏观层面的分析是对权力依赖模式的补充。

　　罗兹（Rhodes 1986a：Chapter 2）将政策网络定义为一个由不同组织构成的集群或者复合体，其中的组织是通过资源依赖而相互连接在一起的（依照 Benson 1982：148），但是，罗兹通过区分五种类型的网络对这个定义进行了详细的阐述，　*38*这五种网络涵盖从紧密整合的政策共同体到松散整合的问题网络形成的一个连续统一体。这些网络也因其成员资格和成员间资源分配的不同而有所区别。

　　**政策共同体**具有以下特征：关系的稳定性、限制性成员资格的连续性、基于共同服务供给责任的纵向相互依赖，以及不仅与其他网络而且常常与公众（包括议会）的隔离。政策共同体纵向的相互依赖程度很高，而横向的联系却有限。它们经过了严密整合。这些政策共同体通常以政府内部或者政府自身的主要功能性利益为基础——例如，教育、消防服务（Richardson and Jordan 1979；Rhodes 1986a：Chapter 8）。相比之下，如果政策共同体包含重要的地域性利益——例如，在苏格兰、威尔士和北爱尔兰（Hunter and Wistow 1987；Rhodes 1986a：Chapter 7），那么它们最好被描述为**地域共同体**。

　　**专业网络**的特点是某一类参与者在政策制定中的作用特别突出——专业。国民医疗服务体系是人们引用最多的一个专业化政策网络的例子（可参见 Ham 1992）。简而言之，专业化的网络表达了特定专业的利益，并且具有相当程度的纵向相互依赖，而同时也使自己同其他网络相隔离。

　　**政府间网络**是基于地方当局的代表性组织网络。它们的显著特征是：游说团体的成员资格（并且明显排斥了所有公共部门的联盟）；广泛群聚了包含地方当局的所有服务（以及相关专长和委托人）的利益；有限的纵向相互依赖，因为它们没有服务供给的责任；并且还具有广泛的横向联结，或者可以渗透许多其他网络的能力。

　　**生产者网络**具有以下基本特点：经济利益集团（公有部门和私有部门）在政策　*39*制定中的作用突出，其成员资格变动不定，中央依靠产业组织提供期望的商品和专门知识，以及经济利益集团的相互依赖有限。

　　**问题网络**的显著特征是它有大量的参与者和相互依赖的程度有限。稳定性和连续性很受重视，并且结构往往是原子状的（Heclo，1978）。

　　表 2-1 是对罗兹分类的概括。

**表 2-1**　　　　　　　　　**政策共同体与政策网络：罗兹的分类**

| 网络的类型 | 网络的特点 |
| --- | --- |
| 政策共同体/地域共同体 | 稳定、严格限制的成员资格、纵向的相互依赖、有限的横向联结 |

续前表

| 网络的类型 | 网络的特点 |
|---|---|
| 专业网络 | 稳定、严格限制的成员资格、纵向的相互依赖、有限的横向联结、为专业的利益服务 |
| 政府间网络 | 有限的成员资格、有限的纵向相互依赖、广泛的横向联结 |
| 生产者网络 | 波动的成员资格、有限的纵向相互依赖、为生产者的利益服务 |
| 问题网络 | 不稳定的大量成员、有限的纵向相互依赖 |

　　罗兹的分类存在一些缺点。该分类故意聚焦于涉及次级中央政府并且通常是某个专业或者半专业的福利国家服务。但是，对网络利益集团和成员资格的定义很狭隘而且会限制这个概念在政策制定分析中的效用，例如，对产业政策制定分析的效用。格兰特等人（Grant *et al*. 1988：58—67）对这一点进行了充分的说明。他们指出，政府并没有涉足化工产业，而且权力依赖关系有利于这个产业。信息资源是化工产业政策共同体的主要通货，而且企业控制了绝大多数重要的信息。博弈的规则很容易变化，尽管"信任"是一个基本的规则。策略被用来管理的是产业内部的关系，而不是政府与产业之间的关系。简而言之，"化工产业中的政府-产业关系与罗兹所研究的政府间关系差别很大"（同上：67）。虽然罗兹（Rhodes 1988：327）承认政府对企业的依赖和经济利益集团的显著地位，并且认为生产者网络与其他类型的政策网络差异明显，但是，这种关于"生产者网络"是松散整合的观点却依然具有误导性。虽然这样的结论也许只是在产业层面具有准确性，但是正如格兰特等人（Grant *et al*. 1988：314）所断言的那样，部门分析对于理解政府-产业关系（GIR）至关重要，"部门的变化的确至少可以改变国家的特性"。更有甚者，子部门的整合程度可能会很高。

　　也许更为重要的是，罗兹的模式是作为一种连续统一体而呈现的（可参见表2-1）。虽然我们很容易发现为什么政策共同体和问题网络处于连续统一体的两端，但是其他类型的网络在连续统一体中的位置就没有这么明显的。该模式将两个分离的维度融为一体。政策网络因其整合度、稳定性以及排他性的差异而有所不同，政策共同体与问题网络的区分在研究文献中是很常见的。然而，网络还因其主导性利益集团的不同而有所区别（Saward 1992）。尽管专业利益集团、经济利益集团或者政府也许会主导一个网络，但是该模式表明，不可能存在由某一个专业或者生产者主导的**政策共同体**。言下之意，鉴于政策共同体发展的是共同利益，它们要么由政府主导，要么为该政策共同体所有成员的利益服务。此外，这种分类还意味着，从定义上看，一个生产者网络必然要比一个专业网络的整合度低且凝聚力弱。这些问题最好被视为经验问题。

## 威尔克斯和赖特的分类

40　　　威尔克斯和赖特（Wilks and Wright 1987）采用的是一种社会-中心的研究途径，他们强调的是人际关系而非结构关系。赫克洛和威尔达夫斯基（Heclo and

Wildavsky 1974) 尤其对赖特的研究产生了显著的影响。威尔克斯和赖特的分类与罗兹的分类主要有以下方面的差异。威尔克斯和赖特的分类强调产业政策部门中政策网络的分散性,而且实际上已经指出这种分散性在所有政策部门中都存在。因此,产业"既不是单一的,也不是同质的",政府是"碎片化的、差异化的并且有分裂能力",而且,理解政府–产业关系的关键在于将政策网络分解成子部门的政策网络。

格兰特及其对威尔克斯和赖特所反思的系列研究项目进行了研究的同事在他们关于化工产业的研究中阐明了聚焦于子部门的用处。正如他们所解释的那样,他们的研究:

> 是在一个为了经济和社会研究委员会的政府–产业关系创新项目而开发的一般性分析框架中设计的。因此,我们试图识别出处于化工产业核心构成"政策共同体"的主要行动者,试图识别出这些行动者的角色以及他们之间的联系,并且试图探究可能会影响行动者互动的任何共识或非正式的"博弈规则"。
>
> (Grant *et al*. 1988:3)

因此,政策共同体指的是这样一些经济部门,它们"具有一种自己在某种程度上不同于并且相隔离于其他部门的政治身份和生活"(同上:10)。一个政策共同体据说有三个特征:差异化、专业化组织和决策制度以及相互作用(同上:55)。格兰特等人(Grant *et al*. 1988:67-74)运用衡量这些特征的几个指标识别了一个核心化工政策共同体(国家和欧洲共同体层面的)和四个子部门共同体:制药、农业化学制品(分为化肥和农药)、涂料产业以及肥皂洗涤和卫生间制剂产业。他们断言,政策共同体对于"订购物料来说是一种有用的概念工具",但是他们却强调"任何忽视子部门层面的分析都是不完备的"(同上:74)。

在一个相关的研究中,汉彻和莫兰(Hancher and Moran 1989:272)采用了类似的一种研究途径探究经济规制或者"跨越……决策的公共领域和私人领域的强大机构之间调解以及讨价还价的过程"。他们拒斥规制的"机构俘获"理论和公共权威与私人利益的二分法(同上:276)。相反,汉彻和莫兰则集中关注的是"规制场所"以及"竞争性斗争的结果、这些斗争中所利用的资源以及那些资源在不同相关制度之间的分配"(同上:277)。规制场所与政策网络之间明显存在密切的关系:"任何特定的规制场所中都存在各种各样的组织,它们通过一系列网络或者通过正 *41*
式性程度参差不齐的联系而发生相互作用"(同上:291)。

威尔克斯和赖特很强调人际关系是所有政策网络的一个决定性因素。实际上,他们对政策网络的重新定义就起始于有关社会网络分析的讨论(Wilks and Wright 1987:298)和对互兼董事职位的参照(同上:313)。同样,格兰特等人(Grant *et al*. 1988:11)认为,政策共同体并不"符合行政上强制划定的界限",而且他们强调自己正在考察一个共同框架内的个人关系。与其一脉相承,赖特(Wright 1988b)以同样的口吻从微观层面分析了该城市及接管小组。总之,威尔克斯和赖特的重述力求准确地对共同体和网络进行操作性定义,以利于微观层面的分析。

这种对分解和个人关系的强调确实将威尔克斯和赖特的研究途径同罗兹的模式区别开来。正如威尔克斯和赖特所意指的那样，政策网络和共同体的模式是否只能用于子部门层面的研究，这是一个经验调查的问题。此外，我们还可以对每一个政策网络中人际关系而非结构关系成为最关键性因素的程度进行评价。然而，这两种模式之间的第三个主要差异经不起经验调查并且常常会造成更多的问题。威尔克斯和赖特运用了一种其他研究中从未使用过的独特方法来区分政策网络与政策共同体。

威尔克斯和赖特区分了"政策宇宙"、"政策共同体"和"政策网络"。"政策宇宙"包括"对于产业政策具有共同兴趣的大量行动者和潜在行动者，他们通常可以促进政策过程"。"政策共同体"这个词是专门为一个更加分解的系统而预留的，该系统包括这样一些行动者和潜在的行动者，他们对特定的产业具有共同的兴趣，并且相互作用，"为了平衡和优化他们的相互关系而交换资源"。对于威尔克斯和赖特来说，"政策网络"成了"一个连接过程，它是某一政策共同体内部或者若干政策共同体之间那些资源交换的结果"（Wright 1988a：606；也可参见 Wilks and Wright 1987：299）。表 2-2 对这些概念进行了总结。

表 2-2 政策共同体与政策网络：威尔克斯和赖特的分类

| 政策层级 | 实例 | 政策行动者 |
|---|---|---|
| 政策领域 | 产业、教育、交通、健康等 | 政策宇宙 |
| 政策部门 | 化工、电信、铸造等 | 政策共同体 |
| 政策子部门（焦点） | 例如，就化工政策而言：基础化学制品、制药、农业化肥、涂料以及肥皂和化妆品 | 政策网络 |
| 政策问题 | 例如，就健康与安全而言：药品许可、公司利润、"限制清单" | |

资料来源：Wilks and Wright 1987：300.

威尔克斯和赖特认为，相对于根据所涉关系的紧密度来区分政策网络和政策共同体的其他模式，他们的新研究途径有一些优势。尤其是，他们认为，他们的模型能够让他们认识到，并非同一政策子部门中的所有相同的政策问题都是在同一政策网络中加以解决的，而且还认识到，一个政策网络中的成员可能会来自同一政策领域的不同政策共同体，甚至还有可能来自不同的政策领域。

威尔克斯和赖特所做的这些改变明显地存在一些术语上的问题。当然，概念固然应当因为研究结论而得到修改，但是对"政策共同体"概念的颠覆性改变似乎并没有什么益处。几乎所有其他的学者都将政策共同体视为紧密整合的网络并且通常是人际的网络（Heclo and Wildavsky 1974；Richardson and Jordan 1979；Grant *et al*. 1988：11）。然而，对于威尔克斯和赖特（Wilks and Wright 1987；Wright 1988a）来说，政策共同体并不是紧密整合的，它们如同我们已经提到的那样，反倒是涵盖了"具有某种**共同身份**或者利益的行动者和**潜在**行动者"（Wright 1988a：606，黑体强调为本书作者所加）。如果没有人以任何方式对他们有关分解和子部门分析的观点提出质疑，那么他们关于"政策共同体"的用法便会使问题变得模糊不清，而不是使问题变得清楚明白，其实，格兰特等人（Grant *et al.* 1988：10，11 and 55）就没有沿袭这种用法。乔丹（Jordan 1990a：335）的批评很有分量：

> 反对威尔克斯/赖特术语用法的主要观点认为这些术语已经被抢先取代了。他们使用的术语已经具有一种公认的通货地位，而且，如果替代的术语没有明显的优势，那么对这些术语的不同使用就只会令人感到困惑。

尽管乔丹和理查森（Jordan and Richardson 1987：33-4）的"政策场所"概念目前主要指的是诸如议会或内阁等制度场所，但是这个概念却可以更好地被用来描述那些由某种共同身份而松散地联系在一起的潜在行动者。如果我们采用这个术语，那么政策共同体就可以保持紧密的整合。此外，顺带说明一下，威尔克斯和赖特（Wilks and Wright 1987）在使用"政策网络"这个术语时并没有考虑子部门的整合程度，这样做似乎不妥。显而易见，子部门的政策网络因其整合程度的不同而有所区别。对这一事实的某种承认似乎是很相称的。

在其后来的著作中，赖特（Wright 1989 and 1991）很强调对产业政策的比较分析。他认为，尽管政策共同体和政策网络是分析"治理结构"的有效工具，但是这种工具却有局限性，他强调这样的治理结构有几种类型，如官僚规制和"机构俘获"等。对子部门政策网络的比较研究所探讨的是该网络的成员资格、核心价值、政策议程、"博弈规则"、政策规则以及行为规范。然而，赖特越来越强调：

> 语境化对于解释……治理结构……的部门变化和跨国家变化至关重要。处理离散政策问题的语境是通过部门特有的政策过程与宏观和中观文化制度结构和组织之间的相互作用而形塑的。这些包括国家在部门中的历史作用、产业和市场的结构与组织以及竞争的规制、官僚机构的政策权限以及官僚机构间的竞争程度和冲突程度、信息资源的拥有与获取途径、专家的地位和作用、产业集体利益的代表和动员以及体制的稳定性。
>
> （Wright 1991：529-30）

*43*

这种方法是归纳性的。变量的清单很多。对变动的解释很复杂，而且有时解释得很含蓄。但是，很显然，我们有必要识别各种治理结构，有必要对各种治理结构进行语境化，而且这也是我在第 3 章中还会探讨的问题。

## 马什和罗兹的分类

不同的作者已经强调了政策网络和政策共同体的不同特点。格兰特等人（Grant *et al.* 1988：55）识别了政策共同体的三个特点：差异化、专业化和相互作用。同样，罗兹（Rhodes 1988：77-8）识别了网络变动的四个不同维度：利益集团、成员资格、相互依赖（纵向的和横向的）以及资源。此外，如塞沃德（Saward 1992）所指出的那样，网络的特点也可能表现为其主导的利益集团。重要的是不应将这些维度混为一谈。然而，关键点必定在于，任何一个或一组特点的显现程度，都是一个经验调查的问题，而非定义的问题。

马什和罗兹的分类就建立在上述观点的基础之上，它将政策共同体、政策网络和问题网络视为利益集团与政府之间的关系类型。它们都是中观层面的概念，使各种各样的重要问题作为实证分析的问题有待解决。马什和罗兹的分类将政策网络视为一种通称（见表2-3）。网络可以依照其内部关系的亲疏程度不同而沿着一个连续统一体发生变化。政策共同体位于连续统一体的一端，它们所涉及的是紧密的关系；问题网络则位于连续统一体的另一端，它们所涉及的是松散的关系。

一个政策共同体具有以下特点：

（1）参与者的数量有限且**有意识地排斥某些利益集团**。

（2）对于所有关涉政策问题的事物，该共同体的所有成员之间的互动不仅频繁而且质量很高。

（3）持续存在的价值观、成员资格和政策结果连贯一致。

（4）所有参与者在意识形态、价值观和广泛的政策倾向上有共识。

（5）由于政策共同体的所有成员都拥有资源，所以他们之间的联系是一种交换关系。因此，基本的互动涉及的是政策共同体成员之间就资源进行的讨价还价。政策共同体中存在着一种权力平衡，在这样一种权力平衡中，尽管未必所有的成员都可以均等地获利，但是所有的成员都认为自己处于一种正和博弈之中。由于参与群体的结构是分等级的，所以领导者能够为顺从的成员提供利益保障。

44     **表2-3**                 **政策网络的分类：政策共同体与问题网络的特点**

| 维度 | 政策共同体 | 问题网络 |
|---|---|---|
| **成员资格：** | | |
| 参与者的数量 | 数量十分有限，有些集团被有意地排斥在外 | 数量庞大 |
| 利益集团类型 | 经济利益集团和/或产业利益集团占主导地位 | 包含各种会受到影响的利益集团 |
| **整合：** | | |
| 互动的频率 | 对于所有关涉政策问题的事物，所有利益集团的互动不仅频繁，而且质量很高 | 接触的频率和强度波动不定 |
| 连续性 | 成员资格、价值观和政策结果长期保持不变 | 成员准入的机会波动很大 |
| 共识性 | 所有参与者共享基本的价值观，而且认同政策结果的合法性 | 尽管有达成共识的措施，但冲突始终存在 |
| **资源：** | | |
| 网络内的资源分配 | 所有参与者都拥有资源，基本关系是一种交换关系 | 尽管有些参与者拥有资源，但是资源很有限；基本关系是协商关系 |

续前表

| 维度 | 政策共同体 | 问题网络 |
|---|---|---|
| 参与组织内的资源分配 | 分等级的，领导者可以拯救成员 | 资源分配和规制成员的能力多种多样、变化无常 |
| 权力： | 成员之间存在一种权力平衡。虽然一个利益集团可能占据主导，但是共同体若要继续存在下去，权力平衡就必须是一种正和博弈 | 权力不平等，反映了资源不均等、成员准入机会不平等。它是一种零和博弈 |

资料来源：Marsh and Rhodes 1992a：251.

这种模式是一种理想模式，并且没有哪个政策领域会与之完全相符。⁴⁵

我们只有将政策共同体与问题网络进行比较，才能够充分理解政策共同体的特点。问题网络只涉及政策协商，它具有以下特点：

（1）有许多参与者。

（2）各种成员的互动和准入机会是波动不定的。

（3）共识有限并且冲突始终存在。

（4）互动基于的是协商而非谈判或者讨价还价。

（5）权力关系不平等，在这种不平等的关系中，许多参与者可能很少拥有资源，很少有准入机会，而且没有其他的选择。

显而易见，使用连续统一体的意义在于，任何网络都能够在这个连续统一体上的某个点找到自己的位置。

## 2.4　结语

本章介绍了英国政策网络的研究文献。本章没有提出任何理论上的创新。它没有指出和讨论突出的议题和问题。本章也没有试图详细地反驳对我的几个批评意见（可参见 Marsh and Rhodes 1992a；Rhodes and Marsh 1994；Marsh and Smith 1995；以及前面的第 1 章）。本章的目的直接而简单：将政策网络界定为描述和分析 20 世纪 90 年代新治理结构的前奏曲。政策网络在 1979 年之后发生了变化。基于中央部门（或其分支机构）的功能性政策网络扩展到包括了更多的行动者，最明显的是，包括了来自私人部门和志愿者部门的行动者。国家的制度被碎片化。制度的差异化，或者政府运行的组织类型成倍增长，以及制度的多元化，或者同类组织的数量不断增加，所有这些构成了英国政府的特点。中央政府日益将复杂的问题分解成可以处理的小问题，并且通过制度的差异化和制度的多元化降低问题的复杂性程度。碎片化不仅创造了新的政策网络，而且还扩大了现有网络的成员。这样的趋势使掌舵变得更加困难，因此整合机制成倍增长。网络变得很常见。治理成为一种未经规划、突如其来的管理结构，并且伴随着更受追捧的市场和竞争而成为政府政策制定的特点。第 3 章拟运用政策网络来探讨从政府向治理的转变。

# 新治理：没有政府的统治

46　　在过去的 15 年里，用于公共部门改革的时髦语词和短语忽隐忽现。"新公共管理"和"企业家政府"取代了"雷纳突击队"（Rayner's Raiders）和经济、效率与效益的"3E"标准。本章集中关注的是这些语词中的一个，即"治理"。"治理"被广泛使用，取代了常用的"政府"一词，但是"治理"具有特殊的意义吗？关于英国政府所面临的挑战，会告诉我们什么呢？

　　遗憾的是，即便是最粗略地审视一下，我们也会发现"治理"具有好几种不同的意义。因此，必须有一个基本的定义，而且这个定义要到教科书之外去寻找。芬纳（Finer 1970：3－4）将政府定义为：

　　（1）"统治的活动或过程"，或者"治理"；

　　（2）"有序统治的一种状态"；

　　（3）"履行统治职责的那些人"或"统治者"；

　　（4）"用以管理一个特定社会的方式、方法或者制度"。

　　目前的用法没有将"治理"用作"政府"的同义词。相反，"治理"指的是政府含义的一种变化，指的是一种**新的**统治过程，或者是指一种**发生了变化的**有序统治状态，或者是指管理社会的一种**新**方法。

　　到目前为止，一切还算简单；但是当我们详细阐述这种新的过程、新的状态或者新的方法时，定义的问题就变得很敏感。"治理"一词至少有六种不同的用法：

(1) 指称最小化的国家；

(2) 指称公司治理；

(3) 指称新公共管理；

(4) 指称"良好治理"（或善治）；

(5) 指称一种社会控制论体系；

(6) 指称自组织网络。

当然，语词应该具有明确的含义，但是我的讨论中还有一些更有趣的主题。

20 世纪 80 年代掀开了关于统治方式争论的新篇章。对"治理"的分析将有助于我们确定这项试验的本质，有助于我们揭示英国政府发展中的趋势和矛盾。我认为英国政府可以在多种"治理结构"之间做出选择。我们现在可以在市场和等级制基础上加上网络。在这三种用于权威性地配置资源和实施控制与协调的结构中，没有哪一种结构原本就是"好的"或者"不好的"。对结构的选择未必或者并非必然就是意识形态信念的问题，而是一个实用性的问题；也就是说，在什么情况下每一种治理结构都是行之有效的。官僚制依旧是等级制或者通过行政命令进行协调的典范，而且，尽管近来发生了一些变化，但是它仍然是英国政府提供服务的主要方式，例如，福利署（Benefits Agency）依然是一个庞大的官僚体系。民营化、市场检验和购买者与供给者的分离就是政府运用市场或准市场方式来提供服务的例证。价格竞争是高效率、高质量服务的关键。竞争和市场是英国政府中的一个固定组成部分。人们尚未广泛地承认，尤其是英国政府尚未认可，政府部门的运转，诸如福利服务这样的公共服务现在可以通过以信任和相互调适为特点的网络来有效地供给。英国政府正在寻找一种新的"工作准则"。这种寻找就意味着要在不同的治理结构之间做出选择。而"治理"就是一种这样的结构。

## 3.1 治理的种种用法

### 作为最小化国家的治理

这种用法是一种总括性的表述，用以重新定义公共干预的程度和形式以及运用市场和准市场提供"公共"服务。运用斯托克（Stoker 1997：6）的恰当短语表达就是："治理是削减开支可以接受的一个方面。"任何变革的程度都是一个有争议的问题。无可争议的是，政府的规模因民营化和公务员队伍的缩减而有所减少。然而，公共支出在 GDP 中所占比例大致保持不变；公共雇员的数量在地方政府和国家医疗服务体系中仅略有下降；而且规制取代了所有权，成为了公共干预的首选形式，政府为此建立了十个主要的规制部门。无论实际结果如何，对更少政府规制的意识形态偏好常常呼声更高（例如，可参见 Kavanagh 1990：11-12）。作为一种政治辞令，虽然"治理"概括了这种偏好，但是除此之外，它并没有什么其他声音。

## 作为公司治理的治理①

这种专门用法指的是"用以指导和控制组织的体系"（Cadbury Report 1992：15）。因此：

> 治理角色所关注的不是经营公司的业务本身，而是对企业进行全面指导，对管理层的执行行为实施监督和控制，以及满足对超出公司边界的利益进行问责和规制的合法期待……所有公司不仅需要管理，而且也需要治理。
>
> （Tricker 1984：6-7）

英国特许公共财政及会计协会（CIPFA 1994：6）将这种用法用于公共部门：

> 诸如强制竞争性投标、在内部市场中建立离散业务单位以及普遍采用一种更加商业化的管理方式这样的发展举措正在创造一种不同的文化和氛围，它象征着背离传统公共服务"理念"及其无私服务和开放性的价值观。公共服务目前正在经历重大的变革，这一事实使人们更有必要格外谨慎小心，以确保健全的公司治理体系既能做到角色到位又具有实践的可行性。

英国特许公共财政及会计协会的报告指出了在公共部门和私人部门的组织中同样适用的三个原则。它建议公开或披露信息，正直诚实或直截了当的交易和完整性，以及问责或通过明确的责任划分和清晰的角色界定而使个体对其行为负责。尽管公司治理是"治理"这个词的一种狭义的用法，但是其所关注的问题也是人们在讨论"新公共管理"和"善治"中的问责时所关注的问题。此外，这种用法还提醒我们，私人部门的管理实践对公共部门具有重要的影响。

## 作为新公共管理的治理

"新公共管理"最初具有两种含义：管理主义和新制度经济学。管理主义指的是将私人部门的管理方法引入公共部门。它强调的是亲力亲为的专业管理、明确的绩效标准和测量措施、通过结果来管理、经济效益，以及更亲近顾客。新制 49 度经济学指的是将激励结构（如市场竞争）引入公共服务供给。它强调的是分解官僚体制、通过合同外包和准市场加剧竞争，以及消费者选择。在 1988 年之前，管理主义在英国占据主导地位。在 1988 年之后，新制度经济学的理念变得更加突出。

"新公共管理"之所以与这种关于治理的讨论有关联，其原因在于"掌舵"对于公共管理的分析至关重要，而且"掌舵"是"治理"的同义词。例如，奥斯本和

---

① 在此我要感谢约克大学的安德鲁·邓西尔指出这种用法，并且提供了一些有用的参考文献。私人通信，1994 年 4 月 28 日。

盖布勒（Osborne and Gaebler 1992：19-20）区分了"政策决策（掌舵）与服务供给（划桨）"，他们认为，官僚体制是服务供给的一种破产工具。他们提出了企业家政府所基于的十项原则：

> 大多数企业家政府都会促进服务提供者之间的**竞争**。它们通过将控制从官僚体制中挤出并推向社区来**向**公民**授权**。它们对其机构进行绩效测评，它们集中关注的不是投入而是**结果**。它们受自己的目标——**它们的使命**——驱动，而不是受自己的规则和章程驱动。它们把自己的委托人重新定义为**顾客并且**为他们提供选择……它们主张**防患**于未然，而不只是在事后才提供服务。它们努力**挣钱**，而不是只是努力**花钱**。它们主张**分权**，信奉的是参与式管理。它们更加喜欢的不是官僚机制，而是**市场**机制。而且，它们不只关注公共服务的供给，还关注对所有部门——公共部门、私人部门以及志愿者部门——的催化，即促进它们采取行动以解决他们社区的问题①。

显然，新公共管理和企业家政府都关注竞争、市场、顾客和结果。公共部门的这种转型意味着要"更少的政府"（或者说是更少地划桨），但却要"更多的治理"（或者说是更多地掌舵）（Osborne and Gaebler 1992：34）。

## 作为"善治"的治理

政府改革是一种世界性的趋势，而且"善治"是世界银行的当红宠物，形成了其对第三世界国家的贷款政策。对世界银行（1992）来说，治理就是"为管理一个国家的事务而行使政治权力"，而且"善治"意味着要有：

> 一个高效率的公共服务体系，一个执行合约的独立司法体系和法律框架；对公共基金负有责任的行政管理；一个对代议制立法机关负有责任的独立公共审计师；各级政府对法律和人权的尊重；一个多元化的制度结构，以及一个自由的新闻界。
>
> （Leftwich 1993：610；也可参见 Leftwich 1994）

莱夫特威克指出了善治的三个方面：体制性、政治性和行政性。"治理"的体制性用法比政府更加宽泛，它涵盖了"内部政治权力与经济权力的分配和外部政治权力与经济权力的分配"。"治理"的政治性用法指的是"一个同时享有源于民主授权的合法性和权威性的国家"。"治理"的行政性用法是指： <sub>50</sub>

> 一个高效率、公开、可问责并接受审计的公共服务体系，它具有帮助设计和执行恰当政策和管理公共部门任何现存事务的官僚能力。
>
> （Leftwich 1993：611）

---

① 在本文中我没有将"掌舵"用作政策决策的同义词，而是用来指一种控制模式，它涉及要设立规范和纠正对规范的偏离。可参见 Dunsire（1990）。此外，区分"掌舵"（过程）与"指令性"（效果）很有用。安德鲁·邓西尔，私人通信，1994 年 4 月 28 日。

而且，为了实现公共服务的高效率，世界银行力图鼓励竞争和市场，将公共企业民营化，通过减少冗员来改革公务员制度，引入预算科目，对行政进行分权，以及扩大利用非政府组织（Williams and Young 1994：87）。简言之，"善治"将新公共管理与倡导自由民主制紧密联系在一起。

## 作为一种社会-控制论体系的治理

虽然"社会-控制论"受到语言外衣的保护，但是我将尽力回避对这个词的多数新用法①。

在库伊曼（Kooiman 1993b：258）看来，治理：

> 可以被视为一个社会-政治体系中出现的某种模式或者结构，它是所有相关行动者的干预行为相互作用所产生的"共同"结果或者后果。尤其是这种模式无法归结为某个行动者或者行动者集团。

换言之，政策结果不是中央政府行动的产物。尽管中央政府可以通过某个法律，但是它随后紧接着就要与地方政府、卫生当局、志愿者部门以及私人部门进行互动，并且它们相应地也会彼此进行互动。库伊曼对统治过程（或目标-导向的干预）与治理做了区分，他认为，治理是社会-政治-行政性干预和互动的结果（或总体效果）。虽然政策领域有秩序，但是这种秩序并不是由高层强加的，而是因受到影响的相关各方通过协商而出现的。此外：

> 这些互动是……基于对（相互）依赖的认可。无论是公共行动者还是私人行动者，任何单一的行动者都不具备解决动态且多样化的复杂问题所需的全部知识和信息，没有哪一个行动者具有足够的远见能够有效地应用所需的工具，也没有哪个单一的行动者具有充分的行动潜力可以在某种特定的治理模式中单方面地占据主导地位。

> （Kooiman 1993a：4）

因此，某个特定政策领域中的所有行动者都相互有需要。每个行动者都可以贡献相关的知识或者其他资源。没有谁具有可以使政策发挥作用所需的全部知识或者资源。统治面临新的挑战：

51
> 社会-政治性治理不是依靠国家或者市场，它旨在为传统政治性等级化统治与社会自组织之间的互补创立互动模式，其中，对干预的负责和问责遍及公共行动者和私人行动者。

> （Kooiman 1993b：252）

中央政府不再是至高无上的。政治体制越来越差异化。我们生活在一个"无中

---

① 为了便于阐释，我集中关注的是库伊曼（Kooiman 1993c）的研究。然而，我还必须提及杰弗里·维克斯爵士（Sir Geoffrey Vickers 1968）以及安德鲁·敦斯里（Andrew Dunsire 1990；1991）的著作，杰弗里·维克斯爵士是将系统思想应用于英国政府研究的开拓者之一。

心的社会"中（Luhmann 1982：xv）；我们生活在一个多中心的国家里，其特点是有多个中心。政府的任务就是使社会-政治的互动成为可能，就是鼓励为解决各种问题以及在各行动者中间分配服务进行多种多样的制度安排。这样的互动新模式丰富多样，例如，自我规制和共同规制、公-私伙伴关系、合作管理以及联合创业。

"治理"的这种用法不局限于国家治理，还包括国际体系。例如，J. N. 罗西瑙（Rosenau 1992a：3-6）对"政府"与"治理"进行了区分，他认为"政府"指的是"由正式的权威所支持的活动"，而"治理"则是指"由共同的目标所支持的活动"。治理是"一个更具有包容性的现象"，因为它不仅包含政府组织，而且还包括了"非正式的、非政府的机制"。因此，当"某一活动领域存在着即便是在没有被赋予正式权威的情况下也能够有效发挥作用的规制性机制"时，你就可以得到没有政府参与的治理。

社会-控制论的研究途径强调的是由一个核心行动者实施统治的局限性，这种研究途径宣称不再仅有一个至高无上的权威。取而代之的是，存在着：每个政策领域所特有的多重行动者，这些社会-政治-行政行动者之间的相互依赖，共同的目标，公共部门、私人部门以及志愿者部门之间模糊不清的边界，以及多种新形式的行动、干预和控制。治理是互动性社会-政治统治形式的结果。

## 作为自组织网络的治理

超越议会政治模式和白厅模式的政府体制已经"由一种地方**政府**的体制转变为一种包含有来自公共部门和私人部门的复杂组织集合的地方**治理**的体制"（Rhodes 1991c；1992a）。这种用法将治理视为一种比政府更为宽泛的术语，治理所涉及的服务往往是由政府、私人部门和志愿者部门以各种组合方式提供的。组织间的联系是服务供给的典型特征，而且，我在本书的第 1 篇和第 2 篇已经说明了为什么使用"网络"这个词来描述参与服务供给的不同相互依赖的行动者。随着英国政府成立机构，忽视地方政府，利用专门机构来提供服务，并且鼓励公-私伙伴关系（可参见第 5 章到第 7 章），网络在英国的统治结构中变得越来越突出。其实，梅特卡夫 *52* 和理查兹（Metcalfe and Richards 1991：20）将公共管理定义为"通过其他组织使问题得以解决"，他们批评英国的管理改革将重心聚焦于内部管理。治理涉及的是如何管理网络[①]。

网络管理并不是公共部门所特有的。将公共管理定义为"通过其他组织使问题得以解决"，并不是要含蓄地反驳对市场和准市场的利用。网络是一种普遍的社会

---

① 具有联邦制结构的国家更早认识到网络管理的重要性。汉夫和沙普夫（Hanf and Scharpf 1978）探讨了德国组织间的政策制定。阿格拉诺夫（Agranoff 1990）对美国联邦体制中的政府间管理（intergovernmental management，IGM）进行了探讨。但是，网络是西方社会的一个共同特点，无论它们是联邦制还是单一制。例如，基克特（Kickert 1993a：191-204）将公共管理定义为"对复杂的组织间网络的管理，即治理"，并且他的例证随后被荷兰学者广泛效仿。英国在该领域的研究中做出早期贡献的是弗兰德（Friend）、鲍尔（Power）和耶维莱特（Yewlett），但是他们的影响微乎其微。

协调形式，而且管理组织间的联系对于私人部门的管理同样重要（例如，可参见 Evan 1976；Thompson *et al*. 1991；Chapters 14~24）。鲍威尔（Powell 1991）认为，网络是"一种协调经济活动的独特形式"。拉森（Larson 1992）以相似的口吻探讨了"创业场景中的网络结构"，他断言"治理的网络形式"强调"声誉、信任、互惠和相互依赖"。因此，网络是市场和等级制的一种替代品，而不是它们的混合体，而且网络跨越了公共部门、私人部门和志愿者部门的边界：

> 如果说价格竞争是市场的核心协调机制，行政命令是等级制的核心协调机制的话，那么信任和合作就是联结网络的核心要素。
>
> （Frances *et al*. 1991：15）

更为重要的是，"治理"的这种用法还认为网络是**自组织的**①。简而言之，自组织意味着一个网络是自主的并且是自治的：

> 政府的控制能力之所以具有局限性，原因在于以下几点：合法性的缺失、政策过程的复杂性以及相关制度的复杂性和多样性等等。许多行动者都会对某一社会系统中的事件发展产生影响，而政府只是其中的一个行动者。政府没有足够的权力将自己的意志强加给其他行动者。其他社会制度在很大程度上是自主的。它们不受任何单独一个上级行动者的控制，就连政府也无法控制它们。它们在很大程度上是自我控制的。自主不仅意味着自由，而且还意味着自我负责。自主系统具有更大程度的自治自由。放松规制、政府撤出以及在远处掌舵……都是减少政府直接管理和控制的概念，这些概念导致社会机构具有更多的自主性和自我治理。
>
> （Kickert 1993a：275）

总之，一体化的网络抵制政府掌舵，它们制定自己的政策，并且塑造自己的环境。

## 治理：一个规约定义

尽管"治理"似乎具有太多的含义以至于没有什么用途，但是我们可以通过规 53 定一种意义并且说明治理如何有助于对英国政府变革的分析来挽救这个概念。所以，**治理指的是自组织的组织间网络。**

虽然任何规约定义都具有任意性，但是我的定义却吸收了其他用法的重要元素，最为明显的是将治理视为最小化国家、社会-控制论体系以及自组织网络。下面我要列举"治理"的一些共同特征。

---

① 这个概念与终结了所有新用法的那个新词——自创生理论紧密相关。自创生理论认为，组织追求的是与其环境的自涉性闭合；也就是说，一个组织与其环境的关系是由内部决定的，并且变化也是从内部产生的。关于简介，可参见：Morgan 1986：235-45. 我没有讨论自创生理论的各种变体，不过读者可以参见：Jessop 1990b；Chapter 11；Kickert 1993b；Luhmann 1986.

（1）组织间的相互依赖。治理比政府更为宽泛，其主体包括非国家行动者。改变国家的边界就意味着公共部门、私人部门以及志愿者部门之间的边界成为变动不定和模糊不清的。

（2）网络成员之间连续不断的互动。其导因在于需要交换资源和就共同目的开展协商。

（3）具有博弈特征的互动。其根源在于信任，而且它们受制于网络参与者协商并且认可的博弈规则。

（4）不受国家控制的高度自治。网络不对国家负责，它们是自组织的。尽管国家没有占据一种至高无上的地位，但是它却可以间接且有限地为网络掌舵①。

这个清单清楚地展示了我的定义与其他用法之间的共同基础。但是，对任何规约定义的关键性检验都在于其能否有助于我们理解 20 世纪 90 年代英国政府所发生的变革。对英国政府变革进行的下述分析将网络视为一种治理结构——视为市场和等级制的一种替代物。这种分析探讨了网络存在的范围并且讨论了网络对英国政府产生的后果。

## 3.2  自组织网络与英国政府

治理之所以有助于对英国政府的分析，其原因在于它提出了一些关于周期性难题的新问题。我将通过以下标题来分别说明治理可能会对英国政府的分析做出的贡献：国家空心化、新公共管理的矛盾，以及政府间管理的兴起。我将在第 5 章至第 7 章对英国政府的变革进行更为详细的探讨。

### 国家空心化

"国家空心化"这个短语概括了英国政府业已发生和正在发生的许多变革。它指的是：

（1）民营化以及限制公共干预的范围和形式。

（2）中央政府部门和地方政府部门向备选的（服务）供给体系（例如代理机构）让渡职能。

（3）英国政府向欧盟机构让渡职能。

---

① 1995 年 9 月 4 日至 6 日在桑尼戴尔的公共服务学院召开了政治行动委员会成立 25 周年的纪念大会。参会者安德鲁·邓西尔在其对 R. A. W. 罗兹提交的论文《走向后现代主义的公共行政》（*Toward a Post-modern Public Administration*）所进行的点评中很遗憾地认为我的定义中遗漏了国家掌舵的"某个要素"："我将从罗兹的阐述出发，不过要增加关于掌舵方式的探讨，即：政府行动者怎样才可以通过掌舵（无论掌舵的方式有多么间接和有限）将网络运行的动载荷引向避免不理想的布局而朝着理想布局发展——除非有什么特权地位或权威可以节省业已被欣然承认的内容。"鉴于我在讨论政府间管理和掌舵问题时承认这一点，所以我已经在网络特征的清单中修正了第四点。

54　　　　（4）通过新公共管理来限制公务员的自由裁量权，因为新公共管理强调
管理问责，以及通过更加严格地区分政治与行政来进一步明确政治控制。

(Rhodes 1994：138-9)

公共部门的规模不仅正变得越来越小，而且也正变得越来越碎片化，这种
空心化的过程带来了一些问题。在此，我将对这些问题进行简要的说明，并重
点探讨碎片化、掌舵和问责（关于更为详细的讨论，可参见下面的第 5 章至第
7 章）。

对服务供给新方式的试验将中央政府和地方政府旧的部门官僚体制拆分开。这
方面的例子包括：代理机构、合同外包、准市场（假借消费者-供给者的分开），以
及为了利用专门机构而忽视地方政府。碎片化导致了对执行的控制减少。诸如在社
区进行照顾这样的服务往往是通过一个组织网络来提供的，这样一个网络包括中央
部门、地方当局、卫生当局、代理机构、私人企业以及志愿者团体。例如，对老年
人的住家照顾就可能从多达 6 个以上机构抽调 12 个人，他们涵盖了每一个部门。
其实，在 20 世纪 80 年代，英国政府就使提供主要福利国家服务的组织间网络数量
成倍增加。

为成批的复杂组织掌舵并非易事。到目前为止，英国政府已经通过加强对资
源的控制来弥补其直接控制的缺失。服务供给的分权化一直都是与财政控制的集
权化相伴而行的。这样的间接性控制也许无法使中央政府自如地为网络掌舵。空
心化削弱了中央政府的协调能力和规划能力。随着网络的成倍增加，人们对中央
政府掌舵能力的质疑也同样在成倍地增加。凯特尔（Kettle 1993：206-7）认为，
作为合同外包产生的结果，政府机构发现它们自己"处在复杂公私关系的顶部，
而它们对这些复杂关系所涉及的方面也许并不是十分了解"。尽管政府机构只拥
有"松散的杠杆作用"，但是它们却仍然要对"一个自己几乎无法实际控制的系
统负责任"。

空心化对问责制也有侵害。第一，制度的复杂性使"谁负责、因为什么负责以
及对谁负责"等问题变得模糊不清。第二，专门机构的"新地方官"已经取代了中
央部门并且选举出提供服务的地方委员会，而且这些地方委员会要接受不同程度的
公共问责（Weir and Hall 1994）。第三，虽然政府将透明性和消费者的回应等同于
公共问责，但是诸如《公民宪章》（the Citizen's Charter）这样的创新举措并没有
强化政治性问责，因为用户并没有权力对政府机构进行问责。第四，伴随着代理机
构的出现，也没有任何新的制度安排被用来保护部长问责制，而且政府的地位充其
量也只是含混不清的。

55　　　国家空心化是描述英国政府中组织间网络管理问题的另一种方式。相互依赖、
碎片化、对中央政府的限制、代理机构的自主权以及被弱化的问责制，都是治理的
特征。治理之所以与英国政府相关，是因为自组织的组织间网络已经成为英国政府
的组成部分。

## 新公共管理的矛盾

作为管理主义的新公共管理大肆吹捧私人管理实践的好处，但是，梅特卡夫和理查兹（Metcalfe and Richards 1991：71）的说法却令人难忘，他们认为，新公共管理只不过是成功地拖拽着英国"又踢又叫地回到了 20 世纪 50 年代"。虽然我们可以从私人管理中吸取一些重要的教训，但是这些教训并不是管理主义的支持者们劝导人们要吸取的教训。新的治理说明了新公共管理的四个弱点。

第一，也是最显而易见的，管理主义聚焦于组织**内部**。它集中关注的是"3Es"和经济效益、等级控制和权责的明确分配。虽然管理主义适用于管理线性的官僚体制，并且英国政府中还残留了许多这样的官僚体制，但是这种方法并不关注对组织间联系的管理，不关注在没有等级控制的情况下就共同目标进行协商。

第二，管理主义只关注目标，它使 20 世纪八九十年代的目标管理得以复兴。维克斯（Vickers 1965：30）将这种对目标的追寻比作迷宫中的老鼠行为，他认为，人类决策的独特性就在于规制，或在时间上保持关系。这种关注重心的转移对网络关系的管理至关重要。例如，在地方当局的社会服务部门与私人部门提供住家照顾的服务供给者之间保持关系的策略手段要比严格遵守特定的合同目标更为重要。保持信任要比所有其他的考虑都更为重要。

第三，新公共管理注重结果。在一个组织间的网络中，没有哪一个行动者对结果负责任，也许人们根本就没有对理想的结果或者理想结果的测评方式达成共识，而且中央政府也没有办法强行实施其偏好。在网络中存在着"许多只手的问题"，在这种情形中，有太多的人都做出了贡献，以至于无法辨认出其中的任何一种贡献；如果没有任何一个人能够被事后问责，那么事先谁都不需要负责任地行动（Bovens 1990：115）。管理的风格因治理结构的不同而有所差别。新公共管理也许适合线性的官僚制度，但是它对于组织间网络的管理并不合适，而且更为重要的是，这样的网络削弱了新公共管理的基础，因为新公共管理对组织内部的关注焦点在于目标和结果。

第四，处于新公共管理核心的竞争与掌舵之间有矛盾。例如，培训和企业委员会（Training and Enterprise Council，TEC）就被描述为克服产业培训缺陷的一种市场手段，然而，培训和企业委员会事实上却是一个多重利益相关者协调网络的结点。问题在于各利益相关者之间的相互依赖程度不高，而且所形成的网络不稳定并且缺乏达成协商均势所必不可少的那种信任。市场和竞争的语言只会使掌舵的问题 *56*
变得更加严重。

## 政府间管理的兴起

有效的治理需要我们重新检视政府的工具箱。掌舵（设定规范的过程）与指导

（该过程的结果）是相分离的。政府需要的是将这两者联系起来的工具。而政府间管理声称能够提供这样的工具。

根据赖特（Wright 1983：431）的观点，政府间管理具有三个明显的特点：解决问题、政府间博弈以及建立网络。它关涉的是处理各种解决特定问题的管理权限以及建立产生这种有益结果的沟通网络。根据阿格拉诺夫（Agranoff 1990：23-4）的观点，跨政府管理关涉的是发展联合行动以及发现"联合管理活动可行路径"的不同组织。不过，美国和荷兰的研究已经识别出几种行之有效的方法。

克林奇等人（Klijn et al. 1995）认为，网络并不对作为系统控制者的管理者做出回应。有效的管理者所扮演的是一种促进角色，也就是说，有效的管理者不会试图去实现其自己的目标。他或她可以追求两个广泛的策略：博弈管理或者识别使联合行动持续开展的条件，以及涉及要改变博弈规则的网络构建。例如，促成每个人都会有所收益的双赢局面对于联合行动就具有促进作用，即便许多网络行动者不会实现他们的初始目标。或者说，网络中资源分配方式的变化也可以被用来激励某种行为，可以被用来将新的行动者引入网络或者用来削弱其他行动者。英国有某种相同的行为证据。弗兰德等人（Friend et al. 1974：43-4）分析了伯明翰人口过剩的问题以及扩大德罗伊特维奇的协议。他们识别了决策网络或者说识别了"在要么是两地内部行动人员要么是在两地之间跨临界区域行动人员中间的开放沟通网络"，而且他们很强调织网者的重要性，这些人占据着"更广泛决策网络中的节点地位"，并且可以就种种联系或者就交流内容和交流对象做出重要判断。罗兹（Rhodes 1986a：392-3）不仅描述了博弈的规则，而且还描述了中央政府和地方政府在政府间网络中所运用的策略。对这种关系的管理策略包括：合并、磋商、讨价还价、规避、激励、说服以及专业化。网络管理的博弈性质并不是联邦制所独有的（关于政府间管理更为详细的讨论，可参见第 9 章）。

虽然官僚制在英国仍然是一种重要的治理结构，但是行政命令并不是对各个政策领域、在各种情况下都有效；它们既可能会招致合作行动，也可能会引起规避和对抗行为。利用市场解决长期存在的问题是保守党政府的独特创新。诸如合同外包这样的政策就节省了大量的成本和人力。但是，对于官僚体制来说，利用市场解决问题的方法并不是在各个政策领域、在各种情况下都有效（例如，可参见 Lind-blom 1977）。网络是第三种治理结构。它们并不比官僚体制或者市场更好。它们具有不同的特征，并且只在某个时期适用于某些政策领域。网络关系的特点不是竞争，而是互惠和相互依赖。如果说有一个短语可以把握政府间管理的本质特性，那么这个短语就是"相互调节"。因此，组织间网络的管理具有博弈的特征并且需要根植于信任的策略。规划、规制和竞争需要用促进、适应和讨价还价加以补充，这些都是有效网络管理的关键。

## 3.3　结语

被定义为自组织性组织间网络的"治理"确实有助于我们理解英国政府的变

革。第一，"治理"识别了网络业已提供服务的范围以及所产生的掌舵问题和问责问题。尽管这样的问题并不新鲜，但是 20 世纪八九十年代的改革有意识地使服务供给体系碎片化，进而产生了组织间协调的功能性要求。这些网络是自组织的，并且中央政府对它们的规制能力仍然缺乏开发，中央政府只有"松散的杠杆作用"。第二，这样定义的"治理"表明了对管理改革的种种限制，管理改革强调，要么通过目标来实施组织内部的控制和管理，要么通过竞争来实施组织内部的控制和管理，进而用市场的语言掩盖信任和合作的必要性。第三，这样定义的"治理"表明网络需要一种基于促进、适应和讨价还价的独特管理风格。

我在第 2 章中指出政策网络在 1979 年之后发生了变化。基于中央政府部门（或者它们的分支机构）的功能性政策网络扩大到包含了更多的行动者，最为显著的是包含了来自私人部门和志愿者部门的行动者。制度分化和制度多元化构成了英国政府的特征。中央政府将复杂的问题进行分解，通过制度分化和制度多元化来降低问题的复杂性程度并且将直接控制换成间接控制。中央政府部门不再是一个网络的支点。政府可以为网络行动设置参数。政府仍然要为服务提供资助，但是政府也增加了其对各种网络的依赖。最近进行的改革一直都存在一个缺陷。这些改革旨在进一步加强政府的控制，而且它们的确使政府的控制加强了（例如，财政），但是政府控制的范围却缩小了（例如，服务供给），之所以会产生这样的结果，其原因是治理与市场不分上下，成为过去 20 年独特的治理结构。

治理模糊了国家与公民社会的差别。国家变成了一个由政府行动者和社会行动者共同组成的组织间网络的集合体，其中，不存在至高无上的行动者能够掌舵或者规制。政府所面临的一个重要挑战就在于要给这些网络赋能并且寻找新的合作形式。这种发展的主要经验教训是：

> 行政行动的结果在许多领域都不是权威性地执行预定规则的结果，而是行政机关与其委托人"合作生产"的结果。

（Offe 1984：310）

英国政府面临的挑战在于要认识到因向自组织网络转变而给中央政府行动造成的种种约束，以及在于要寻找管理这种网络的新工具。博弈、联合行动、相互调节以及构建网络都是公共管理者的新技能。 58

然而，上述这些评论存在一种危险。它们都把网络视为政府的一种工具。但是，网络并不只是提供服务的一种机制。同样重要的是，它们还是对民主问责制的一种挑战。尽管我们在前面提到过问责制的一些具体问题，例如，关于新地方官的争论，但是还有一些更大的问题。关于政策网络的传统描述往往将政策网络视为这样一种私人政府的例证，它"通过将公众拒之门外来破坏政治责任，创造特权的寡头政治，并且就其影响而言很保守，例如，因为博弈规则和准入机会有利于既定的利益集团"（Marsh and Rhodes 1992a：265；也可参见 Lowi 1969；下面的第 9 章）。

还有一种解释认为，公民可以利用其作为用户和治理者的身份参与到网络之中而重新获得对于政府的控制，进而创立一种"后现代公共行政"：

> 由公众感兴趣的话语构成的网络超越了等级制度，它们为公共行政提供了
> 一个可行的模式。有些政策网络、跨部门联盟以及社区工作小组展现了话语的
> 潜能。在这些雏形中，我们会发现智库专家、立法工作人员、政策分析师、公
> 共行政官员、感兴趣的公民、过程通才乃至选举产生的官员都参与其中，共同
> 商定下一步可能的行动方案。

(Fox and Miller 1995：149)

同样，J. N. 罗西瑙（Rosenau 1992b：291）认为治理向公民授权：

> 假定有这样一个世界，其中，治理的运行越来越没有政府的参与，权威的
> 话语不是越来越正式，而是越来越非正式，合法性越来越具有含糊的特点，那
> 么，公民就越来越能够通过了解何时、何地以及如何参与集体行动而可以和别
> 人做得一样好。

公民作为用户这一新的角色具有很大的局限性。对于网络中的真实话语往往有
一些重要的制约因素。政府仍然会限制信息的获取，而且对于公民的知识也进行明
显的限制。代议制民主中问责制的原则与可以开放且没有正式问责的网络参与之间
存在着明显的冲突。这些不同的网络观对公共管理者提出了不同的挑战。公共管理
者的角色就是要（在维持关系的意义上）规制网络吗？他们扮演的是公共利益的卫
士角色吗？他们仍然具有在网络中声讨特权地位的权威性和合法性吗？他们能够在
不破坏话语基础的情况下成为网络中享有特权的行动者吗？

59　　这些思索性的评论也许只会导入治理与民主问责制之间的关系这个话题，然
而，它们必须证实作为自组织网络的治理所带来的挑战程度。虽然关于网络的研究
提出了一些对于研究官僚制和民主问责制同等重要的问题，但是它却明显地歪曲了
这些问题。例如，制度等级化的假定不再成立，它巩固了众多关于官僚制问责的讨
论。尽管问责制可能不再是一种制度特有的，但是它必须与实质性政策以及有助于
这种政策的各种制度相适应。网络治理结构的"问题"不能被简化为形成一种新的
公共部门管理风格（可参见第9章）。

组织间网络已经很普遍了。虽然这种趋势尚未获得广泛的认可，但是这种趋势
对英国政府的实践和民主问责制都具有重要的意义。治理作为一种自组织网络，之
所以对可治理性形成挑战，其原因在于网络变得具有自治性而且反对中央政府的指
导。网络要想成为无政府参与的统治典范，则应当保持公平的状态。

第3篇

方法论

■ 第4章　制度研究途径

# 第 4 章

# 制度研究途径

关于制度研究途径的描述必须根据其实践者的著作加以重新
描述。目前还没有一部阐述制度分析原则与实践的大部头著作。
例如，曼海姆和里奇（Manheim and Rich 1991：52）关于政治
学研究方法的教材只用了一个段落来描述制度研究途径并且列举
了两个进一步阅读文献的篇目（也可参见 Johnson and Joslyn
1991）。同样，七卷本的《政治科学手册》中也没有哪一个章节
专门论及政治制度研究的定义或者辩护，尽管第五卷全部探讨的
是特定的制度和过程（Greenstein and Polsby 1975）。很显然存
在这样一个问题：当政治实践者从来不讨论政治的时候，你如何
去描述一种政治研究的方法呢？换言之，聚焦于制度是一个常识
性的问题，这是研究一个国家的明显的出发点，因此，我们没有
必要对此做出解释。政治制度研究中的假定和实践过去一直被看
作是理所当然的。

如果说制度研究途径的实践者过去"几乎完全对他们的所有
假定保持沉默"（Eckstein 1979：2）的话，那么我要强行加上这
个被遗漏的框架。本章的第一节将对政治制度的研究进行界定，
进而区分作为一个主题的制度研究途径、作为一种方法的制度研
究途径以及作为理论的制度研究途径。第二节将描述和评价对这
种研究途径的主要批评意见。第三节将提供一个拓展了的例证，
进而对威廉·罗布森（William Robson）的著作进行考察。第四
节将识别出当今政治制度研究的三种途径：宪法研究、公共行政
和新制度主义。最后，在"结语"中，我将对制度研究途径及其

56

持续用途的局限性进行评估。

64        本章不是一个侦探故事，我不会让读者一直猜测它的情节。本章包括五个主题。第一，我认为政治制度研究是政治学这门学科的核心主题，而且，它过去与"经典"或者传统政治科学有关联，今天仍然有价值。第二，在本章中我不是在设定一个后来要将其击倒的稻草人（或众矢之的）。我想要表明政治制度的研究是每个政治科学家工具箱的一个组成部分。第三，制度研究途径只有被置于一种清晰的理论语境中，尤其是被置于一种人们用其来探讨竞争性叙事的多元理论语境中，才能得以蓬勃发展。第四，制度研究途径必须利用社会科学的多元方法，而不是只利用历史学家和律师的谋生工具。第五，网络与治理的分析就是制度研究途径的一个典型例证。

## 4.1  政治制度研究的定义

本节将以"主题"、"方法"和"理论"为题探讨制度研究途径的核心原理。

### 主题

政治制度的研究对于政治科学的学科身份至关重要。埃克斯坦（Eckstein 1963：10-11）指出：

> 政治科学……是作为一个从哲学、政治经济学乃至社会学中分离出来的独立研究领域……而出现的，（它）也许已经造成了一种强调研究正式-合法安排的趋势……如果存在任何一个只有政治科学家才能宣称为其所特有的主题，一个不要求掌握姊妹学科领域的分析方法并且政治科学家坚持声称其独立存在的主题，那么这个主题当然就是正式-合法的政治结构。

"制度"在英国也同样颇受关注。因此，格雷厄姆·沃拉斯（Graham Wallas 1948［1908］：14）抱怨"所有的政治学学者都从事制度分析而回避对人的分析"。简言之，制度过去是并且现在依然是政治学科的支柱之一（可参见 Butler 1958：11-12；Mackenzie 1967：62；Ridley 1975：18；Leftwich 1984：16）。

### 方法

如果说制度研究途径的主题是显而易见的，那么正如奥克肖特所评论的那样："人们一直以来对这种研究应有的方式保持着一种不祥的缄默。"（Oakeshott 1967：302）。传统的制度方法或经典的制度方法是描述-归纳方法、正式-法律方法和历史-比较方法。

1. 描述–归纳方法

描述性的研究途径，亦称作"当代史"（Butler 1958：48），它集中关注的是 20 世纪。它运用历史学家的技巧并且探讨特定的事件、特定的时代、特定的人物和特定的制度。卡瓦纳（Kavanagh 1991：482）将政治学的历史研究途径界定为：

> 这样的研究，它们系统地描述和分析过去业已出现的现象并参照过去的事件来解释当代的政治现象。这种研究所强调的是解释和理解，而不是制定法律。

尽管认为历史学是调查特例而政治学则是寻求通则的说法的确过于粗鲁，但是这样的区分还是有一点儿可信之处的。况且，历史还被誉为"伟大的智慧之师"：

> 历史研究不仅仅在于提供事实，还使我们能够做出概括或检验概括。历史研究可以拓宽视野、改善视角，还可以培育一种也许可以被称为历史意识的处事态度。我们意识到明显独立事件之间的某种关系。我们认识到……现在深深地植根于过去，而且我们认识到……历史是过去的政治，而政治是现在的历史。

> （Sait 1938：49）

由于政治制度"就像珊瑚礁"，是"在没有刻意设计的情况下就矗立起来"的，并且是通过"慢慢积累"而成长起来的，所以历史研究途径是必不可少的（Sait 1938：16. 关于当代史和历史案例研究的制约因素，可参见 Blondel 1976：68–72；Cowling 1963：20–38）。

在此，归纳具有两种含义。首先，它指的是"极端事实主义""观察在先、事实至上"（Landau 1979：133）。制度的主要优点在于：

> 它们看起来是真实的。它们是具体的，它们可以指得出、看得见并且摸得着。制度的运行情况可以接受检查。……而且……还有什么会比有助于制度的**具体性**、制度存在的**事实**、制度行动的**特点**以及制度权力的**行使**更为合理、更为自然。

> （Landau 1979：181；也可参见 Easton 1971：66–78；以及 Johnson 1975 ：279）

其次，归纳指的是一种认为我们能够通过反复观察而进行推论的信念。其关键点在于，政治制度的研究显示出一种"让事实为自己辩护"的偏好，这种偏好倒是与其对理论尤其是对现代社会政治理论的厌恶相匹配，这些理论被视为"次要的——甚至是危险的"（Landau 1979：133；关于实例，可参见 Browning in Wilson 1899：i，ii）。

2. 正式–法律方法

埃克斯坦（Eckstein 1979：2）对这种方法做了简洁的界定：

正式-法律探究强调两个着力点。一个着力点是强调公法的研究：

*66*

> 因此有了**"法律性"**这个措辞。另一个强调的着力点涉及的是正式政府组织的研究，于是又有了**"正式性"**这个措辞。它所强调的这两个着力点……在对关涉正式政府机构的公法研究中——在"宪法"结构的研究中……结合起来。

然而，"宪法"这个语词往往指的是"文件宪法……以及对成文宪法发展的历史描述"（Wolf-Philips 1972：9）。这种用法过于狭窄。赫尔曼·芬纳（Herman Finer）可能是制度研究途径的开山鼻祖（见下文），他将宪法界定为"根本的政治制度体系"（Finer 1932：181）。换言之，这种正式-法律的研究途径尽管涵盖了对成文宪法文件的研究，但远不止于此。

麦肯齐（Mackenzie 1967：278）特别提道，"在1914年之前，根本不可想象有谁能够抛开对法律体系的探讨而单独讨论政治体系"。虽然这种传统可能缺乏"生命力"，但是它却在法国、德国以及意大利等国"幸存下来"（也可参见 Ridley 1975：15）①。这种传统在英国的影响之所以较弱，是因为 A. V. 戴西（A. V. Dicey）所产生的"有害阴影"。戴西提出了一种"具有严重局限性的公法观"，这是导致公法在英国发展较晚的一个重要原因（Drewry 1995：45）。然而，尽管公法研究在英国从未像在欧洲大陆那样居于政治科学的核心地位，但是它仍然是宪法和正式组织分析中的一个必要组成部分。它仍然是英国政治制度研究的一个特点（关于公法现状的调查，可参见 Drewry 1995）。

3. 历史-比较方法

政治制度的研究也具有比较性。正如伍德罗·威尔逊（Woodrow Wilson 1899：xxxiv）所述，"只有那些对其他政府体制也有所了解的人才能够理解和领会我们自己的制度……通过运用一种全面的比较和历史方法……我们也许可以获得对各种观点的总体性阐释"（关于现代的阐述，可参见：Ridley 1975：7，102）。

历史-比较研究途径最杰出的代表人物是赫尔曼·芬纳（Herman Finer 1932；也可参见 Chapman 1959；Wheare 1946，1951）。与其同时代的学者形成鲜明对照，芬纳没有采用国别比较的研究途径，而是对不同国家的制度与制度进行比较。他不仅将制度分析置于一种国家理论（Finer 1932：Chapter 1）之中，而且也将其置于经济和历史的语境之中（Chapter 2 and Chapter 3）。因此，芬纳声称他的研究途径是科学的，"可以客观地解释事物的缘由"。他"不仅是从法律形式方面，而且还从实际运行状况方面"对主要政治制度进行考察（同上：viii），同时还依据这些政治制度的发展阶段对其加以探讨（1954：4）。但是他的研究为什么要聚焦于政治制度呢？

对于芬纳来说，国家的本质就在于对强制权力的垄断，这种垄断被宣称和实施为唯一合法的垄断（1954：10；但可参见 1932：20-22，并且表明他的国家概念并

---

① 埃克斯坦在其著述（Eckstein 1979：5 and 19）中特别提到正式-法律研究在英国"同样占据主导地位"［他较早期的评价（Eckstein 1963：31-2）更为谨慎，因而也更为准确］。

不是独一无二的，可比较 Sait 1938：Chapter 5 ；以及 Wilson 1899：572）。政治制　*67*
度具有"工具性"："国家是一种人的归类，这种归类支配着其个体与相关构成要
素之间的某种权力关系。这种权力关系体现在政治制度之中"（Finer 1932：
181）。

　　也只是在那时，芬纳开始了对美国政治制度、英国政治制度、法国政治制度以
及德国政治制度的比较研究。他的分析涵盖了国家组织的各种因素，其中包括民主
制、权力分离、宪法、中央-地方的领土关系以及联邦制。最后，他将研究重点转
向"现代政治机器的主要组成部分，即选民、政党、议会、内阁、国家首脑、公务
员以及司法部门"（同上：949）。芬纳的研究途径并不是狭义的和正式的。它基于
一种国家的理论并且对制度的演化及其运行状况都进行了探讨。制度研究途径的批
评者对芬纳"卓绝的""有效"分析所给予的批评意见有失公允（Finer 1987：
234）。

## 理论

### 1. 因果理论

　　正如埃克斯坦（Eckstein 1979：3）所指出的那样，正式-法律研究途径提供了
一种一般性的理论框架和规定性的解释。首先，正式-法律研究途径的倡导者将法
律规则和法律程序看作基本的自变量，而将民主制的运行和命运视为因变量。例
如，迪韦尔热（Duverger 1959）就对按比例选代表的选举法提出了批评，因为它分
裂了政党体系并且损害了代议制民主。

　　其次，规则规定行为；也就是说，行为是因为某一特定的规则而出现的。
例如，地方当局之所以会限制家庭税的增长，是因为它们知道政府会施加一个
合法的最高限额。规则和程序对政治行为的影响是政治制度研究案例的核心
内容。

　　内维尔·约翰逊提供了一个英国制度研究途径的新近例证。他认为（Nevil
Johnson 1973：xi-xii），政治制度"作为政治行为和政治活动的决定性因素，有
一定的自主性"，"表达的是……关于政治权威的理念……而且体现的是一种可以
持续解决公民与政府之间关系中所出现的问题的研究途径"，并且可以显示"一
种强大的生存能力"，因此"它们所体现的程序性规范可能具有持续的影响力"。
然而，这种将制度视为政治行动缘由的制度观过于狭隘。这里还有一个重要的规
范性论点。

### 2. 规范理论

　　虽然极端事实主义是政治制度研究的一个特点，但是这种研究途径最大的好处
之一就是，"它可以为经验政治研究与政治价值分析的重新整合提供机遇"（John-
son 1975：280。也可参见 Ridley 1975：19）。约翰逊政治制度研究（Johnson　*68*
1975：276-7）的理论基础就利用了迈克尔·奥克肖特的政治哲学：

> ……政治制度表达了关于政治关系应该如何塑形的特定选择；政治制度好像是在连续不断地向一个社会的成员发出命令，要求他们在追求政治目的的时候应当以特定的方式为人处世。这就是要把政治制度界定为必然包含一种规范性元素……

而且，人们最普遍信奉的规范性元素，或曰价值观，正是议会政治模式所倡导的价值观。

议会政治模式具有几个规定性特征，其相关的特点包括：纪律严明的、具有纲领的多数党政府，议会主权，制度化的对立，中立的职业公务员队伍以及内阁制政府。这种议会政治模式不仅被输出到已经独立的英联邦国家，而且它的影响还扩大到了美国，例如，美国政治学会（the American Political Science Association）就建议引入一个纪律更加严明、更负责任的政党体系（APSA 1950）。最为重要的是，这种议会政治模式成为政治科学"英国学派"的一个明显特点（可参见第 1 章）。因此，正如甘步尔（Gamble 1990：408−9）所评论的那样：

> 关于英国政治制度的特点和优点存在着广泛的共识。政治科学的主要实践者过去都相信，所需要的变革应该渐进地推行，而且通过政治行动可以实现的目标也存在严格的限制。过去的研究既展现了英国政治制度所取得的成就，也显示了在不威胁其生存的情况下对这些制度加以完善的难度。受到赞誉的是英国宪法制度安排所体现的实践智慧，是英国制度连续性所体现的一种与其他地方常见的制度中断和制度无序形成鲜明对照的品质。

对保持传统和渐进变革案例的同样关注至今依然存在（如参见 Hennessy 1995；Johnson 1980）。

因此，制度研究途径是一个涵盖规则、程序以及正式政府组织的主题。制度研究途径运用律师和历史学家的工具来解释对于政治行为和民主效益都具有的限制因素，而且，制度研究途径还促进了代议制民主的议会政治模式。显然，并非所有运用制度方法的人都会赞同上述所有观点，但是这些观点已经足以证明这种描述的合理性。

## 4.2　批评者

政治制度的研究遭到不少人的批评，其中，许多批评者虽然言辞犀利、盛气凌人，但却批评得不够准确，并未切中要害。在传统政治学研究的批评者中，最具影响力的莫过于戴维·伊斯顿（David Easton 1971 [1953]），他猛烈地抨击了一代美国行为政治科学家。伊斯顿的主要目的是建立一个系统的概念框架，这个概念框架将会识别出重要的政治变量及其相互之间的关系。伊斯顿带着远大的理论抱负发现了政治制度研究缺少两个理由。首先，对法律和制度的分析不能解释政策或者权力，因为这种分析没有涵盖所有的相关变量（Easton 1971：Chapter 6）。其次，"极端事实主义"或者"参照事实"（同上：75）意味着政治科学家患有"理论营养不良症"（同上：77），进而忽略了"这些事实可以在其中获得意义的总体框架"（同上：89）。

还有一些行为主义的批评者近乎偏激。例如，麦克瑞迪斯（Macridis 1963：47-8）就宣称比较政府研究"就其对政治制度的研究途径而言过于形式主义"。比较政府研究没有"准确地意识到社会的非正式安排及其在决策形成和权力行使中的作用"。比较政府研究"并不关注政治行为的非政治性决定因素"，而且"它的方法是描述性的，而不是解决问题的，或者说是分析性的"；它不关注假设及其证明，因此它无法构思出一种比较的"动力政治论"。简言之，政治制度的研究不是行为主义。当时代潮流决定政治科学应该采取一种"以社会为中心的视角"时，政治制度的研究就是"以国家为中心的"（Nordlinger 1981：1）。

对政治制度研究的批评也扩大到对研究方法的批评，行为主义也因实证主义研究方法和量化而发生了改变。例如，麦克瑞迪斯（Macridis 1963：49）倡导研究应该：详细阐述一种尝试性的分类方案；对一种问题导向的研究途径进行概念化；提出一个假设或者一组假设，并且通过经验数据检验假设，以排除站不住脚的假设并提出新的假设。这种新的政治科学很少涉及历史的方法或法律的方法。因此，历史研究方法之所以是不合适的，其原因在于它们集中关注的是独特性并且无法系统地解释政府的结构和行为。法律分析之所以也不合适，其原因在于法律的正式陈述与政府的实践之间有差距（例如，可参见 Blondel 1976：20-5，68-72 以及 127-8）。由于政治制度研究的组织视角已经过时，而且其运用的方法有违"新科学"的准则，所以它作为政治科学两大支柱之一的地位受到了挑战（例如，可参见 Dearlove 1989：522-3）。

上述这些批评意见也有一些明显的问题。第一，批评者竖起了一个稻草人。例如，麦克瑞迪斯的批评意见用到赫尔曼·芬纳身上就是完全错误的，因为芬纳将制度置于语境之中，探讨的是正式要求与非正式行为之间的关系，试图解释不同国家的制度差异及其对民主制产生的后果。也许批评者的主要不满在于芬纳所运用的研究途径已经过时，其中的行话已经陈旧。

第二，也是最常见的错误，就是将对研究方法的批评意见——这些批评意见通常有理由——转变为对聚焦于制度进行普遍谴责。虽然历史方法和法律方法有一些限制因素，但是长期以来行为主义及其方法也受到了不少批评（例如，可参见 Bernstein 1979：Parts 1 and 2；关于制度主义者提出的批评意见，可参见 Johnson 1989：Chapter 4）。运用科学方法研究制度，在逻辑上具有可行性。

第三，理论上的批评意见常常出现错位。例如，"英国学派"是一种"组织视角"（Gamble 1990：405）。它并不是一种行为意义上的因果理论。组织视角提供的是一幅关于主题及其核心问题标记的地图。例如，这种组织视角可能会强调，对政治制度的历史认识是人类目的和理念的表达（Greenleaf 1983；Johnson 1975；以及 Oakeshott 1967）。政治制度研究的批评者往往集中火力批评有关的组织视角，而这种组织视角既不可检验，也无法反驳，并且在逻辑上可以与制度研究相分离。

第四，制度研究途径与特定价值观或者改革"处方"之间并没有必然的联系。

虽然白厅模式在后殖民时代已经不那么吸引人了，但是政治制度研究作为政治科学的重要组成部分仍然像以前那样重要。随着东欧新兴民主政体拟定自己的宪法并重新设计它们的制度安排，政治制度研究还具有一种新的实践依据（例如，可参见Elster 1993）。

第五，批评者将政治制度研究等同于政治学科的创立者并且因其未处在"该学科的最前沿"而要摒弃这种研究途径。撇开短期流行的问题暂且不谈，制度研究仍然是英国政治科学的核心支柱（可参见 Gamble 1990：419−20 以及 Hayward 1986：14）。正如连续性是英国政治科学的特征一样，连续性同样也是英国政治的特征，这种相似性不应该仅仅被视为巧合而受忽视。

有些批评意见还是言之有理的：制度主义者常常既不详细阐述他们的组织视角，也不详细阐述他们的因果理论，而且他们也不探讨自己所偏好的研究途径的限制因素，这种情况司空见惯。也许事实上：

> 有些早期的或经典的政治研究途径……夸大了……常规程序的正式本质，而对不那么正式的过程缺乏足够的重视，而这些过程本身通过时间上的反复或持续而变得制度化了。
>
> （Gould 1987：291）

然而：

> 结果未必是……我们就能够或者就应该摒弃一个可以为引导某些活动、应对某些反复挑战和偶发事件，解决价值分配争议——甚或确定什么样的价值将会在某个特定时代和某个特定地域进行分配而准确描述常规过程或者机制的概念。
>
> （同上）

通过区分主题、方法以及理论，我们就更容易识别出制度研究途径中哪些部分应该保留以及哪些部分应该摒弃。聚焦于制度以及历史学家和律师的方法依然具有相关性，相对而言，议会政治模式的改革就没有那么大的相关性了。含蓄的假定必须让位于某种可以在其中为制度研究定位的清晰理论。

## 4.3 一个实例：威廉·A. 罗布森

威廉·罗布森在 1947 年至 1962 年是伦敦政治经济学院的第一个公共行政学教授。他是"造诣很高的费边主义者之一，可以与韦布斯（Webbs）媲美"（Jones 1986：12），也是英国公共行政学的创始人。尽管罗布森在他那个时代是一位多产的作家和一名不知疲倦的改革活动家，但是他的著作在今天很少有人阅读，更少有人给予评论。他是行为主义反击的最大受害者，行为主义严厉批评传统的制度公共行政已经过时。杰弗里·斯坦叶（Jeffrey Stanyer 1967：11）斥责研究地方政府的学者，说他们"过于教化、过于墨守成规"。他宣称：

W. A. 罗布森在其《危机中的地方政府》（*Local Government in Crisis*，1966）一书中生动地说明了教化会怎样妨碍人们探究有趣的现实问题，在该书中，有许多潜在有趣的研究话题完全被忽略了……罗布森教授重复描述了都市功能的缺失（他没有认识到迄今仍然保留同样名称的现行服务业在范围上已经大大拓展了），他断言这种都市功能的缺失大大地削弱了地方政府，但是人们没有做出努力去证实这一点。

正如其看起来咄咄逼人一样，这种指控也有失公正。第一，这本书是《地方政府发展》（*The Development of Local Government*）序言的更新版本（系 1948 年的修订增补版，而非斯坦叶所引用的 1931 年版本）。斯坦叶忽略了罗布森对（当时）当代问题根源的历史解释，其原因可能在于这种解释是历史数据并非行为数据。第二，该书有一节专门论述地方政府服务的拓展。第三，许多地方当局的确既丧失了公共设施又失去了其他功能，而且我们也可以貌似合理地宣称这些功能的丧失削弱了地方政府。我们很难发现斯坦叶能够提供什么证据来证明这些功能的缺失强化了地方政府。第四，这本书被公认是有争议的。我们理应通过罗布森的主要著作而不是仅凭一些昙花一现的东西来对他进行评价。本节揭示了罗布森对公共行政学研究的主要贡献，并且讨论了其研究途径的长处与不足。

罗布森的学术成果丰硕，著作涉及面广。他不只局限于公共行政学和英国政府研究，比如，他还是大都市政府研究的国际权威。然而，他最伟大的贡献还在于对行政法的研究、对地方政府改革的研究尤其是对伦敦政府的改革的研究以及对公共企业的研究[1]。在进行总体评价之前，我先简要地概括他对上述每一个领域所做出的贡献。

《司法与行政法》（*Justice and Administrative Law*）出版于 1928 年，并在大量修订后于 1947 年出版了第二版，又于 1951 年修订出版了第三版。该书对戴西宣称英国不存在行政法的观点提出了质疑：

> 的确，仍然没有什么东西可以与法国和其他地方通行的"行政法"体系相 72
> 提并论；但是这大可不必蒙蔽我们的双眼，使我们看不到英国实际上存在着大
> 量而明确的行政法 ……
>
> （Robson 1928：xiii−xiv）

因此，罗布森着手：

> 详细地考察政府部门以及其他公共机构和私人机构所发挥司法功能的性质
> 和范围，分析导致这样的权力被授予这种非正式法庭的原因，以及评估由此产
> 生的结果的利与弊。
>
> （Robson 1928：xiv）

---

① 罗布森没有对英国公共行政学的其他支柱——更高的公务员制度——进行全面的研究。琼斯（Jones 1986：11）认为，"他从来不是真的对他们的民族精神和风格有热情，而是更喜欢支持地方政府和公共企业去削弱它们的影响"。不过也可参见：Robson 1956 and 1967.

64

该书的结构和论证直截了当。罗布森对司法功能和行政功能进行了界定与区分，对行政法庭的发展进行了描述，并通过讨论"司法精神"（Judicial Mind）提出了改革行政法庭和创建连贯行政法体系应遵循的原则。因此，罗布森（Robson 1928：189-215）希望行政法庭采用一种以连贯性、公平性、确定性、说明理由和思想公正为特点的司法过程。行政法庭的缺陷在于：

> 多数法庭的工作缺乏公开性，在神秘的气氛笼罩下，它们的意图被掩盖，在大多数情况下不能对决策说明理由，或者不能公布已裁定案件的报告；在大多数情况下拒绝举行听证会；裁决所依据的证据往往质量低劣、数量不足。
>
> （Robson 1928：288）

罗布森（Robson 1928：315-22）然后针对改革提出了大约 19 条"试验性建议"，其中包括公开举行口头听证会的权利、要求提供文件和证人的权力、说明裁决的理由，以及向上一级行政诉讼法庭提出上诉。

后来，罗布森继续详细描述了行政法庭的推广情况，并且赞成采用一个可以使行政法庭地位合理化的连贯行政法体系。显而易见，罗布森关于行政法庭的描述已经过时。这个方面所发生变化的程度很容易通过实例得以说明。当我在大学本科阶段学习宪法和行政法方面的一门基础课程时，韦德（Wade）的《行政法》（*Administrative Law*）第一版就是该课程的推荐教材。这本书厚达 300 多页。1994 年出版的该书第七版已经厚达 1 000 多页了。尽管罗布森的著作也许是"现在读起来甚至比 40 年前感觉还要奇怪"的"老套"（Griffith 1976：209），但是罗布森却是一位为了在英国建立公法体系而不懈奋斗的先驱。这种抱负在今天依然十分可贵（可参见 Wade and Forsyth 1994：13）。

73　　罗布森关于地方政府的探讨的著作内容广泛、影响深远。即便是"他的改革方案很少像他所建议的那样得到实施"（Jones 1986：12），但是他的著作依然影响了关于地方政府尤其是伦敦政府改革的思想发展（可参见 Laski, Jennings and Robson 1935；Robson 1931 和 1939）。行政法的目的就是要遏制中央政府的权力，而地方政府的目的则是分散权力。但是，现行的地方当局却过于弱小和低效。罗布森试图建立强大的地方自治政府来抵制中央集权。他将历史和法律的方法与一个改革者的合理化热情结合起来，他的制度研究途径在《伦敦的政府与恶政》（*The Government and Misgovernment of London*，1939）一书中得到了验证。

该书沿袭了罗布森的经典程式。书中有关于历史的长篇大论，详细阐述了伦敦各种治理机构的发展，紧接着便批判性地分析了当时政府机器的运行状况，结语部分详细叙述了他对大伦敦地区设立一个直接选举区域委员会的建议。罗布森（Robson 1939：162）认为，伦敦的"城市规划最糟糕，或者说是最没有规划的城市"。他将研究重心聚焦于当局机构的混乱以及伦敦郡议会区域内的 30 个由选举产生的机构和这个区域之外的 83 个经选举产生的机构。他对议会进行了猛烈的抨击，因为议会"100 多年来一直拒绝为首都配备理性综合城市制度的一切机会"（同上：

173)。临时性应景式行为盛行所造成的后果包括公共精神的减少、中央政府对地方的分治、地方当局之间的浪费性竞争，以及无规划的发展，其特点就是"一场最终变成笑话的悲剧"（同上：190）。罗布森（同上：191）用一种具有先见之明的措辞指出，"我们依然是在得过且过地混日子。但是我们并没有在这种得过且过中把困难和问题**解决掉**，相反，困难和问题却在不断地剧增"。

罗布森随后用文件证明了现存的混乱组织对下列领域所造成的后果：公路与桥梁、公共清洁、住房与贫民窟清扫、公共卫生、排水主干道、电力供应、食品批发市场、金融、消防以及教育。罗布森的论证不可避免地将批评的矛头主要指向："行政机构的重叠和倍增"意味着效率没有共同的标准或者起码的要求，而且，服务"不是为公共利益而提供的"（Robson 1939：230 and 246）。罗布森的目标是对伦敦进行合理组织和区域规划。他既反对由间接选举产生的政务委员会，也拒绝接受临时性机构，他更愿意接受由直接选举产生的大伦敦议会（Greater London Council）（同上：327-32），倘若没有大伦敦议会，"伦敦这个大都市的规划就是一件不可能的事情"（同上：420）。次要的当局机构会被精简并且"要服从大伦敦议会的总体控制"（同上：388），大伦敦议会不仅要制定如起码的服务标准和技术标准，而且还要控制某些服务的规划。罗布森将这种市政整理的信息带到了其他大都会城市，而且他关于"得过且过"但并未"蒙混过关"的这种信息仍然触动着英国政府研究学者的心弦，使他们产生共鸣。

《国有化产业与公有制》（*Nationalised Industry and Public Ownership*，1960）一书问世时，国有化产业还是受到包括工党在内的各方的批评。然而，罗布森却是国有化产业的坚定捍卫者。在该书的尾页，有以下引言：

> 英国因其拥有公共企业而成就了它要完成的大部分事业，并且将灵活性、创新性、进取心、敢于冒险和大胆尝试这样一些企业的品质带入国家，而这些品质已经在私人企业中得到了充分的体现。
>
> （Elis Hastad，转引自 Robson 1960：494）

罗布森赞扬公共企业所取得的"伟大成就"。他的著作就是要为"一个颇具争议的主题"提供一种"理性的讨论"。他没有展示"一幅黑白分明的历史画卷，没有简单地讲述一个成功与失败的故事"，而是全面地分析了国有化产业的现状，包括提出改革建议（同上：xxxii）。所运用的方法是人们熟悉的制度研究途径的方法，即历史与法律和其他文件记录的分析相结合。行为主义政治科学家的调查问卷、访谈计划或者统计方法，并不适合罗布森。其结果就是对国有化产业涵盖的问题进行一种大扫除式的描述：公共企业的类型、英国公共企业的背景与起源、组织与管理、竞争与垄断、政府控制、议会、公众问责、董事会、消费者与咨询委员会、财务、劳工关系、研究、开发以及绩效。该书包含两个核心主题：第一，公共企业是一种成功——一项"对公共行政的杰出贡献"——尽管仍然存在"初创时期的暂时困难"（同上：493）。第二，需要解决的主要问题是企业与政府之间以及企业与议会之间的平衡：

> 大臣们必须要准备好勇敢地接受他们已经承担的责任。我们不应当允许他们其中的有些人停留在模糊地带，在这种模糊地带，大臣们快乐地游弋于一个又一个的私人会晤，与首脑在餐桌上、在俱乐部、在下议院、在政府部门进行商谈，而不向公众或者议会披露他们实际的干预程度。这并不是政府权力与管理自由之间达成正确平衡的方式。
>
> (Robson 1960：162)

虽然该书的大部分内容都是在描述国有化产业的现状，但是罗布森朴实的笔调和对改革的执着从来没变。在"第二版的导言"(Robson 1962：xv−xvi)中，我们可以找到说明这一点的恰当例子。哈罗德·麦克米伦(Harold Macmillan)领导下的保守党政府以(当时)高达 24 000 英镑的年薪任命帝国化工(ICI)的执行董事比钦(Beeching)博士担任英国铁路董事局主席。罗布森对如此"豪华的薪水"感到愤愤不平，他的反对意见中有一点认为：

75

> 如果我们允许这些公共董事局职务的报酬标准与支付给顶级公务员的薪酬极不相称的话，那么我们就是在冒损害公务员制度的风险。如果我们允许公务员发现他们自己被公共董事局所包围，而控制这些部门的是那些……薪酬要远远高于公务员收入的人，那么我们怎么能够指望公务员像今天一样保持忠诚、奉献、正直和高效呢？不满、艳羡、妒忌不可避免地会滋生，而且，当这种情况发生时，我们最宝贵的国家财产之一就已经被破坏得无法修复了。

在公共事业单位的高级执行官薪酬飞涨并且高级公务员职位实行公开竞争的时代，虽然罗布森的理智敲响了古雅的音符，但是他的抗辩却太熟悉不过了。

在纪念罗布森的文集中，约翰·格里菲斯(John Griffith)重温了《司法与行政法》一书，他认为：

> 《司法与行政法》一书首次出版时就是一部具有重要学术价值和政治洞察力的杰作。由于该书对行政法体系的某些重要假定提出了挑战，而不是仅仅质疑某些需要修正的缺陷，所以该书的论点在某种程度上不仅过去是而且现在依然是英国关于政府问题的少数几个重大争议之一。
>
> (Griffith 1976：216)

同样，罗布森为促进地方民主焕发活力做出了长期而艰苦的努力，他还是公共企业的忠实守卫者。而且，招致批评者强烈抨击的正是其作品中的这个争论。例如，扬(Young 1985：15 and 16)就将罗布森描述为"强词夺理"。而且，罗布森也将那些当今常常会受到质疑的命题视为不证自明的真理。规模与效率之间的关系很复杂，区域性规划的好处被证明是难以捉摸的。其实，当时的批评者就抱怨说，"如果没有训练有素的研究……就会有肤浅结论伪装成全部真相的危险"(Beales 1936：101，转引自 Young 1985：18)。

但如前所述，制度研究途径与特定作者开具药方之间并不存在必然的联系。罗布森举例说明了制度描述与议会政治改良主义的混合体是英国学派的典型特征。

"他强大的能力就是可以对海量的数据进行集成，可以从盘根错节的复杂性中析理出秩序，并且可以为支持变革进行连贯的论证"（Jones 1986：12）。

但是，罗布森也显现了制度研究途径的两个缺陷：一是它对理论的不信任，二是它是一种近乎论战的改良主义。因此，他的著作不仅很少有人阅读，而且具有一种过时的品质。值得强调的是，聚焦于制度与历史学家和律师的方法仍然是公共行政学研究的必要工具。

然而，英国政治制度研究最显著的特征并不是我所纪实描述和实例论证的那种传统的连续性，而是研究途径的多样性。现在有几种政治制度研究的途径，下一节将对当今政治制度的这些研究途径进行考察。

## 4.4　形形色色的制度主义

当今的制度分析具有三种类型：宪法研究、公共行政以及"新制度主义"。在此我只能予以最简单的介绍。对每一种分析类型，我会识别出它的显著特征并通过实例对制度研究途径加以说明。 76

### 宪法研究

宪法研究的关键特征就是它仍然是正式-法律研究途径和自由-民主改良主义的发祥地。这个子领域在过去的 20 年里成果丰硕，在传统的制度主义经常被标明已经死亡的条件下，情况尤其如此。虽然这种传统的研究途径也许不再占据主导地位，但是我们却很难理解迪尔洛夫（Dearlove）在其脚注中列有 12 本相关书目的时候怎么还会谈论宪法研究的衰落。甘布尔（Gamble 1990：416）认为："在过去的 20 年中，关于宪法各个方面的著述在英国都很兴旺。"[1]

如果这么多关于宪法研究的文献可以用一段话加以概括的话，那么这些文献的主要特点就是宪法改革。评论家在描述英国政治的变革时常常将实践比作宪法惯例，他们认为：行政部门的权力太大，缺乏对其实施政策能力的检查；公民的自由很少有法律保护。他们呼吁通过宪法的推陈出新来解决问题，呼吁通过《权利法案》（Bill of Rights），而且这种呼吁来自政治光谱上的各个光点（例如，可比较 Barnett *et al*. 1993 与 Mount 1993）。唐·奥利弗（Dawn Oliver 1991）对不断变化的宪法进行了更加公正的评价。她的核心论点是"政府的问责及其效益以及公民的地位这三者之间是密切相关的"，而且当前的制度安排"在确保善政的这三个必要因素方面是有缺陷的……"（同上：202）。她不赞成一揽子特定的改革建议，而是考察了诸如《八八宪章》这样的群体所倡导的几个改革建议的利弊，例如，信息自

---

① 就连一个精挑细选的宪法研究参考书目也会很长。例如，可参见 Norton 1982；Marshall 1984；Lewis and Harden 1986；Jowell and Oliver 1989；Norton 1991a and b；Oliver 1991；and Harden 1992。

由和《权利法案》。她的目标是要激发人们"更加广泛地意识到目前运行的体系存在缺陷，并且对改革过程的复杂性有所领会"（Dawn oliver 1991：215）。持这种观点的评论家多数都没有她那么谨慎（例如，可参见 Lewis and Harden 1986；关于更多的实例和一个评论，可参见 Norton 1991b）。

　　因此，宪法研究仍然是政治制度研究中正式-法律方法的典范，并且很容易受到对制度研究途径的传统批评。通常的批评意见是指责正式-法律方法犯有形式主义的过错或者说犯有只注重规则和程序而忽视行为的过错，对这种批评意见有两种回应。

　　首先，约翰逊（Johnson 1975：276）认为，制度分析并没有采用这样一种有局限性的观点，它分析的实际上是行动中的制度。更为重要的是，他将制度视为对政治目的的表达，因此制度分析必须探究"制度生活如何表达（或者未能表达）内含于决定制度本身特征的那些准则、程序或规则中的意图"（同上：277）。所以，一种纯粹的正式分析常常会被"误解"。

　　其次，宪法研究应当被视为一个更宽泛的国家研究理论框架内的"一种解释性出发点"（Dearlove 1989：538）。现代政治理论提供了几个这样的框架，其范围涉及从偏好假设和反驳的多元主义到解释学和结构-代理问题。我只赞成这样一种普遍性的观点：为了避免形式主义，我们必须将宪法研究置于一个更宽泛的视角或者理论之中。

## 公共行政

　　公共行政是政治科学的一个重要分支子领域。各种定义中总是会包括诸如研究"公共服务供给的制度安排"（Hood 1987：504）或者研究"公共官僚制度"（Rhodes 1979b：7）这样的术语。毫无疑问，公共行政的关键特征就是制度研究，而这也正是公共行政的批评者抱怨其具有"描述性""形式性"的特点之所在（Dunleavy 1982：215）。因此，罗布森（Robson 1975：195）将这种主导的研究途径描述为：

> 制度性的。它集中关注的是公共行政当局机构，分析的是它们的历史、结构、功能、权力和关系。它要探讨的是这些机构的运行方式及其取得的效益程度。

然而，传统公共行政就像传统的政治研究一样，必须勇敢地接受 20 世纪 60 年代行为研究的挑战（尽管行为主义并未取代传统的研究途径；例如，可参见 Jones and Stewart 1983；Drewry and Butcher 1991）。

　　组织理论是公共行政知识发展史中的一个坚实组成部分，并且自 20 世纪 50 年代以来，已经发展出许多思想流派（关于简要的考察，可参见 Henry 1986）。其"经典"包括韦伯（Weber）与官僚制研究以及弗雷德里克·温斯洛·泰勒（Frederick Winslow Taylor）与科学管理理论。然而，这种对正式结构的强调却受到了人际关系研究途径倡导者的强烈批评，他们强调非正式组织的重要性，尤其强调工作场所中的群体行为。第二次世界大战之后，他们强调的重心转向了组织决策的研究，转向组织作为与一种更大环境进行互动的体系研究。从那以后，研究途径成倍增长，在此我们不可能对这些方法逐一进行概括（可参见 Hood 1990b；Rhodes 1991a）。

组织理论的关键特征在于它始终关注的是正式组织。早期的理论家常常讨论的是正式组织（如官僚机构的规则）较之非正式组织（或者个体雇员的行为）的相对重要性。权变理论家探讨了组织结构与其环境之间的"适应"问题，他们认为，无论是组织一个企业，还是组织一个官僚体制，均不存在最佳的方法（例如，可参见 Greenwood *et al.* 1980）。

除了公共行政之外，组织理论对政治科学的影响甚微，之所以会如此，部分原因在于它"将政治纯化"（Wolin 1960：423）为狭隘的效率问题，并且因"一些不重要的组织"而忽视政治制度（Perrow 1986：172；但是有一个显著的例外，可参见 Allison 1971）。换言之，就宪法研究而言，组织理论需要一个更宽泛的组织视角或理论，这也是其批评者经常提到的一点（关于那几个论辩的摘要，可参见 Donaldson 1985）。然而，无论是以传统的表现形式，还是以组织理论的表现形式，公共行政仍然是制度研究途径的一个安全领地。

## "新制度主义"

按照马奇和奥尔森（March and Olsen 1984：734）的观点，传统的政治制度"已经不像它在政治科学家的早期理论中所处的地位那样重要了"。他们之所以批评当代政治科学，其原因在于它具有语境关联性，或者说它是以社会为中心的，强调政治行为的社会语境，贬低了国家作为一项独立事业的重要性（同上：735）。当代政治学不仅是还原主义的，它把政治解释为个体行动的结果（同上：735-6）；而且也是功利主义的，它将个体行动的动机解释为理性的自利（同上：736-7）。相比之下，新制度主义则"坚持政治制度的一种更为自主的角色"。因此：

> 尽管官僚机构、立法委员会和上诉法院都是争夺社会力量的舞台，但它们还是那些界定和维护利益的标准运行程序和结构的集合。它们是凭借自身能力的政治行动者。

（March and Olsen 1984：738）

宣称"政治生活的组织与众不同"（同上：747）这种断定导致了这样一个问题："新制度主义究竟新在哪里？"有些批评者的回答是"并没有很多新的东西"（例如，可参见 Almond 1988；Jordan 1990b；关于形形色色的新制度主义，可参见后面的第 9 章）。例如，奥尔森（Olsen 1991：112）所宣称的观点就很谦逊。例如，他认为，决策的行为模式是理论观念的可能来源，并且"新制度主义还有望使政治研究更贴近政治理论、历史和法律——而不会回到墨守成规的历史-描述性制度主义旧传统"。

霍尔（Hall 1986：19-20）也想要创作一种"能够阐释政策的历史连续性和跨国变化"的历史-制度性解释。他将制度界定为"这样一些正式规则、服从程序以及标准的工作惯例，它们可以在各种政体和经济体的单位中构造个体之间的关系"。

79 　但是，霍尔之所以声称他的制度研究途径不同于早期的制度主义形式，其原因在于他对制度的定义不仅包括"宪法和正式的政治惯例"，而且还包含"不太正式的组织网络"。霍尔的制度研究途径得出了这样的结论："新"制度主义是历史与组织理论为研究政治制度而相遇的。这些单个的组成部分很古老。例如，政策网络是一种"以国家为中心"的公共政策制定研究途径，它研究的是"制度环境中的行为"（Gamble 1990：417）。因此，政策源自政府组织（尤其是中央政府部门或机构）与一个由其他组织（尤其是专业利益集团和经济利益集团）构成的网络之间的相互作用。政策网络是一种制度主义研究途径（Marsh and Rhodes 1992a）。乔丹（Jordan 1990b：482 and 484）评价说，新制度主义之所以引人注目，是因为这个标签体现了"一种反对政治科学主流的倾向"，并且反映了"那些对国家感兴趣的研究者中有一些人在转移战场"，对于乔丹的评价我们很难提出反对意见。其实，制度研究只有对那些故意贬低其重要性的美国行为主义或英国国家理论的倡导者来说才可能会有新意。制度研究始终是政治科学主流的组成部分。

## 4.5 　结语：制度研究途径的重新定义

制度研究途径是政治学科的核心支柱之一。它聚焦于政府的规则、程序以及正式组织。它的研究方法是描述-归纳方法、正式-法律方法以及历史-比较方法。制度研究途径运用历史学家和律师的技巧。它试图解释结构与民主之间的关系，试图解释规则、程序以及正式组织在约束政治行为方面的得与失。

制度研究途径仍然是英国政治学派的一个显著特征。宪法研究、公共行政和新制度主义也都将制度视为它们分析的出发点。因此，制度研究途径得以广泛实践，并且常常带有一种略表歉意的氛围，因为它是一个寻找理论基础的学科。这种理论基础就在于一种运用多种研究方法的多元理论研究路径。

**主题**

对于现代的听众而言，我们需要重申政治制度研究是 20 世纪后期政治学科的核心主题。无论怎样，许多研究都是沿着传统的描述性路线进行的，其原因很简单：我们对诸如中央政府部门或行政部门这种最重要的政治制度知之甚少。巴特勒

(Butler 1958：108) 评论道：

> 有许多国家政府和地方政府的运行情况还从未被描述过——或者说从未被充分地描述过。还没有哪个领域已经得到过如此全面的考察，以至于我们无法从一个全新的角度再对它们进行有益的研究。 *80*

只有少数人怀疑上述评价意见仍然适用于英国政府研究 (Rhodes 1995e)。

然而，更为重要的是，政治制度研究对于"政治科学的完整"至关重要："国家体系**依旧存在**。作为科学或者作为一个学科或者专业，政治科学必须承认其制度母体或者必须付出不相干和徒劳的代价。"（Waldo 1975：7；也可参见 Blondel 1976：Chapter 7）。因此，主流政治科学与其国家理论的批评者之间存在明显的共识，双方都赞同政治制度是政治学科的核心。但是，也有一个重要的限制条件：无论所考察的理论是什么，政治制度都只是解释的组成部分。

## 理论

我已经运用对主题、理论与方法的区分识别出了制度研究途径的薄弱环节。作为宪法改革基础的议会政治模式就是一个薄弱环节。无论是根据议会政治模式还是根据其他的模式，每一个人都有权提出改革建议。我只是想要指出，这在逻辑上并不具有必要性。同样，任何一位政治科学家都应当明确自己用于选择问题和分析问题的智力包 (intellectual baggage)。我并不赞成价值中立的政治科学，我只是反对理论上含糊其词和对理论的不信任。

我一直都不赞成任何一种组织视角或者理论。就我个人而言，政治学科过于讲究折中主义，以至于无法证明理论帝国主义的合理性。相反，我建议摈弃传统政治制度研究途径的含蓄假定，并且用一种明确的视角或者理论取而代之。我更偏好多理论的研究，这种研究可以对来自不同现代政治理论的竞争性叙事进行评价。然而，更为重要的是，对于任何理论都要有一种批评的态度。没有哪个理论是永远正确的，理论之间只有教益更大或者更小之别。我们可以从批判性地评价一种理论中学到东西。当几个理论都被用来影响某个单一的话题时，我们就可以通过对这几个理论进行批判性的比较而学到更多的东西。政治制度的研究将会得益于这样的多理论研究。

## 方法

由于长期的合作，制度研究途径利用了历史学家和律师的技巧。就连新制度主义者也声称重新发现了一种历史研究途径的价值。德鲁里 (Drewry 1995) 呼吁政治学与公法之间要加强联系，这种呼吁可以继续恢复传统制度研究途径的名誉。到目前为止，虽然这种呼吁很有用，但是这样做还远远不够。回归历史与法律使制度研究途径与行为方法之间错误的对立继续存在。行为主义者作为新政治科学的错误预言者是一回事儿，而行为主义作为方法论的多元主义则是另外一回事儿。行为革命使政治研究在方法论上较之前缜密得多，而且政治制度研究可以充分利用各种各 *81*

样的方法，而不只是借鉴历史和法律的方法。

有两个实例可以说明这一点。首先，量化和统计分析在制度分析中像对个体的政治行为一样有用。历史学家的原始资料和叙事技巧是描述英国内阁大臣们的角色时最常用的。然而，我们也可以运用统计方法。例如，我们很容易统计大臣们参加各自活动所花费的时间，其中包括他们出席议会的次数。我们可以通过部门或者大臣任期来分析这些信息，进而了解已任职多年的大臣是否比那些新任命的大臣出席议会的时间更少（例如，可参见 Rhodes and Dunleavy 1995：Part 3）。统计分析并不是制度研究途径的竞争对手，二者可以互为补充。将统计学和方法论的缜密程度粗鲁地等同于以社会为中心的研究途径（行为主义），而不是等同于以国家为中心的研究途径（制度主义），这样做不仅没有必要，而且有局限性，站不住脚。

其次，尽管案例研究是历史学家的惯用方法并且因过于关注细节和特例而受到批评，但是案例研究可以进行比较和概括。倘若有一个理论陈述能够据以对案例研究进行比较，那么比较案例方法就允许进行有效的概括。对于政治科学中的案例研究方法，埃克斯坦探讨得不仅最早而且最精彩（下面的阐释，可参见 Eckstein 1975：92-123）。他区分了五种"类型"的案例研究。**结构-具体的案例研究**是政治科学的常规案例研究方法，它全面描述了特定的主题，如政党和官僚体制。**训练有素的结构性案例研究**将其对案例的阐释建立在明确的理论基础之上，也就是说，将普遍规律或者概率的陈述应用于特定的案例。**启发式案例研究**并不认为理所当然地存在普遍规律，而是运用案例研究"识别重要的一般性问题和可能的理论解决办法"。这样的案例研究直接关注的是理论构建，并且"可以通过所谓的搭积木的方法逐一构建，以便构建越来越具合理性且更少偶然性的规律性陈述"（Eckstein 1975：104）。**合理性探索**是把案例研究当作对假说的有效性进行的初步检验或者试验。**关键性案例研究**要检验理论，它相当于"决定性试验"。埃克斯坦（同上：116）认为：

> 原则上，比较研究和案例研究是达到检验理论目的的备选方法，是在主要受制于主观考虑和主要受制于实际考虑之间做出选择，而非在合乎逻辑的考虑之间做出选择。

82 根据定义，案例研究并不只是描述性的。案例研究能够检验理论并且确实检验了理论。案例研究能够并且确实允许进行一般性概括。案例研究已经成为可以替代定量方法的一种备选方法，而不是比定量方法略逊一筹。

埃克斯坦表明案例方法与理论的构建和检验具有相关性。尹（Yin 1984）则说明了怎样在比较研究中运用案例方法。遵循埃克斯坦对关键性案例研究的分析，尹指出：

> 在进行案例研究时，对样本和整体进行类比是不正确的。之所以如此，是因为调查研究依靠的是**统计性**概括，而案例分析（如通过实验一样）依靠的是

**分析性**概括。

（Yin 1984：39）

他为解释性案例研究提出了（同上：108-9）以下"迭代式"研究设计：
(1) 就政策或者社会行为提出初始理论陈述或者初始命题；
(2) 依照这样一个陈述或者命题对某一初始案例的研究发现进行比较；
(3) 对陈述或者命题进行修正；
(4) 依照修正意见对该案例的其他细节进行比较；
(5) 再次对陈述或命题进行修正；
(6) 将修正结果比作第二个案例、第三个案例或者更多案例的事实；
(7) 根据需要多次重复以上这个过程。

解释性案例研究涉及要利用一个标准规程（同上：64-72）的多案例设计（同上：47-52 和 107-9）。至关重要的是，我们要强调这些程序潜在的复制逻辑，它与作为统计概括基础的抽样逻辑截然不同。

> 每个案例必须经过精挑细选，这样它（a）要么可以预言类似的结果（一种完完全全的复制），要么反倒是由于可预测的理论而（b）可以产生相反的结果（一种理论上的复制）。

（Yin 1984：48-9）

在一个多案例设计中，对许多案例研究进行编辑就直接类似于做一系列实验，而且，如同做实验一样，这样的案例研究也可以产生有效的概括。

启发式案例方法可以在理论检验中扮演一种有益的角色。然而，这种观点并没有恰当地对待案例研究方法。讨论埃克斯坦和尹并不是要绕开话题，而是要表明比较案例方法是比较政府研究中可以替代定量方法的一种名副其实的备选方法。埃克斯坦做了一般性说明，而尹则对研究设计和程序进行了描述。案例方法的缺点不是源于其内在本质，而是在于人们对其范围及应用的误解①。

案例研究方法还能够增进历史学家与政治科学家之间的联系，它可以将历史学家的"是什么的问题"与政治科学家的"为什么的问题"联系起来。正如卡瓦纳（Kavanagh 1990：490）所指出的那样，政治科学家依靠的是历史学家所提供的描述。问题是要将描述与分析结合起来。比较案例方法是将这两者有效结合在一起的一种途径②。

总之，比较案例方法是比较政府研究中定量分析的一种补充性研究策略。最重要的是，"当重要的是要调查复杂现象并且要根据一个丰富的情境框架开发和建立假说时"，比较案例方法就具有独特的用途（Agranoff and Radin 1991：229-30）。换言之，这种方法将文化特殊性和历史传统同概括能力结合在一起（例如，可参见

---

① 例如，可参见 Evans et al. 1985：348-50 关于"分析归纳法"的论述。政治科学中有其巧妙运用的实例。我最喜爱的例子包括 Bauer et al. 1972 [1963]；Lowi 1964；Sundquist 1968；Pressman and Wildavsky 1984 [1973]；而要获得一个更全面的书目，可参见 Yin 1984 中的参考文献。

② Moore 1969，Tilly 1975，Skocpol 1979，这些著作都表明了历史与政治科学紧密结合的价值。

Rhodes 1994b；关于进一步的讨论，可参见第 9 章）。

有人往往会错误地认为定量分析与案例研究、系统性研究与历史性研究是对立的，只要这种错误的认识困扰着制度分析的方法论，制度分析就永远不会蓬勃发展。埃克斯坦（Eckstein 1974：96）明确指出案例研究的"要求很高，这意味着思想上要高度严谨，观察上要高度准确"。案例研究要求：

> 思考更周到，想象更丰富，逻辑更严谨，要减少碌碌无为，减少对机械打印资料的依赖，确保抽样不出问题，尽可能增强结论的确定性（包括那种罕见的政治研究，即确凿的伪假说）。

（同上：123）

与历史学家结盟，比较案例方法在制度分析的发展中就有一种关键的角色要扮演。

政治科学这个学科很容易随波逐流。有一位资深的同行评论道："你只需要静静地坐着，一切都会'周而复始'。"也许真的会是这样，但不会一模一样、一成不变。制度研究途径拥有美好的未来，但它不会像其经典的形式那样存在。如果制度研究途径想蓬勃发展的话，它就必须抛弃对理论的厌恶，抛弃对历史和法律的过分依赖，抛弃议会政治模式的改良主义。问题不可能表现为，优点总是在历史学家一边，而且我们只能坐等行为主义者认识到他们方法上的错误。我们必须要做的是从行为主义中吸取教训。方法论的多元主义和多重理论的方法可以重塑制度研究途径，它们不是以其经典的形式重申制度研究途径。而且同样重要的是，一个防御性的制度研究途径可以为政治科学这个学科提供清晰的认同感。埃克斯坦（Eckstein 1979）是正式-法律研究方法的批评者，然而，他却把正式-法律研究视为一门"不应该与政治科学混为一谈"的"国家科学"（同上：1）。此处与本章的一个核心论点形成了重要的对照，这种**"国家科学"**与政治科学截然不同，它是政治科学的核心内容。

# 第4篇

# 应用

# 第 5 章

# 重塑白厅，1979—1995 年：国家空心化？

过去的 15 年对于英国行政部门来说是一场持久的革命。英 *87*
国行政部门阻挠改革的能力是出了名的甚或是臭名昭著的（可参
见 Kellner and Crowther-Hunt 1980），但是这种阻挠改革的能力
却因遇到了 20 世纪任期最长的一届政府的强大能量和执着精神
而遭受挫败。政府并没有因为一次选举的失败或者改革热情的丧
失而气馁。政府坚韧不拔，不屈不挠，卓越非凡；而且玛格丽
特·撒切尔毫不掩饰她对行政部门近乎公开敌对的藐视。

本章要解释的是英国的公共行政为什么得以重塑，要描述
1979 年至 1995 年 12 月期间所发生的主要变革，要考察这些变革
所带来的问题，并且要讨论趋势和选择。我集中关注的是重要趋
势，尤其关注的是促使中央政府空心化并激发统治向治理转变的
那些压力。

## 5.1 解释变革

赖特（Wright 1994：108-10）识别了西欧的五种行政改革
类型：持续调适、回应特定政治危机、讲究实效的结构性变革、
作为自身事业的改革，以及综合规划。虽然英国政府擅长为其行
政改革编造具有回溯效力的合理根据，但是许多形形色色的变革
却是与开拓国家的新领域和减少公共支出的一贯目标相联系的。
因此，英国的行政改革不同寻常，因为它具有综合性。

英国的变革压力是西欧国家所共有的（可参见 Wright 1994：104-8）。激发行政改革的因素有六个。

88

（1）导致预算赤字的经济衰退和财政压力。

（2）"新右派"在意识形态上对"大政府"的不信任以及随之而来的决定重新划分国家的边界。

（3）欧洲一体化，进一步加强了规制并且带来了新的行政压力（例如，区域一体化）。

（4）公众对政府绩效的幻想破灭。政府做的太多，而且无论政府做什么，它都没有什么成效。

（5）国际性管理的兴起，尤其是新公共管理。

（6）信息技术，使人们更容易采用新公共管理。

但是，如果说这些压力是共有的话，为什么英国变革的步伐要比西欧其他国家更快呢？例如，为什么新公共管理对德国的影响微乎其微，或者说根本就没有产生什么影响呢？有三个因素最重要。

首先，英国政府的一个显著特征就是它的强势行政部门，而且玛格丽特·撒切尔利用她的权威地位力推行政部门改革。"政治意志"这个术语常常被用来说明政府的决心。"强势、指令性、执着的行政领导"虽然表述更冗长但却更加准确。其次，当政府在议会中占有大多数席位时，行政领导几乎就受不到宪法的约束。一旦政府决定进行某种变革，它就能够强力推行。最后，政府会设计一种明确的意识形态战略来辩护和"兜售"其各种成套的改革举措。英国政府抨击大政府、抨击浪费，利用市场创造更多的个体选择，并且为消费者作战。在约翰·梅杰（John Major）的领导下，改革的合理根据阐述得更为详尽。奥斯本和盖布勒（Osborne and Gaebler 1992）最先使用"重塑政府"这个术语，他们大力鼓吹"企业家政府"的时代。英国政府引用奥斯本和盖布勒的著作证明其政策的合理性。

无论改革的合理根据采用什么样的具体形式，有一个主题一直保持不变，那就是削减公共支出。这一当务之急成为人们探索管理改革的动力。尽管行政改革的学术文献再平常不过，但值得强调的是，行政改革永远具有政治性。玛格丽特·撒切尔政府对行政部门改革的决心根植于削减政府及其支出以及有效控制行政机器的政治决策。

因此，这套制度变量、宪法变量和政治变量使政府能够力推其改革。

## 5.2 主要趋势，1979—1994 年

英国政府的改革方案可以分为六大部分：引入最小化国家，重申政治权威，扩大规制、审计与评估，改革公共部门的管理与结构，推行公共部门民主化，以及改造文化。本节拟对这些趋势逐一进行描述。这些趋势累加在一起就勾画出一幅英国

89

政府制度差异化和多元化的图像，这幅图像削弱了核心行政部门掌舵的能力。

## 最小化国家

　　政府的公共就业政策、民营化政策以及放松管制政策表明了它缩小国家边界的决心。

　　政府要削减公共支出的目标被证明是难以实现的。在整个这一时期，公共支出平均占到国内生产总值（GDP）的 43%。1979—1994 年的公共就业总数出现了小幅下滑。公务员的规模则出现了大幅下降。公务员人数从 1979 年的 73.2 万下降至 1995 年 4 月 1 日的 51.689 3 万，降幅高达 29%*，并且政府还计划进一步将这个数字控制在 50 万以内（Cm2627 1994：3）。1993 年 3 月公布的《基本支出审查》（Fundamental Expenditure Review，FER）包括了支出和运行成本，并且进一步证明政府想要继续对公共支出向下施压。尽管政府不可能大幅削减公共支出，但是它会进一步减少高级职员，例如，财政部将会裁减 25% 的五级以及五级以上的职员。

　　民营化是政府改革成功的案例之一。自 1979 年以来，50% 的公共部门约有 65 万雇员回到了私人部门。国有化产业在 1979 年占 GDP 的 9%；而到 1991 年，国有化产业所占 GDP 不足 5%，而且这个比例还在下降，因为铁路民营化即将开始（可参见 Marsh 1991）。

　　尽管场面不太壮观，但是政府还是对几个产业放松了规制，最显著的产业包括金融服务业、公共交通业以及牛奶配送业。政府还定期废除一些繁文缛节。例如，1994 年的《放松规制法案》（the Deregulation Act，1994）就承诺要废除 450 条政府规章。

　　政府对公共干预的批判立场是所有这些变革的基础。用玛格丽特·撒切尔自己的话来说就是，保守党政府拒斥"政府的集权风格、管理风格、官僚风格和干预主义风格"。政府必须"摆脱这样一种命令式的做法：吩咐人们应该有什么抱负以及到底应该如何实现这些抱负"。"对政府干预有益效应的乐观主义态度大多都已经消失了。"政府必须"信任自由和自由市场，信任有限的政府和信任强大的国防"，必须信任"企业的创造能力"（Thatcher 1993：6，14，92，15，以及 45-6）。干预、集权和管理主义是玛格丽特·撒切尔执政时期的显著特征，甚至是独有的特征。最小化国家仍然不仅规模庞大而且活跃过度。

## 重申政治权威

　　英国已经进入一个"大男子主义大臣"的时代。著名电视剧《是，大臣！》90 (Yes，Minister！) 中的汉弗莱·阿普尔比（Humphrey Appleby）是一个喜欢摆布人并且诡计多端的公务员，他常常哄骗他的大臣，而这样的公务员要让位于"能干"

---

　　\* 原书数字为 27%，经计算，译者将其改为 29%。——译者注

的管理主义者，他们不会用自己的政策目标去取代大臣的政策目标，而是将大臣的政策付诸实践。大臣们知道自己想要什么并且有决心获胜。公务员政治控制有以下几个方面的变化：

首先，政府控制公务员工会。1981 年，有 9 个独立的公务员工会举行罢工支持加薪的要求。而政府只是简单地等待罢工者回到他们的工作岗位上。虽然工会要求政府在原来基础上提高薪酬，但是罢工却标志着工会影响力的终结。在约翰·梅高爵士（Sir John Megaw）的领导下，政府着手对公务员工资进行独立调查。公务员的工资过去是建立在与私人部门具有可比性的基础之上的。梅高报告（Cmnd 8590 1982）建议终止这种可比性的方式，用职业评估取代，即要考虑职员供给与挽留的证据。该报告对现行的工资体系进行剖析，其中有一大块公共支出由薪资研究处（the Pay Research Unit）决定，这是一个独立于政府之外的机构。后来，财政部能够设置一个现金支出限额，这个限额就成为公共部门加薪的有效上限。未来：

> 政府不认为公务员的工资或者其他群体的工资应当根据个体的需要来确定。从一般意义上来说，工资是适应市场的问题，而社会需要则是社会保障体系的职责。

> （HM 财政部，转引自 Campbell and Wilson 1995：209）

其次，1983 年 12 月，伴随着一项被许多人至今都仍然认为是不必要的报复性决定，政府取缔了位于英国切尔滕纳姆（Cheltenham）的政府通信总部（GCHQ）雇员的工会会员资格。工会在法庭上对政府的这项决定提出了质疑，但是在上诉法院那里却败诉了，因为上诉法院出于对国家安全的优先考虑而最终裁定政府的决定是合理的。正如德鲁里和布彻（Drewry and Butcher 1991：125-6）所断言的那样，"尽管政府为所欲为，但是它却为此付出了巨大的代价"。这项决定很僵化刻板，严重损害了大臣们与公务员之间的关系。

再次，人们经常会表达对行政部门"政治化"的担忧。这种担忧最初出现在 1981 年，那一年玛格丽特·撒切尔迫使行政部门的首脑及副手伊恩·班克罗夫特爵士（Sir Ian Bancroft）和约翰·赫伯克爵士（Sir John Herbercq）"退休"了。这种担忧在 1985 年再度出现。在 1979 至 1985 年，共有 43 位常务秘书和 138 位常务副秘书离职。所有这些级别官员的任命都要征求首相的意见。撒切尔的任命促使雨果·扬将行政部门描述为"一个完全被撒切尔化的领地"（转引自 Hennessy 1989：631），而且还促使皇家公共行政学会（the Royal Institute of Public Administration）成立了一个工作组来专门研究行政部门的政治化。皇家公共行政学会断言：

> 能够在高层（以有利或不利的方式）"吸引住首相的眼球"现在可能比过去更为重要，从这一方面来说，任命程序变得更加个性化。我们工作组获得的证据表明，个人接触和印象在职务晋升决策中起作用……然而，我们并不相信这些任命和晋升是基于候选人对特定意识形态或者目标的支持或者信奉。

> （RIPA 1987：43）

91

随着时间的推移，我们更难以乐观自信地坚持认为职务任命是"个性化的而非政治化的"。威廉·普洛登（William Plowden 1994：100-9）认为"经常说但是的人"会在职务晋升中败北而且政府得不到其所需要的建议。重心已经发生了关键性的变化：从强调对政策制定的咨询建言转变为强调对政策怎样才能得以执行的咨询建言。这些问题因大臣们不注意听取咨询建议以及一种无法使每一个倡议都受到重视的政策动议率而变得更加严重。例如，《卫报》（*The Guardian*）（1993 年 11 月 11 日）声称内政部的一帮助理和副秘书致信他们的常务秘书，抱怨内政大臣迈克尔·霍华德（Michael Howard）一直无视他们的咨询建议。虽然这位常务秘书随即否认了这则报道，但是这则报道却是人们经常提到的一种潜在不满的征兆显现。虽然高级别的公务员中还没有出现明显的党派政治化，但是我们却已经失去了"制度怀疑论"（Hugon Young，转引自 Plowden 1994：104；也可参见 Campbell and Wilson 1995：59-61 以及 64-5；kemp 1994：594-5）。

最后，政治化对白厅以外的众多部门产生了影响。政府在一些被（错误地）称为半官方机构或被更形象地描述为"新地方官"的组织中任命了许多职位（Stewart 1993：5）。韦尔和霍尔（Well and Hall 1994）识别出了 5 521 个半官方机构，大臣们在其中任命了大约 7 万个职位，这些职位负责的是以往由公务员或者经选举产生的地方当局机构［例如，学校资助管理处（the Funding Agency for Schools）］所行使的职能。在廉洁的公务员之乡，官员的恩赐现在很流行并且在过去的十年里长盛不衰。

## 扩大规制与审计

随着国家的边界在 20 世纪 80 年代被重新划定，英国政府力图加强其对政府机构及其政策与执行的规制和审计能力。政府运用规制取代所有，因此对私人部门垄断的监督成倍增长。"审计爆炸"指的是具有相关质量保证机制的各种管理和财务审计与评估形式。它还指"一种取代信任和聚焦于量化控制、外部控制、事后控制和专家控制的独特的行政控制精神"（Power 1994：8-9）。

英国政府中至少有 32 个主要的规制机构，涵盖以下这样的政策领域：国家审计、住房、博彩、教育、城市与金融、新闻广播、就业、歧视、环境以及民用航空。最近增加的机构包括：广播标准委员会，其预算 40 万英镑，有 14 名工作人员；电信办公室，其预算 450 万英镑，工作人员有 120 人；国家河流管理局，其预算 3 000 万英镑，工作人员达 6 500 人。然而，尽管规制性国家已经建立，但是政府并不知道用它来干什么。赖特（Wright 1993：255-8）识别了一些具体的问题。他认为，数量不断增长的代理机构之间出现了规制的分化，规制者之间有竞争，社会目标与经济目标之间有冲突，问责被轻视，代理机构之间有溢出效应而且国家规制体系与国际规制体系之间不匹配。

英国这个规制性国家还利用其各种表现形式的审计和评估对绩效进行监控。在这项简短的调查中有四个趋势值得强调①。第一，"管理主义"改变了英国政府现行的督察机构，用"理性主义的管理"取代"由职业价值观和需求所引导的政策"，其目的在于实现经济和效率（Henkel 1991：230）。第二，管理顾问在对政府的评估和咨询中起着非常重要的作用，这样做取代了部门内部的评估和诸如皇家委员会（Royal Commissions）这样的以前受到推崇的机制。效率处（the Efficiency Unit）估计，政府用于管理顾问的支出在 1985 至 1990 年增长了 4 倍，在 20 世纪 90 年代初稳定下来，并且在 1993 至 1994 年实际增长 4%（Efficiency Unit 1994：46-7）。第三，国家审计机构进行了改组并且"在许多不同的领域出现了'审计爆炸'：医疗、科学、教育、技术、环境、知识产权，这些只是列举的一小部分领域"（Power 1994：47）。1984 年的《国家审计法案》（the National Audit Act，1984）创立了国家审计办公室（the National Audit Office），由其负责审计中央政府部门，但是其职权范围扩大到包括"3Es"。1982 年的《地方政府财政法案》（The Local Government Finance Act，1982）创立了审计署（the Audit Commission），由其任命地方当局的审计官员，其授权的调查范围也超出了财务调查，扩大到包含经济效益和"3Es"。第四，绩效指标已经变得很常见。这种方法起初是作为一种提高管理效率的方法被提出来的，但是它后来扩大到使服务对其消费者公开透明。例如，服务是《公民宪章》的核心内容（可参见 Carter 1991）。

严格的财务氛围见证了财政部变得更加强大。政府通过对预算和财务管理实施一些变革来加强其对总支出的控制，同时也在表面上增加了财政授权（可参见 Thain and Wright 1995）。坎贝尔（Campbell 1994：2）认为，"预算的自动化"以及利用"因财政紧缩而变得毫无意义的财务自行裁量权"去"贿赂"政府部门是重塑政府的显著特征（也可参见 Campbell and Wilson 1995：235-41）。财务控制与管理变革并行。所有部门现在都在引进权责发生制会计（Cm 2626 1994），用某个政府机构行政首长的话来说就是，这样"可能会引起剧变而收效甚微"（Price Waterhouse 1994：16。也可参见 Kemp 1994：592；*Public Administration*，Winter 1995）。

**93**

## 管理与结构改革

撒切尔政府对浪费深恶痛绝，但现实中有很多关于公共部门铺张浪费的报道。这样的报道包括：陆军基地的草坪修剪得太短、太频繁；仓库在没有工作人员的时候仍然在供暖；培育实验用的老鼠要消费 30 英镑，而实际上只需花 2 英镑就可以购买到；床垫在德国当地已有供应却还依赖进口（可参见 Chapman 1978；Hen-

---

① 1979 年，下议院引进一些部门相关特别委员会来监控和评估主要政府部门的支出、行政和政策。各学者对于特别委员会的成效有不同的看法。诺顿（Norton 1991a：75）认为，特别委员会是"本世纪以来最重大的议会改革"，而且它们是"政府重要的监督员"；而贾奇（Judge 1993：215）则认为，特别委员会的"影响是有限的"。当然，对公务员在特别委员会面前抛头露面的管理规则肯定是限制性的（可参见 Civil Service Department 1980），尽管这些规则在 1994 年 12 月进行了修改（可参见 Cabinet Office 1994d）。

nessy 1989）。尽管这样的报道往往是为了调侃，而且根本就不仅限于公共部门，但是它们还是很重要，因为它们帮助推进了公共管理的改革，即通常所谓的"新公共管理"。在英国，新公共管理有两个分离的不同组成部分：管理主义和新制度经济学（Hood 1991：5）。

管理主义是指在公共部门中引入私人部门的管理。它强调的是：亲力亲为的职业管理，明确的绩效标准和测评手段，根据结果进行管理，经济效益，以及最近提出的贴近顾客。它常常被称为"3Es"，即经济、效率和效益。新制度经济学指的是将激励结构（例如市场竞争）引入公共服务供给。它强调对官僚体制的分解，强调通过合同外包和准市场加剧竞争性，强调顾客选择（关于更为详细的探讨，可参见 Hood 1991；Pollitt 1993）。在 1988 年之前，管理主义在英国占据主导地位。而在 1988 年以后，新制度经济学的理念成为创新的主要来源，并且是产生管理改革问题的主要根源。

1. 管理主义：对财务管理创新（the Financial Management Initiative，FMI）的审查

1979 年 5 月，玛格丽特·撒切尔委派玛莎百货（Marks & Spencer）的总经理德里克·雷纳爵士（Sir Derek Rayner）去领导一场效率改进运动。他的效率审查目的在于"行动，而不是研究"：

> （1）为了节约或者提高效益以及为了质疑经常被认为是理所当然的各方面工作而考察特定的政策、活动或者职能；（2）对所识别的任何问题提出解决方案；（3）在审查开始后的一年之内实施或开始实施业已达成共识的解决方案。
>
> （The Scrutiny Programme：A Note of Guidance by Sir Derek Rayner
> 转引自 Hennessy 1989：596）

虽然关于节约的评估多种多样，但是亨尼西（Hennessy 1989：598）却认为，到雷纳重返玛莎百货的 1982 年 12 月，所开展的 130 项审查已经在一年内节省了 1.7 亿（170 million）英镑和 1.6 万个工作岗位，而且到 1988 年，所开展的大约 300 项审查已经节省了超过 10 亿英镑。

当"雷纳的突击队"彻查白厅（英国政府）厉行节约的情况时，他们在环境部（DoE）拜访了国务大臣迈克尔·赫塞尔廷（Michael Heseltine）。不寻常的是，对于一位大臣来说，他反倒关心起政府机器的管理和重新设计了。当迈克尔·赫塞尔廷初到环境部时，他无法分辨人员的责任分工，于是，他于 1979 年将大臣的信息需求作为一个雷纳审查项目进行研究。他的管理革命就是大臣管理信息系统（MINIS），该系统可以为大臣们提供关于本部门活动的系统信息（可参见 Likierman 1982）。克里斯托弗·朱伯特（Christopher Joubert）于 1981 年进行的另一项雷纳审查将环境部划分为 120 个成本中心。每个中心具有一个年度预算和一个信息系统，它们会告诉管理者每一个中心的运行状况。由于迈克尔·赫塞尔廷非常喜欢他的新系统，他向内阁展示了 MINIS 的优点。虽然内阁的反应并不热烈，但是赫

塞尔廷却获得了首相和财政部的支持，因此这场管理革命不会被否定。通过财政部及其对改善财务授权的偏好和对管理信息的财务控制，审查变成了罗宾·伊布斯爵士领导下的效率处（the Efficiency Unit），MINIS 则变成了财务管理创新。

财务管理创新于 1982 年 5 月开始，其目标在于：

> 在每一个部门都推广这样一种组织和系统，其中，各级管理者都：
> （1）对其目标以及评价尤其是尽可能测量与这些目标相关的产出或绩效的手段具有明确的看法；
> （2）具有充分利用其资源的明确责任，包括对产出与经济效益进行批评性审查；
> （3）具有有效履行责任所需要的信息（尤其是关于成本的信息）、培训以及听取专家建议的机会。
>
> （Cmnd 8616 1982：para. 13）

安德鲁·格雷等人（Andrew Gray *et al*. 1991：56-8）认为，虽然财务管理创新可以使公务员的成本意识制度化，但是其实施却参差不齐，之所以会这样，其原因在于部门的任务和环境各不相同。中低管理层只是有条件地支持这个新系统，因为它们不得不将其管理的新"特权"与集权的财政部控制结合起来。财务管理创新要成功实施，还需要有强有力的政治支持，但是，用弗兰克·库珀爵士（Sir Frank Coper）的犀利语言来说就是，"我认为，把大臣当作管理者就是胡闹。大臣不具有利益相关性。这并非大臣惯用伎俩的一部分"（转引自 Hennessy 1989：609）。同样，财务管理创新还需要有常务秘书的强有力领导，这些常务秘书之所以能够晋升到最高层，不是因为他们的管理技能，而是因为他们的政策技能。简言之，有所变革，但是变化不大，而且这种变革取决于财务管理创新是否成为实现政治目的的一种有效手段（另参见 Zifcak 1994；以及 Gray *et al*. 1991）。

95 效率处（1988）关于财务管理创新成果的报告，俗称《下一步行动方案》（The Next Steps），证实了这种悲观主义的评价。该报告始于 1986 年秋季，完成于 1987 年 5 月，但是一直推迟到 1988 年 2 月才公布，之所以会这样，其原因在于，大选在即，它的结论可能会令人难堪。该报告认为，管理改革只是表面的，建议引入代理机构来履行政府的行政职能并实现真正的财务变革和管理变革。我们即将进入一个代理机构的时代，而且，在小心谨慎地起步之后，我们即将进入一个重塑英国公共行政的时代。

2. 新制度经济学

行政改革的第二波浪潮更加激进。虽然《富尔顿报告》（the Fulton Report）（Cmnd 3638 1968）因其建议脱离国家工作阵营而预见到代理机构的出现，但是下一波改革却明显是从新制度经济学中汲取思想观念的。它不仅强调官僚体制的分化（或代理机构化），而且还强调竞争和利用市场机制（最显著的是购买者-供给者的分离和市场检验），并且强调改进服务质量（尤其是通过公民宪章和对用户的回应来改进服务质量)。

# 代理机构化

制度改革是重塑英国公共行政的一个持久特征。玛格丽特·撒切尔进行了许多制度变革。只列举那些与行政部门改革直接相关的变革，她于 1981 年撤销了文官部 (the Civil Service Department)，将其职能在财政部和内阁办公室之间进行重新分配，并且在内阁办公室成立了管理与人事办公室 (the Management and Personnel Office, MPO)。撒切尔于 1983 年撤销了中央政策审查工作组，并于同年成立了效率处，而且引入了代理机构。约翰·梅杰加快了引入代理机构的步伐并且于 1992 年 5 月用扩大的公共服务与科学办公室 (Office of Public Service and Science, OPSS) 取代管理与人事办公室，成为内阁办公室的组成部分。随着迈克尔·赫塞尔廷被任命为副首相，公共服务与科学办公室变成了公共服务办公室 (the Office of Public Service)，它发展扩大到包含 15 个白厅的单位，其中包括涉及行政机构、《公民宪章》、效率、竞争以及放松规制的单位 (Independent 10 July 1996)。总之，虽然政府总是利用结构改革为其管理变革提供支持，但是这种做法直到 20 世纪 90 年代才随着中央部门的大规模代理机构化而成为管理变革的显著特征。

《下一步行动方案》的核心理念就是代理机构化，或者说是创立负责运行管理的半自治性代理机构。其核心概念是"远离"中央部门，以便有管理的自由权 (Davies and Willman 1991：16)。这是将政策与行政分离的公共行政中的经典学说。到 1995 年 12 月，已有 109 个代理机构雇用了 67％的公务员 (Cm 3164 1996：iii)。每一个代理机构都有一个安排其目标和绩效目标的框架性文件。该代理机构的行政首长不是常任的公务员，而是合同制的雇员，而且他们大多数是通过公开竞聘而被任命的。他或她个人要就代理机构的绩效对大臣负责，而大臣仍然要就政策对议会负责。现在代理机构涵盖了各种各样的组织群体，它们正日益形成自己的工作方式。

在设立一个代理机构之前，有四个问题必须予以回答。

(1) 这项工作 (例如，削减支出) 真的需要做吗?

(2) 政府必须就此 (例如，民营化) 负责吗?

(3) 政府必须自己去完成这项任务 (例如，市场检验) 吗?

(4) 这个组织结构合理并且聚焦于要完成的工作 (例如，代理机构化) 吗?

这些问题被称为"优先选择"测试，它们还意味着某个现存的代理机构仍然可以被民营化 (参见 Cm 2627 1994：15；以及 Cabinet Office 1994a：12 and 13)，因为这些代理机构每 5 年就要接受审查。起初，这些代理机构只是民营化的替代品，而不是正在采取的一个步骤 (参见 Margaret Thatcher's Writhen answer in HC Deb. 24

October 1988：col. 14）。

实际上，现在有两种行政部门：政策制定的核心部门和行政代理机构（Cabi-net Office 1994a：7；TCSC 1993 HC 390-I：viii-ix）。英国的公务员制度从来就没有统一过，它始终具有联邦的特质，不过政策与执行之间的区别比以前更加明显，而且职业更不寻常。其实，《特罗莎报告》（Trosa Report）（《下一步行动方案》）评论说，"继续推行'两类人'这种做法是不明智的"，该报告建议弥合代理机构与主管部门之间的"文化隔阂"。

有证据表明这些代理机构是成功的。比尔·詹金斯（Bill Jenkins 1993：92-3）认为，《下一步行动方案》"作为一种管理创新已经取得了成功"，它改变了组织文化，并且"真正改进了服务供给"。与此一脉相承，伊恩·科尔维尔等人（Ian Colville *et al*. 1993：562）以类似的语气指出，"局外人……低估了正在发生的变革程度"，"它的影响……需要时间去充分发挥"。显而易见，代理机构仍然以自己的方式在该系统中充分发挥作用，但是有证据表明它们正在发挥着形成性作用。格里尔（Greer 1994）关于社会保障领域代理机构的研究是迄今为止最为透彻的评价，她断言："至今可获得数据的缺点使人们无法肯定地说《下一步行动方案》是否已经提高了效率和服务质量，也无法肯定地说工作人员是否现在就比以往更加快乐"（Greer 1994：133）。尽管结果"充满希望"——例如，代理机构的大部分目标都得以实现——但是《下一步行动方案》最好被描述为一种"渐进性革命"（同上：132）。此外，"市场检验"甚至也对这种势头提出了挑战。

## 市场检验

《为质量而竞争》（*Competing for Quality*）白皮书（Cm 1730 1991）引入了 97 "市场检验"或者"与外部供给者竞争，以便根据最好的长期经济效益来确定谁是可以提供某一特定服务的最佳人选"。在早期阶段，市场检验意味着要识别出代理机构对外竞标的工作板块。它是一种将代理机构直接提供服务的成本与私人部门提供服务的成本进行比较的方式。该白皮书确立了一个雄心勃勃的目标，计划要在一年半内对价值 15 亿英镑的活动进行审查，该计划于 1993 年 9 月结束，但是最后未能实现目标（可参见 Oughton 1994；TCSC 1994 HC 27-Ⅰ：159-64，以及 paras 1942—1987）。更为重要的是，市场检验与代理机构化存在冲突；或者换言之，新制度经济学与管理主义之间存在冲突。代理机构的行政首长认为主要问题在于：

> 目标看起来不是要达到改善现状的结果，而更多的是要尽可能多并且尽可能快地进行市场检验，几乎就把市场检验本身作为目的，而没有顾及代理机构的未来。
>
> （Chief Executive，转引自 Cabinet Office 1994a：12）

坎贝尔和威尔逊（Campbell and Wilson 1995：243）宣称他们的受访者把市场检验看作一种"对信任的背叛"。工作人员现在感到很不稳定，感觉受到威胁，感

到一无所获 (Price Waterhouse 1994：3)。财政部与文官委员会 (TCSC 1994 HC 27-Ⅰ：para. 195) 认为，市场检验项目"并没有得到政府的有效实施"，并且需要"减少中央层面的监督"。最为重要的是，市场检验被视为重申中央的控制，尤其是财政部的控制。《为质量而竞争》是一份财政部的文件，而且乔丹 (Jordan 1994：32) 认为："如果机构代理研究途径的拥护者与市场检验者之间争夺地盘的话，那么这场战斗的趋势看起来似乎有利于市场检验者。"

## 《公民宪章》

《公民宪章》白皮书 (Cm 1599 1991) 是约翰·梅杰首相的"高见"。其核心目标是提高公共服务的质量和产出更好的经济效益。《公民宪章》包括六项原则，即公布明确的标准、全面准确的服务运行信息、为服务使用者提供选择、礼貌且有益的服务、有效的纠正办法，以及高效经济的服务供给，其中的许多原则都根据更高的标准进行了修改 (Cm 2540 1994)。罗宾·巴特勒爵士 (Sir Robin Butler 1993：402) 将《公民宪章》描述为"产出测量运动的成就"。现在是消费者的利益主导生产者的利益："人民的权力"。这样的评价有点儿为时过早。克里斯托弗·波利特 (Christopher Pollitt 1993：187) 的描述更为贴切，他认为："与其说是一个为公民授权的宪章，倒不如说是带有人情味儿的管理主义"（关于早期的其他评估，可参见 Doern 1993；Bynoe 1996）。

管理主义给我们带来了"3Es"。而新制度经济学则为一种诡异的新三件套——代理机构、合同和宪章——提供了知识基础。两者结合在一起，共同为英国行政改革设定一种引人注目的议程。

## 公共部门民主化 <sub>98</sub>

赖特 (Wright 1994：115) 使用"公共部门民主化"这个短语来指称通过公共咨询的协商、机会均等、决策的分权化以及共同决定。在英国，尽管"公共部门民主化"这个标签对于已经发生的变革来说过于浮夸，但是在机会均等和"开放的政府"等方面已经有所创新，

在罗宾·巴特勒爵士 (Sir Robin Butler 1993：406) 看来，机会均等是 20 世纪 90 年代行政部门所面临的挑战之一。为了行政部门能够揽到最佳人才而做一个好"老板"正是行政部门的自身利益。内阁办公室制定了《行政部门女性机会均等行动计划》(*Equal Opportunities for Women in the Civil Service*：*Programme of Action*，1984) 和《少数族裔出身人员实现机会均等行动计划》(*Programme of Action to Achieve Equality of Opportunity for People of Ethnic Minority Origin*，1990)。这些文件都证明了行政部门致力于并且非常乐于成为机会均等的"老板"。虽然不同部门之间仍然存在很大差异，但是大多数批评者都承认 20 世纪 80 年代有显著的进步 (Watson 1992：56)。

在开放的政府这个方面也取得了重大改进。1989 年的《官方机密法案》(the Official Secrets Act) 没有以往那么多限制。1911 年的《官方机密法案》的第二节便是英国政府过度保密的一种象征。现在，刑事责任仅限于特定类型的信息，而且这种信息的泄露必然造成损害。这些信息类型包括国防与国家安全、国际关系、执法与立法程序、商业机密以及保密信息。多数信息披露都不再受到起诉。这种改进在《开放的政府》(*Open Government*) 白皮书 (Cm 2290 1993) 中得到了延续，《开放的政府》白皮书采用了"仅在有正当理由这样做的情况下限制信息获取机会"(同上：2) 的政策，《开放的政府》白皮书还识别出政府应当主动提供和公布的信息。从 1994 年 4 月 1 日开始，政府实施了一个受议会行政专员监督的《实践准则》(*Code of Practice*) (Cabinet Office 1994b)。《实践准则》也不可避免地会存在一些例外情况。这种例外情况包括诸如国防、安全和国际关系这样一些显而易见的信息类型，还包括诸如内部讨论和咨询建议这样一些更具争议的信息类型。此外，各部门会只释放信息，而未必会公开文件。最后，还有一些改进信息公开的具体变化。例如，政府发布了《大臣的程序问题》(*Questions of Procedure for Ministers*) (Cabinet Office 1992)，阐明了管理大臣行为的规则以及大臣内阁委员会及其分委员会的称谓与成员资格。它还接受了诺兰 (Nolan) 委员会的大臣行为准则 (Cm 2850 1995；Cm 2931 1995)，包括"大量的微调……以便稍作调整就可以适应行政的便利"(Hennessy 1995：194)。尽管谁都不会宣称英国政府悠久的保密传统会在一夜之间被颠覆，但是这种"暗中制宪"(Hennessy 1995：199) 的做法却值得关注。

## 99 文化转变

公务员现在有望成为管理者，成为"3Es"方面的专家。英国政府的"白厅文化"强调政策建议，强调"经验老手"，并且强调对其部门的忠诚。这种文化轻视管理，把管理当作一个与政策制定相分离的行政过程。20 世纪 80 年代的管理主义改革之所以没有对这种文化提出挑战，其原因在于这些改革是基于一种狭义的管理理念。虽然 1979—1988 年是管理主义的鼎盛时期，但是采用私人部门的管理技巧仍然是政府改革计划的重要组成部分。然而，强调的重心却发生了重大转变。改变白厅的文化已经成为持续改革倡导者的战斗口号，借用当时的言辞表述就是，寻求"企业家政府"的行动已经开始。

公务员局局长 (Head of the Civil Service) 罗宾·巴特勒爵士强调"公共服务作为一个整体需要保持一定程度的凝聚力"，并且需要"保存一支非政治性公务员队伍，他们对于推进我们的体系运行的基本价值观和伦理规范具有某种共识"(Butler 1993：404)。需要保留的核心价值观包括"一种公正的非政治性公共服务及其正当、非政治化以及根据功绩选拔和晋升的传统"(Butler 1992：8)。这位公务员局局长之所以会讨论这些问题，其原因在于"职业"公务员面临一些挑战。

公开竞聘不再局限于少数职位，而是覆盖了所有的高级公务员职位 (Cm 2748 1995)。行政首长职务的任命要出公告，并且要对私人部门的申请者开放。随着招聘与评估服务署 (the Recruitment and Assessment Services Agency) 的成立以及公务员委员会 (the Civil Service Commission) 职责的减少，各部门现在要负责 95% 的招聘工作并且只受到 "轻巧的" (light-handed) 监控。《公务员制度：连续性与变革》(*The Civil Service ：continuity and change*) 白皮书 (Cm 2627 1994) 开放了对高级公务员职位的竞聘 (另参见 Efficiency Unit 1993)。所有 (五级及五级以上的) 高级公务员未来都将要签订聘用合同。大多数高级公务员的任命仍然需要首相的批准，而且任何一项外部的任命也都必须符合公务员委员会的要求。高级公务员任命选拔委员会的成员现在要包括一个圈外人，并且至少要有一名女性。现在的关键问题涉及公开竞聘的范围、外部任命的数量以及这样的圈外人对公务员制度的影响。开放高级公务员职位已经迈出了第一步，而且关于 "官职" 未来作用的争论也愈演愈烈。

肯普 (Kemp 1994：595-7) 主张削减职位数、废除聘用最高级官员的 "快车道" 方法，例如，建议首相通过让选拔委员会发挥作用的方式更加开放高级官员的任命，更加坚信高级职位的公开竞聘，以及进一步明确高级公务员的工作职责。财政及文官委员会 (1994 HC 27- I ：para. 210-11) 要求将这种代理研究途径延展到政策工作中并且要求对这样的工作进行审计。政府的回应很谨慎小心。政府仍然 *100* "很积极地" 将《下一步行动方案》的原则应用于政策工作，它指出各部门已经对其政策进行了评估。尽管副首相迈克尔·赫塞尔廷在一次总结公务员制度改革的讲话中做出了更多同样的承诺 (Heseltine 1996)，但是政府却没有提出任何变革的建议 (Cm 2748：34-5)。

## 5.3　国家空心化：变革及其问题

在第 1 章和第 3 章中，我使用 "国家空心化" 这个短语来说明英国政府正在遭受侵蚀或者被慢慢蚕食掉。这个术语很有争议，而且我想要探讨的是造成国家空心化的那些过程，而不是想要表明空心国家的时代已经到来。我将试图表明国家空心化是一种有启示作用的表达方式，它有助于我们厘清英国的公共行政正在发生什么。多数重大的变革发生在 1988 年或者 1988 年之后。对这些变革的成功或失败做出确定性评价还为时尚早。无疑，虽然我尽可能地利用与评价意见截然不同的有限证据，但是本小节却具有推测性。毋庸置疑，1988 年以后，政府的改革有可能会使公务员制度发生深远的变化。正如财政及文官委员会 (1993 和 1994) 所发现的那样，改革导致了许多问题，其中包括《下一步行动方案》对大臣问责可能引发的后果、市场检验对公务员制度的影响、谁来管理以及谁提供政策建议、行为的标准以及一党统治的影响。在讨论改革及其后果之前，本小节将以 "碎片化"、"掌舵"、"问责制"、"灾难" 以及 "3Cs"——行为、伦理准则和文化为题来讨论上述那些变革的范围和影响（也可参见 Foster and Plowden 1996）。

## 碎片化

　　这个新体系最明显的结果就是制度的碎片化。通常，公共服务是通过地方政府、专门机构、志愿者部门以及私人部门联合提供的。因此，服务供给依赖于相关联的组织。政策执行之所以变得更加困难，其原因在于政策必须同越来越多的组织进行协商（例如，可参见 Marsh and Rhodes 1992b）。组织的相互依赖普遍存在，而且政府面临着要为几个不同组织掌舵这个越来越难的任务。瑞典利用代理机构的经验表明，碎片化会导致独立性。富奇和古斯塔夫森（Fudge and Gustafsson 1989：33）描述了瑞典的代理机构是如何形成不同于中央政府的文化进而导致沟通问题的，并且描述了代理机构不愿意接受中央政府指导的情形。

## 掌舵

　　比尔·詹金斯（Bill Jenkins 1993：94）认为，政府并没有利用其他的变革来增强战略能力。代理机构运行在一种"政策真空"之中，而且掌舵是"通过一个危机管理和责任规避的体系"进行的。瑞典确实出现了这些问题，富奇和古斯塔夫森（Fudge and Gustafsson 1989：33）描述了中央部门与代理机构之间缺乏协调以及角色混淆的问题。鉴于《下一步行动方案》的代理机构将会发展到近乎要垄断其政策领域，鉴于政策常常来自无数细小的决策，因此代理机构很可能会与政府部门出现主次颠倒的情况。英国的中央政府部门常常会通过战略规划试验来对付这种对中央政府能力的侵蚀。罗宾·巴特勒爵士（Sir Robin Butler 1993：404）也表达了这些同样的担忧，他写道：

　　　　至关重要的是，各个政府部门及其代理机构在整个公共部门中还没有真正成为完全不同的无关联要素……**没有真正发挥作用的政策协调机制。**

　　来自代理机构的观点则有所不同。它们不太关心部门间的横向联系，而是更多地关心它们与核心部门的联系。然而，还有一些持续存在的问题。行政首长从一开始就抱怨中央的控制，抱怨决策责任不明晰（Price Waterhouse 1991）。弗雷泽（Frazer）和特罗莎（Trosa）的报告都提到对来自主管部门和中央部门尤其是财政部的管理中事无巨细的干预"很不满"（Cabinet Office 1991：20；以及 1994a：29；TCSC 1994 HC 27－Ⅰ：paras 157-62）。代理机构的行政首长们仍然宣称他们不得不提防来自政府部门的干预（Price Waterhouse 1994：8；也可参见 Massey 1995：8-9）。而残酷的现实却是"我是一名公务员，我不能说不"（Chief Executive 转引自 Cabinet Office 1994a：31）。主管部门还没有适应新的情况，它们仍然在财务和人事方面管得过细（Cabinet Office 1994a：32，34 and 42）。

# 问责

碎片化削弱了问责，因为极其复杂的制度使得问责主体、问责对象以及问责的目的都变得模糊不清。被指派的专门机构成倍增长，它们取代中央政府部门和由选举产生的地方议会负责提供一些服务。最为重要的是，政府把消费者回应与政治问责混为一谈。虽然诸如《公民宪章》（Cm 1599 1991）以及《政府信息获取行为准则》（*Code of Practice on Access to Government Information*）（Cabinet Office 1994b）这样的创新所面对的回应性服务供给很受欢迎，但是它们是对政治问责的补充，而不是取代，因为消费者没有权力责成一个政府代理机构做出解释。随着代理机构的出现，这种问责"漏洞"变得越来越大，因为没有任何新的制度安排被用来保护关于大臣责任的宪法公约。沃尔德格雷夫（Waldegrave 1993：20）试图通过区分"可以授权的责任与部长不可推卸的问责"来为这种不作为进行辩护①。根据这个观点，代理机构和其他改革明确了责任，但是却遗漏了"要对其最终决定的政策正确负责的大臣"。总之，英国政府的政治问责明显减少了。这是一个重大问题。它不仅仅局限于代理机构，而且其危害因英国政府不承认存在问题而变得更加严重。

多数关注聚焦于代理机构以及关于大臣个体责任的宪法公约，这种宪法公约规定大臣要为其部门的所有行为向议会负责。为了保持大臣责任的完整性，英国政府对政策与管理做了区分。（管理的）责任可以授权给代理机构的行政首长。（政策的）问责对象仍然是大臣。但是，这种区分取决于对政策与管理的明确界定以及对大臣、高级公务员和行政首长各自角色和责任的明确界定。这些界定并不存在：

> 正确的问责安排之所以不明显，其原因在于我们并非总是可以将政策问题与管理问题明确地分开，而且有些行政首长尤其是来自私人部门的行政首长很清楚他们处于一个自认为很不安全的位置。

> （Cabinet Office 1994a：24）

政府认为改革是在没有破坏大臣问责制这一重要宪法原则的情况下增强了政府的"透明度"（Cm 2627 1994：16；以及 Massey 1995：25）。财政及文官委员会（1994 HC 27-I：132）拒斥政府对责任与问责的区分，它们特别提到这种责任分配往往是不明确的。还有一些批评者的批评意见更为尖锐，他们反对政府的观点，认为这些观点"肤浅而自满"（Plowden 1994：127；也可参见 Davies and Willman 1991：24-32；Stewart's 1993 critique of Waldegrave 1993）。正如格兰特·乔丹所指出的那样：

*102*

---

① 也可参见 the Cabinet Office memorandum to the TCSC 1994 HC 27-II：188-91，它记录的诡辩遁词冗长，令人费解。确实我们在此有了一种新的神学。

的确存在一种故意的或者意外的歧义。我们听说大臣问责制仍然存在。但实际上现在是行政首长**对**大臣负责，而不是现在正在**试验**的大臣对下议院负责；这两种问责是不同的。

(Jordan 1992：13；也可参见 Greer 1994：Chapter 6；以及 Bogdanor 1993)

这种歧义的确很重要。理论上说，行政首长负责政策执行，但是"80%的行政首长……却要求有一种政策输入，尽管《下一步行动方案》强调行政首长的作用在于提供服务而非制定政策"(Price Waterhouse 1994：7-8)。例如，"监狱服务管理处的行政首长是政府在监狱政策方面的主要顾问"(Plowden 1994：128)。当前的制度安排使大臣可能会在政策运行良好时邀功，而在出问题时指责行政首长；"政策与管理分离有利于处在政策一方的人，而不利于管理者"(Davies and Willman 1991：34)。这样的例子有很多。政府关于为缺失父亲的儿童抚养提供经济支持的政策并不受欢迎，这在某种程度上也许可以解释罗斯·赫普尔怀特(Ros Hepplewhite)为什么辞去儿童抚养院(the Child Support Agency)行政首长一职。内政大臣迈克尔·霍华德解雇了监狱服务管理处的行政首长德里克·刘易斯(Derek Lewis)，因为刘易斯强烈抱怨内政部广泛干预监狱服务管理处的运行问题，他声称霍华德"给'运行'这个词创造了一个意指'困难'的新定义"(也可参见 Lewis 1996)。他评论说，霍华德试图"利用对政策与运行的区分，这只不过是一块小得很不得体的政治遮羞布"(转引自 Barker 1996：19)。刘易斯因为非法解雇而提起诉讼。尽管内政部按照合同支付了赔偿金，但是它却不承认刘易斯是被非法解雇的。总之，政策与运行之间没有明确的分界线，进而通过帮助大臣避责而削弱了大臣对议会负有的责任。

议会并没有抓住《下一步行动方案》所创造的机遇去改进其对政府部门的审查。吉丁斯(Giddings 1995：226)认为，《下一步行动方案》中的议会审查"充其量是碎片化和不连贯的"。有一种对《下一步行动方案》的激进解释预言了议会与代理机构之间的直接联系。一个代理机构的行政首长通常但并非总是负有责任的官员。他或她会面对选拔委员会回答奥斯马瑟里规则(Osmotherly rules)*之内的问题，这些规则将公务员和行政首长的谈话内容限制在事实问题范围内，进而不讨论给大臣提供政策或建议的价值。遗憾的是，这些"创新"并不意味着代理机构与议会之间有一种直接的联系。派珀(Pyper 1995：30)认为，在接下来的十年里，我们要么会出现一种方便"推卸责任"的"问责漏洞"，要么会出现一种走向改善问责制的"缓慢步伐"。现在我们已经有了朝着一种未知的方向迈进的渐进式变革。

## 灾难

按照胡德和杰克逊(Hood and Jackson 1991：16-24)的观点，"政府制造社

---

\* 奥斯马瑟里规则是公务员向议会选拔委员会提供证据的指南。它们因 1980 年利用该规则第一版的公务员奥斯马瑟里(E. B. C. Osmotherly)而得此名。——译者注

会灾难的能力大大增强了"。比如，他们认为，新公共管理将政府组织拆分为分离的单位，进而给这些单位之间的沟通制造了障碍并且制造了歪曲信息和隐瞒信息的诱因。对企业不干预和放松规制助长了规制的不严格执行。通过签订合同聘用行政官员导致官僚经验的缺失。公共账目委员会（Public Accounts Committee 1994）有许多这样的例子。例如，不动产服务管理处（the Property Services Agency，PSA）应当就其为所有部门所做的工作而给这些部门开具发票。不动产服务管理处的财务系统崩溃了，不动产服务管理处未能收回 6 560 万（65.6 million）英镑。温莎地区卫生局（Wessex Regional Health Authority）在地方信息系统上至少浪费了 2 000 万英镑。它们还使用了一名 IBM 公司临时调派的雇员，该雇员建议它们在未经竞标的情况下购买 IBM 的电脑，这导致实际开销比应付费用超出了 50 万~100 万英镑。胡德和杰克逊（Hood and Jackson 1991b）认为，*104* 新公共管理含有"一直都与社会产生的灾难相关联的一些组织成分"，而且"新公共管理也可能会是一场将要发生的灾难"（也可参见 Bovens and 'tHart 1996）。

## 行为、伦理准则和文化

管理主义和"经济、效率以及效益"是对英国政府白厅（Whitehall）文化的一种挑战。"3Cs"是指称削弱传统公务员价值观的一种缩略语。它指的是行为、伦理准则和文化。

随着官员恩赐（patronage）的蔓延和政府长时间待在办公室，人们对英国政府中的**行为**标准——亦称"乌烟瘴气"——越来越担忧。虽然大臣们卷入的性丑闻和财务丑闻很荒唐可笑，但是较之其他形式的"不得体"，这些丑闻也许就不那么重要了。

（1）大臣误导议会—— 例如，国防大臣迈克尔·赫塞尔廷与贝尔格拉诺将军号巡洋舰（the *Belgrano*）被击沉（Ponting 1985）。

（2）利用公务员从事"不得体的"政党政治工作——例如，支付诺曼·拉蒙特（Norman Lamont）（财政部大法官）诉讼费以驱逐"挥鞭小姐"\*（Miss Whiplash）（Plowden 1994：109），奉政府之命"隐瞒事实真相"，各部门编造它们在市场检验中的进展结果（Greenaway 1995）。

（3）公共生活的标准下降（Cm 2850 1995）。

（4）公共资金的浪费——例如，下议院公共账目委员会对财务不称职的起诉（Public Accounts Committee 1994：Annex 2）。

（5）滥用职权——例如，向伊拉克出售武器（Norton-Taylor 1995；Scott Report 1996）。

---

　　\*"挥鞭小姐"是指林迪·圣克莱尔（Lindi st Clair），妓女维权运动领袖。——译者注

累积效应已经导致：

> 保守党的大臣们与许多官员之间失去相互信任和相互尊重。这种情况竟然已经发展到这样的地步：如果政府不进行某种变革的话，我们就很难看到怎样才能重新建立起一种有效的工作关系。

(Plowden 1994：139)

因此，人们越来越关注**伦理准则**。大臣与公务员之间的关系被贬低了，至少最低限度地被贬低了。《大臣的程序问题》（Cabinet Office 1992：para. 55）规定，大臣"有义务"听取公务员的建议。在克莱夫·庞廷（Clive Ponting）向议会泄露贝尔格拉诺将军号被击沉的消息这一行为被宣告无罪之后不久，罗伯特·阿姆斯特朗爵士（Sir Robert Armstrong）发表了《公务员与大臣关系中的义务与责任：公务员局局长的书面说明》（1985 年 2 月 25 日，Cabinet Office 1994c），重申了宪法的老生常谈，即"每个公务员个人首先要对主管其工作部门的王国政府大臣负有责任"。正如一级公务员协会（the Association of First Division Civil Servants, FDA）（TCSC 1993 HC 390-Ⅱ：43-4）和公共政策研究所（the Institute for Public Policy Research）（Plowden 1994：111-27，149 and 150-60）所概括的那样，这条新伦理准则可以保护公务员免遭大臣的侵害。例如，它会要求大臣们听取公务员的建议，保护公务员的政治中立，并且提供一个公务员道德特别法庭。财政及文官委员会（1994 HC 27-Ⅰ：para. 101-7 以及 pp. cxxvi-cxxvii）提出了这样一个可以向公务员委员会专员独立上诉的准则（para. 108-12）。政府迅速回应，也提出了一个准则（Cm 2748 1995：5-6 及附件）。诺兰委员会（the Nolan Committee）（Cm 2850 1995）试图通过例如保护公务员制度不受政治化影响来强化其所提出的准则。政府接受了该委员会的建议。正如亨尼西（Hennessy 1995：197）所指出的那样，"行政部门在实施诺兰Ⅰ号时远比立法部门做得更好"。

公务员文化是一种不同价值观的混合体，其中包括：

> 诚信、无私、尊重知识、努力并且常常是快速工作的强大能力、忠于同事。这些价值观还包括保守主义、谨小慎微、怀疑主义、精英主义、有点儿傲慢，以及深信政府的事务只有政府专业人员才能够完全理解。

(Plowden 1994：74)

管理主义、公开竞聘、不得体以及大男子主义的大臣们合起来可以稀释这种文化或者道德观。公务员的技能也由于企业管理的技能而被低估了。奥顿报告（The Oughton Report）（Efficiency Unit 1993：108）关于公务员的调查指出，人们"相信公务员的道德观正在受到侵蚀"。威尔逊（Wilson 1991：335）报告称，他对公务员抽样中只有 16% 的人提到"明确表达长远利益"是他们工作满意的原因之一。一级公务员协会集中关注的是保护其成员不受大臣的侵害，它已经不再关心公共利益（Plowden 1994：117）。市场舆论调查国际（Market Opinion and Research International，MORI）对一级公务员协会的 1 900 位成员就行政部门的工作和变革进行了民意调查（回复率达 54％）。该民意调查报告显示不满意度很高。超过 80％的受调查者认为改革进展得很糟糕并且破坏了行政部门的统一性。有 85％的人希望有一种伦理准则。（关于民意调查的详情，可参见 *British Opinion* August 1995：3-4）

还有一些人则更加怀疑公务员道德观受到侵蚀。例如，彼得·肯普爵士就怀疑这种革命是否已经触及高级公务员（Kemp 1994；Greenaway 1995）。许多评论家认为改革还没有波及陪审团（例如，可参见 Jenkins 1993）。毋庸置疑，当一个话题缺乏证据时，则往往会出现众说纷纭的情况。

这些变革的累积效应会使人们很担忧"公务员制度"。有些特定的事件加剧了人们的这种担心。1992 年夏季，身为《下一步行动方案》项目负责人的彼得·肯普爵士被公共服务与科学部（Public Service and Science）的新大臣威廉·沃尔德格雷夫"辞退"了。1993 年春季，德里克·刘易斯先生成为监狱服务管理处这个新代理机构的行政首长。之所以他的任命具有争议，其原因在于他既不是一名公务员，也不是候选者中倾向于在职公务员的第一人选。（当时的）内政大臣肯尼思·克拉克（Kenneth Clarke）之所以选择刘易斯，其原因在于他支持竞聘和合同外包。当然，刘易斯后来也被解雇了。1995 年，格洛斯特郡地方议会（Gloucestershire County Council）和福利署（the Benefits Agency）的前行政首长迈克尔·比查德（Michael Bichard）成为教育与就业部的常务秘书。在 1992 年至 1995 年，有 38 位高级公务员是从外部任命的，占 271 个职位空缺的 14％。虽然这些例子生动说明了常任职业文官的可能"结局"，但是现在就宣告高级公务员的终结还为时尚早。"粘胶"还很牢固（参见 Plowden 1994：71 中引用高级公务员的话）。政府部门的管理者"仍然是那些因为其政策技能而非管理技能入职上岗的人"（Watson 1992：27）。石蕊试验将会成为对《公务员制度：连续与变革》白皮书（Cm 2627 1994）的回应，尤其是对白皮书建议高级职位实行公开竞聘和签订聘用合同的回应。

在许多评论家看来，尽管管理主义和代理机构已经对公务员制度的公共服务文化产生了重大影响，但是人们很容易夸大英国政府沿着类似于私人企业的路径进行变革和运行的程度。例如，赖特（Wright 1994：23）认为，较之 20 世纪 80 年代早期，国家现在"正变得"更加清晰可辨，其权势更小，其消耗更大，其分化更严重，其分散程度更高，其距离更远，其规制更少，其国家化更弱，其防御性更强，其士气更低落，其方向更迷惘；但是他接着警告说要防止夸大其词。相反，苏·理查德（Sue Richard）指出还有许多方面**没有**变化，他列出了清单："快车道"招聘（"fast stream" recruitment）、部长问责制、作为唯一负责任官员的常务秘书、政策功能、高级官员任命程序以及将工作薪酬和工作条件有限授权给代理机构（TCSC 1993 HC 390-Ⅱ：278）。尽管这可能是老生常谈，但是我们仍然需要仔细分辨关于行政改革的言辞和行政改革的现实①。

因此，英国政府正在试图重新塑造自己，但是英国政府的渐进性革命是否正造成新的问题呢？对此，可能有两种答案。首先，我们以往已经经历过这些。例如，罗布森（Robson 1962：Chapter 6 and xvi-xviii）关于公有制的讨论就发现政府权力与管理自由之间的"模糊地带"是一个关键问题，在这个模糊地带，大臣们会施加个人影响并达成"非正式的理解"。因此，有人断定，《下一步行动方案》重塑的只是主管部门与其国有化产业之间的关系。没有谁曾证明我们可以识别出一种对大臣影响力的限制条件或者可以在大臣的责任与产业董事会的责任之间划出一条清晰的界线。这种关系因严重的歧义性而仍然受到困扰。代理机构的命运就是如此。

107　　第二种答案承认政府为了创造不同的服务供给方式而着手进行一种很有意思的试验。然而，政策试验需要系统的学习：也就是说，它必须产生信息，以便政策制定者能够识别错误并改正错误。当前的改革方案并不是这样设计的。而且，变革接二连三，这么快的变革速度使人们难以进行系统的评估。倘若我们已经认识到这些问题，那么这个设计错误就很重要。权变理论告诉我们，组织结构的设计根本不存在一种最佳的方法，它取决于组织与环境之间的适应。因此，代理机构模式并不适合所有的组织，例如，在一种政治化环境（社会保障）中的"代理机构"，其组织形式和管理行为模式就会不同于具有常规化工作任务和稳定环境（办理汽车执照）的"代理机构"。因此，有些代理机构会失败。评估可以告诉我们哪些机构会失败以及原因何在。组织设计不可能被归纳为代理机构公式。罗宾·巴特勒爵士将改革描述成一次通向某个未知目的地的旅行（Butler 1993：406）。那么政府在应对重塑政府所带来的问题时将会如何改变其航向呢？那么十年后的英国政府看起来又会是什么样子呢？

　　中央主管部门与代理机构之间的关系是任何未来政策评价的核心内容。这项改革试验的核心假定是"距离"，将政策与管理分离②。我们可以就这种关系得出几

---

① 引入管理主义和代理机构这种做法可以被解释为官职的一种生存策略。他们的私心不在于预算的最大化，而在于官僚塑造或者通过使自身脱离业务活动来保持他们作为政策制定核心精英的地位（可参见 Dunleavy 1991：225-7）。工作满意的主要原因仍然是解决问题，而不是管理资源（Wilson 1991：Table 2）。官僚还没有"去汉弗里爵士化"（de-Sir Humphried）（Kemp 1994，关于一针见血的证明，可参见 Clark 1993）。然而，官僚塑造的确可以解释当主管部门经常进行干预并且雇用工作人员监控代理机构时的改革。我们似乎有理由认为，代理机构之所以支持改革，是因为改革并没有严重地影响到它们的角色和关系。代理机构保持管理上的控制并且在出问题时能够避责。英国政府的白厅文化为适应其政治主子而吸收了管理主义思想。它们仍然可以在不承担责任的情况下保持控制，而且"官僚塑造"的假定未必就是要解释这项改革的魅力。胡德和斯科特（Hood and Scott 1996：21 and n.23）评论说，"官僚塑造"模式的动机假定是"规定性的和单色调的"；"毕竟有些高级官僚可能实际上更喜欢高级例行公事的安全感，而不喜欢政策学院里结构更加松散的工作环境"。然而，对官僚塑造论题更有破坏性的是，行政部门不再垄断政策分析和政策建议（例如，可参见 Campbell and Wilson 1995：294）。行政部门也解释不了为什么高级公务员职位要采用灵活的合同制（Dowding 1995d：92）。最后，即便是政府文化正发生变化，我们也不明白为什么这种转变应该是从等级制（官僚制）转向个体主义（市场），例如，这种转变可能会促成一种批评主义文化或者宿命论文化，或两者兼而有之（Thompson, Ellis and Wildavsky 1990：79）。

② 我是有意使用"距离"这个词的。"非集权化"这个词指的是官僚制或者区域等级制内的权力向更低层级权力的转移（参见 Rhodes 1992c：317-19）。对于英国的代理机构而言，是否存在这样的权力转移还不清楚，而且这个问题应该由实证研究加以确定，而不是通过定义上的认可加以确定。

个暂时性的结论。

首先，"距离"可以刻画部门与代理机构之间的关系特征。代理机构可以像瑞典案例中的代理机构一样变得独立。或者说，主管部门可能还没有适应它们的战略新角色，相反，它们倒是在复制代理机构的功能。中央部门的监督仍然很详细。代理机构的行政首长提供政策建议。有证据支持这种有限的事件变革版本。就连一些强调《下一步行动方案》成就的评论家都想要给予代理机构更多的独立性（Massey 1995：12-13）。然而，现存的研究要么依靠的是问卷调查，要么依靠的是半结构化精英访谈。还没有人对这种关系的动力学进行案例研究。我们根本不了解这样构成政府与国有产业关系特点的非正式理解和间接影响，尽管财政及文官委员会的有些见证者（1993 HC 390-Ⅱ：para. 800）已经在谈论这两者之间的某种"合谋"了。《下一步行动方案》充其量也就是一种"渐进性革命"（Greer 1994：132）。

许多评论家对这种总结性评价有共鸣。彼得·肯普爵士（Sir Peter kemp 1994）断言"这些变革并不意味着一场革命"。坎贝尔和威尔逊（Campbell and Wilson 1995：294-6）赞成白厅范式（the Whitehall paradigm）的破灭，他们坚持认为公务员对大臣建言献策的垄断局面已经被打破。然而，这场胜利随之留下了两个问题：政府对官僚制的敌对态度以及未能使政客正视其政策的结果。詹金斯还认为近期的改革反映了一些持久的问题：

> 企业家行为甚或基本行政自由的能力都受制于对其无法上诉的中央势力。可以说这就是政治行政的现实——中央控制和行政结构服从。然而，这是一个努力应对新管理模式的老政治模式。如果新管理模式得不到保护的话，行政创新就可能会很快失去其动力和效益。 *108*

（Jenkins 1993：95）

政府推行其改革，它只反对职业-官僚的政策网络，集中关注的是政策执行。所有政府都苦于"执行差距"和"意外后果"（Marsh and Rhodes 1992b：182-6）。保守党政府的公务员制度改革也不例外。

## 5.4　结语：正在显现的治理结构

英国政府可以在市场、官僚制以及网络这三种"治理结构"之间做出选择（参见第 3 章）。

### 市场

市场和准市场已经扎下根来。它们现在已成为任何政府工具箱的组成部分。但是市场什么时间发挥作用呢？对英国政府来说，人们在思想观念上已经公认私人部门（市场）比公共部门（官僚机构）更好。因此，英国政府并没有系统地考察两个部门各自的成本与效益。结果，当前的政策产生了一些有趣的难题。例如，虽然代理机构的行政首长获得了更大的管理自由，但是市场指令却要检验他们所有的工作。一个称职的行政首长大概会设法在没有中央干预的情况下确定自己的核心业务。同样，财政部发现自己难以抑制其进行财务控制的自然本能反应，并且许多行政首长都发现他们的自由裁量权受到了严重制约。在《下一步行动方案》颁布 7 年之后，财政部仍然还在承诺要进一步下放财务控制权 。1993 年的《下一步行动方案评论》（*The Next Steps Review*）期望到 1994 年 4 月有 23 个（或 25％的）代理机构负责它们自己的工资以及与工资相关的服务条件（Cm 2430 1993：8）。尽管政府仍然"极力要求……一个政府部门内的每个代理机构都要对其工资与分级负责"（Cm 2627 1994：27），但是它们尚未被赋予那种责任。最后，当代理机构受到的财务控制比以前更加严格的时候，提高服务质量的要求就难以令人信服。正如市场检验所表明的那样，成本依然是人们要考虑的主导因素。有一位行政首长用实例对此进行了直观的描述。民意调查之所以会显示顾客满意，其部分原因在于这些顾客的期望值不高。尽管这位行政首长可以通过提高顾客的期望值来改进服务，但是他却没有资金去满足那些被提高的期望值。质量从属于成本。

## 官僚制

虽然主张回到韦伯所描述的那种统一直线官僚制（the unified line bureaucracy）可能有悖情理，但是，与任何其他的服务供给体系一样，统一直线官僚制也是一种工具。如果目标是要试验服务供给体系，如果没有提供服务的正确途径，那么其结果就是存在官僚制成为一种有效手段的条件。关键的问题就变成了"这些条件可能是什么？"至少可能有三种答案。第一，在碎片化产生次优结果的条件下，官僚制可以提供中央整合政策与执行战略的能力和机会。第二，在碎片化产生独立代理机构、导致与中央的沟通不良并且不愿意遵循中央指导方针的条件下，一个统一的官僚等级制度可以减少这样的控制问题①。第三，在碎片化使问责分散的条件下，一种统一的官僚制就是部长对议会负责的一个焦点。

官僚制的论据情形也根植于政治理论。例如，瓦姆斯利等人（Wamsley *et al.* 1987）就认为"公共行政人员"是公共物品的受托人，是公共利益的理想卫士。他们的责任在于克服短视行为，激发合理争论，让公民参与这种合理争论以及扩大公民参与合理争论的机会。这个观点重申了公务员与政客抗衡的经典角色。公务员"具有丰富的专业知识、历史经验以及经受时间考验的智慧……在某种程度上与短期的政治权宜之计和机会主义相抗衡"（Goodsell 1985：155）。他们代表着正直与廉洁，反对党派利益；他们对人格化和政治化都保持公正。

109

---

① 新制度经济学顾及交易从市场向等级制的转换。例如，可参见 Williamson 1975：Chapter 2 and 257-8，要注意这样一种转换的条件包括决策的专业化和增强的控制。

此外，回归官僚制也可能是一种政治上的必然。官僚制具有明显的优势：可靠性、可预见性、诚实、凝聚性以及连续性。官僚制通过基于规则的惩戒性等级结构对服务进行直接的实际控制。这些特点有利于政府干预。假如未来有政府抱怨对碎片化服务供给体系的制约并且试图"划桨"，那么它所要求的工具就是官僚制。虽然这种诱惑对一个具有重新分配目标的政府来说很大，但是政治必然性会使所有的政府感到困惑。形势所迫，只得如此，而且，诸如一个失败的服务供给体系〔例如，英国国民医疗服务系统（NHS）〕这样的灾难会伴随着选举中遭受重挫。

## 网络

奥斯本和盖布勒（Osborne and Gaebler 1992）的吸引力部分地在于他们具有善于运用生动语言说明问题的天赋。"掌舵而不是划桨"就是这样的语言。他们把这个语词用作表达政府不再提供服务而是将这项工作交给他人去做的缩略语。正如我在第 3 章中所指出的那样，不干预的服务供给意味着决策是在几乎没有任何政府直接控制的各种契约性多组织政策网络中制定的。"治理"意味着不止一个中心而是有多个中心；之所以不存在绝对的权威，其原因在于网络具有显著的自治性。公共部门、私人部门以及志愿者部门之间的区别变得毫无意义。它们都是"求资筹款"博弈的参与者。这些博弈式的相互作用是由于需要交换资源和协商共同目标。

管理网络不同于管理市场或者管理官僚制。尽管政府必须要学会与政策网络共处，但是政府控制的工具箱过去是专门为直线官僚制的时代而设计的，不是针对为分离的差异化政策体系掌舵而设计的（Rhodes 1988：406 - 13 中所预测的一种趋势）。"治理"意味着没有政府的统治，它是不干预式政府的最佳典范。现在的挑战是要了解这些新网络，是要想出既能为这些网络掌舵又能使它们承担责任的办法（关于更详细的讨论，可参见第 9 章）。 *110*

总之，未来是不确定的。我们可以做出选择。知识是否会使我们了解这些选择尚需拭目以待。如果说过去的 15 年有什么指导意义的话，那么政治上需要优先考虑的事项将会成为推动力。拓展国家的边界和削减成本仍然至关重要。遗憾的是，这样狭隘的关注并不是有效治理的充分前提。我们需要重新设计政府以应对短缺，需要想出办法来解决那些自由市场和国家规划的低招所无法解决的复杂问题。我们恰好是在创建自我掌舵的网络。宽松的杠杆作用取代了控制。我们并不是在吸取将会使中央为这些网络掌舵的教训。在政府间管理的时代，我们坚持等级制内的目标管理。虽然我们需要管理组织间的关系，但是我们却可以对照可测量的目标来测评个人的绩效。重塑政府使新治理的挑战成为一桩小事。

# 第 6 章

# 现在无人理解这个体制：1979—1995 年英国地方政府不断变化的面孔

## 6.1 引言

112　　当迈克尔·赫塞尔廷在 1979 年成为政府的环境大臣时，他对地方政府财务的复杂性感到惊讶。在对其宏大的《地方政府、规划与土地法案》（the Local Government, Planning and Land Act）进行辩护时，赫塞尔廷认为现存的体制过于深奥，以至于在英国只有 3 个人能够理解它。他在 1983 年从环保部调往国防部时，取得了一项令人羡慕的成就 —— 谁都不明白现存的体制。接下来几年的立法使这个问题变得更加严重。

　　在 1979 年至 1987 年，政府通过了 40 个对地方政府有影响的法案（Stewart and Stoker 1989：2）。在随后的 8 年中，尽管立法的速度放慢了，但是政府干预的范围却扩大了。其后果不仅多种多样，而且出人意料。本章将概述发展状况并试图回答"什么发生了变革？变革的程度如何以及原因何在？"这几个问题。

　　对于许多评论家来说，上面这几个问题有一个显而易见的答案，即 20 世纪八九十年代见证了地方政府的衰亡和前所未有的集权。实际上，早在 1980 年，评论家们就开始指责"白厅"对地方政府的"接管"①。本章探讨 1980 年所宣称的地方政府衰亡和 1987 年之后对有效改革的不断探索，本章认为，中央与地方政府的关系一直都更具有"意外后果"而非"革命"的特点。尽管集权也许已经存在，但是自 1979 年以来中央政府对地方政府政策最重要的后果是：集权造成了一种中央政府和地方政府都没有实现自己目标的"政策混乱"（Rhodes 1984：283），而且集权还使中央在一种差异化政体中掌舵的问题变得更为严重。

　　另外还有两点需要说明。首先，我在准备写这一章时引用了我早期的著述②。其次，关于地方政府的许多描述都讨论了立法可能产生的效应：这些描述常常都预见了地方政府的失败。基于政府政策实际绩效进行的评估就不太常见。只要有可能，我都会聚焦于政府政策的绩效。就 20 世纪 90 年代而言，虽然我的评论更具有推测性，但是它们仍然可以不断地使人们了解"政府往往会事与愿违"的观点。

　　本章的剩余内容分为两节。首先，我探讨了 1979 年至 1983 年、1983 年至 1987 年、1987 年至 1990 年以及从 1990 年到 1995 年 12 月这几个时期政府政策的主要趋势。其次，我对上述这些时期进行了总体性评价，对期间发生的迂回曲折做了解释，并且对地方政府在 20 世纪 90 年代可能面临的未来进行了预测。

## 6.2　政府间关系的趋势

　　相反的传闻是，英国不是在 1979 年重新创造的。议会政治、白厅以及政府机器的剩余部分之间的关系——亦所谓的"政府间关系"——具有深刻的历史根源。无须细说，战后时期政府间关系的几个特征就已经决定了 20 世纪 80 年代的政策。

　　第一，英国的中央政府扮演的是"非执行者"角色。也就是说，中央部门并不直接为公民提供服务。除了国防和社会保障这两个明显的特例外，诸如住房、教育和个人社会服务等主要的服务都是由地方当局提供的。因此，虽然中央政府要通过这些领域的法律并且要提供大部分财政支持，但是它还要依靠影响到政府选举结果的其他机构来推行政策。

　　第二，地方当局在福利国家的发展中扮演着至关重要的角色。然而，地方当局的财政增长速度与其责任的增长速度并不同步。中央政府支付了责任扩大所增加的开销。由于经济的萧条和限制公共支出的驱动，地方政府成为削减开支的首要目标。

　　第三，普遍削减公共支出和专门削减地方支出并不是保守党政府所独有的行为。在石油危机和国际货币基金组织（IMF）贷款合同条款的驱动下，20 世纪 70

---

　　①　例如，可参见：Jones and Stewart 1983；and Goldsmith and Newton 1983. 全列举出来会显得冗长乏味。集权是关于地方政府的一种新的传统观念知识。

　　②　按照时间顺序排列如下：Dunleavy and Rhodes（1983）；Rhodes（1984 and 1985b）；Dunleavy and Rhodes（1986）；Dunleavy and Rhodes（1988）；and Rhodes（1988 and 1991d）.

102

年代的工党政府试图限制地方支出并且运用货币经济的手段来实现这一目标。换言之，国民经济管理问题对政府间关系具有普遍的影响。

第四，英国的行政结构不是单一的，而是差异化的。不仅苏格兰、威尔士和北爱尔兰，而且还有许多其他的公共部门组织，其中包括专门机构（有时指半官方机构）以及地方当局都具有截然不同的行政体制。虽然地方当局可能是白厅之外最重要的制度性机构，但是诸如医疗管理部门之类的专门机构很明显在开支和与公民的相关性这两个方面都很重要。而且，这种制度性机构的多样化与中央政府内部利益的多样化要匹配，例如，守护公共资金的财政部与支出部门之间就是如此。

第五，虽然中央政府需要地方当局来提供服务而且地方当局也需要中央政府提供资金并赋予它们行动的权威，但是这种相互依赖的关系并非存在于平等者之间，它是不对称的：中央政府可以单方面通过一项改变这种关系的法案。因此，在中央政府的权威性决策能力与中央同地方的相互依赖关系这两者之间存在一种反复的张力。

第六，英国是一个"二元政体"（dual polity）（Bulpitt 1983：3），其中，国家的政治精英与地方的政治精英是相互隔离的，而且中央政府远离地方事务。与法国的体制形成鲜明的对照，英国既没有利用中央的现场代理人（或曰地方行政长官）监督地方当局的拿破仑式传统，也没有一个"双重使命"的体制，政客可以借以赢得选举官职，从而形成国家精英与地方精英之间紧密的相互渗透。英国的地方运行准则强调中央政府在高度政治性事务方面的自主权。

上述所有这些因素已经成为战后时期英国政府间关系的固定特征，它们对保守党政府和工党政府的实践具有重要的影响。只关注几个具体的立法可能具有严重的误导性。任何关于政府间关系的恰当分析都必须涵盖公共部门组织的范围和它们运行的环境。关于 20 世纪八九十年代政府间关系的描述也不例外（关于战后时期更加透彻的描述，可参见 Rhodes 1988）。

## 1979 年至 1983 年：干预[①]

本节可能会像马克斯·拜格雷夫斯（Max Bygraves）那样讲述一个故事。讲故事这种研究途径有某种价值。撒切尔夫人领导的政府成功地做了那件难以置信的事情：政府通过黑色幽默使学生对主题产生兴趣甚至感到幽默而不再讨厌关于地方政府的讲座。遗憾的是，这种方式因时间所限而无法自由自在地扩展。因此，我将只简要地描述这一时期的独特特征，即"控制"、单边主义、诉讼、风险规避、抗命不遵以及意外后果。

1. "控制"

尽管关于地方政府财政问题的定义和解决办法多种多样，但是这个"问题"并

---

① 控制指的是中央实现它的目标。干预指的是中央控制地方当局，但并没有实现最初提出的目标。无可争议的是，英国中央政府采用了这种干预的方式。这种干预是否成功是本章的核心主题。

不新鲜（可参见 Cmnd 6543 1976）。有些东西是不变的。中央政府更多地关心对国民经济的管理，而对寻找一种合理的地方政府财政体系却很少关心。1979 年保守党政府不仅致力于削减公共支出，而且还致力于安全渡过世界性的经济萧条。地方当局不得不承受比它们应削减的支出份额更多的支出削减。　　　　　　　　　　　*115*

1980 年《地方政府、规划与土地法案》通过采用拨款惩罚提供了实现"支出削减"目标的手段。实际上，任何支出超过政府所需支出预算的地方当局都会越来越快地失去中央政府的拨款。中央政府还将给地方当局的总拨款从支出的 61％降至53％，并且对资本支出设定了严格的上限。地方当局的反应是通过提高利率或地方不动产税来弥补这种拨款损失。地方当局的支出（例如，工资消费、照明、供暖）实际上——在忽略工资增加和通货膨胀的情况下——仍然在继续增长（见表 6 - 1）。另一方面，资本支出（例如，在像房屋这种固定资产上的支出）同期下降了 12％，而且地方政府雇员的总人数也下降了约 4％。因此，保守党政府的成功纪录充其量是混合的。

表 6 - 1　　　　　　　　　　1979—1993 年地方政府经常性支出的实际增长

| 年份 | 支出（百万英镑） | 指数（实际） | 实际增长（％） |
|---|---|---|---|
| 1979—1980 | 13 305 | 100.00 | |
| 1980—1981 | 16 443 | 101.97 | 1.97 |
| 1981—1982 | 18 319 | 103.19 | 1.20 |
| 1982—1983 | 19 975 | 105.12 | 1.87 |
| 1983—1984 | 21 241 | 105.81 | 0.66 |
| 1984—1985 | 22 647 | 107.11 | 1.23 |
| 1985—1986 | 23 598 | 105.80 | —1.22 |
| 1986—1987 | 25 567 | 111.62 | 5.50 |
| 1987—1988 | 27 863 | 115.78 | 3.73 |
| 1988—1989 | 29 980 | 116.99 | 1.04 |
| 1989—1990 | 33 226 | 120.73 | 3.19 |
| 1990—1991 | 36 999 | 123.71 | 2.47 |
| 1991—1992 | 41 363 | 129.60 | 4.76 |
| 1992—1993 | 44 425 | 133.24 | 2.80 |

资料来源：P. Smith 1992.

一个致力于拓展国家边界的政府对地方事务的干预很广泛。特别是，它力图直接控制每一个地方当局尤其是开销很大的工党地方议会的地方总支出（不只是中央拨款）。尽管这项政策可能尚未取得成功，但是寻求控制的努力却没有停止，而且这种寻求并不仅仅局限于地方财政，例如，政府还强行要求地方当局出售地方政府救济房①。

---

①　政府救济房，是政府福利补助的一种房产类型。政府允许居住政府救济房的居民在居住超过一定时间后买下来，从救济房变成私人房，此类房屋较为特殊，周围居民大部分为需要救济的穷人，小区的环境通常也比较一般。因此这一类的房产投资风险比较高，用于自住不安全，用于投资回报不乐观。——译者注

*116*

### 2. 单边主义

政府的风格与它的政策相似。面对削减公共支出的需要，之前的工党政府成立了地方政府财政咨询委员会（CCLGF），作为与地方当局协商并促成合作的工具。但是，迈克尔·赫塞尔廷并不想这么做，而且整个保守党政府对协商或者带有"社团主义"味道的任何方式都几乎没有信心。地方政府财政咨询委员会便成为这样"一个他们在那里开始告诉你要做什么的论坛"。协商被放弃了。迈克尔·赫塞尔廷利用地方政府财政咨询委员会宣布他打算要做什么，通常他是在向新闻界进行简要介绍之后才这样做的。这种转变集中体现了政府的风格：政府懂得最多，因而它认为无须商议和谈判。单边主义在那时是司空见惯的事儿。

### 3. 诉讼

地方当局对政府单边主义的风格做出的反应就是寻找说服立法的途径。法律界是政府政策所带来的意外受益者，因为诉讼行为和寻求抗判（judge-proof）的立法开始成为政府间关系的征兆。其实，这些趋势清楚地表明"正常的程序"已经失灵。冲突也不仅仅只存在于中央政府与地方当局［例如，英国东安格里亚地区的中心城市诺维奇（Norwich）与负责环境的国务大臣在地方政府出售政府救济房方面就存在冲突］之间。这种冲突扩大为工党地方当局与保守党地方当局之间的冲突［例如，伦敦的布罗姆利自治市与大伦敦地方议会（GLC）在伦敦交通管理局的补贴问题上就存在冲突］（Lomas 1985；Loughlin 1996）。

### 4. 风险规避

虽然1980年《地方政府、规划与土地法案》是一部百科全书式的法案，但是它并不是不可更改的。在1979年至1983年间，拨款体系就有7次重大的变革（Jones and Stewart 1983：37）。这么多变革所导致的直接后果就是不稳定。地方当局被设置了各种不相容的支出目标。就连一些原本支持政府的地方当局也开始为最大限度地降低这些变革的影响而精打细算了。地方当局规避风险的策略多种多样。例如，有些地方当局因对经常性支出的连锁反应而不愿意招致资本支出。它们对支出进行重新分类并且捏造统计数据。会计工作花样翻新。提高利率的目的不是为了能够支付承诺支出，而是建立防范未来变革的储备金。有一个官员的下列反应充分说明了地方政府的心思："在我们获得的中央政府拨款下调了5.6%（1981—1982）之前，我们一直都很重视中央政府的目标，在此之后我们之所以不再看重中央政府的这些目标，其原因在于我们认为没有人还会把它当真的。"（Davies *et al*. 1983：251）实际上，地方政府并不知道自己到底必须支出什么资金，而且中央政府也不知道地方当局会支出什么资金。

*117*

### 5. 抗命不遵

如同中央政府因采取单边主义而放弃了协商一样，地方当局也因采取对抗而放弃了合作。因此，工党控制下的地方当局继续增加它们的支出，并且超出了它们的支出目标。大伦敦地方议会和内伦敦教育局（ILEA）都远远超出了它们的支出目标，以至于它们没有获得政府的拨款。在公共交通补贴方面出现了强烈的对抗。例如，工党政府将伦敦的巴士和地铁票价降低了 25％，进而导致大伦敦地方议会的支出大幅增长。这项"票价合理"的政策不仅使保守党政府感到不快，而且还使保守党控制的伦敦自治市感到不安。尽管布罗姆利地方议会在法庭上成功地对这一政策提出了质疑，但是 18 个月后工党又有了一项改进的政策，并且政府出台了《交通法案》（1982），进而使自己获得了限制交通补贴的权力。无论是对于大伦敦地方议会还是对于都市郡议会（MCCs），交通补贴都是导致它们"超支"的一个主要因素，"超支"就是对政府政策的一种明目张胆的挑战。

6. 意外后果

地方支出的"削减"证明是难以捉摸的。各个项目的记录都是相关联的。住房支出下降了约 49％，维护法律与秩序的支出却增加了 19％，而且国防支出也增加了 14％，所有这些都符合政府优先考虑的事项。但是，教育支出实际上保持不变。医疗支出增加了约 6％，社会保障支出也增加了约 25％，而这些却与政府优先考虑的事项不一致。无论保守党政府还有什么意图，一般性公共支出以及特定性地方经常性支出的实际持续增长，都**不是**一个目标。

拨款体系的不断变革是保守党政府的地方政府财政政策所产生的意外后果，它反映了支出政策的失败。还有其他的实例，例如，支出紧缩使患者难以从国民医疗服务（the National Health Service）转到地方当局提供的"社区医疗"（Hardy, Wistow and Rhodes 1990）。同样，地方当局被迫提高政府救济房租金。之所以医疗与社会保障部（the Department of Health and Social Security, DHSS）支付了约一半的增长租金，其原因在于租户或是失业者、领取养老金的人，或是享受政府福利补贴的人。

因此，保守党的第一届议会因其漠视地方政府的政策而终结。反复规劝、反复立法以及反复变革拨款体系产生了同样的结果：地方经常性支出增长了。作为曾经的实用主义者，保守党参加了 1983 年的大选，进而竭力主张地方议会在诸如对旧住宅进行现代化改造之类的资本项目上增加支出。1979 年至 1983 年的教训看起来显而易见。我们不应该用命令、正式的控制权力以及官僚干预去取代一个基于志愿合作的体系。因此，人们不禁会断定，历任的国务大臣们越是努力，他们越会得到更多他们所不想得到的东西！政府却得出了不同的结论：若受挫折，就要反击。 *118*

# 1983 年至 1987 年：反击

中央政府在其第二个任期的地方政府政策源于由威廉·怀特洛①领导的一个内

---

① 威廉·怀特洛，第一代怀特洛子爵（William Whitelaw, 1st Viscount, 1918—1999），英国保守党政治家。1955 年进入议会，1970—1972 年为下院领袖，1972—1973 年任北爱尔兰事务大臣，1973—1974 年任就业大臣，1979—1983 年任内政大臣。1983 年被封为子爵，并任枢密院长和上院领袖。为撒切尔夫人控制上院，撒切尔夫人对他评价很高，宣传"每一个首相都需要一个威廉"。很多观察家认为 1987 年 2 月他中风去职，是撒切尔夫人失势的开始，因为再也没有人提出明智的建议和调和保守党内部的矛盾。——译者注

阁小组委员会，他认为，财政部希望直接控制地方支出，而且撒切尔夫人决定要对地方政府"采取措施"（Flynn, Leach and Vielba 1985：8－11；以及 Forrester, Lansley and Pauley 1985：Chapter 4）。在此，就经济方面而言，我要再一次聚焦于这个时期独有的特征，即废除、"削减"、重复立法、不稳定、政治化以及差异化。

1. 废除

中央政府废除了大伦敦地方议会和都市郡议会。它设立了许多专门机构来取代这些议会并且忽视地方当局。实际上，如果地方政府不按照中央政府的指令去做的话，它就会被取代或者被忽视。

规定的废除目标在于：

> 精简大都市地区的地方政府可以提高效率。这样将会从源头上消除引起冲突和张力的根源，这样将会在消耗一些过渡性成本之后实现资金的节省，这样还将会提供一个更易于公众理解的体系，因为几乎所有服务的责任都将指向某个单一的权威。

（Cmnd 9063 1983：5）

诺曼·特比特（Norman Tebbit）给出了一种直率的评价。大伦敦地方议会之所以被废除，其原因在于它是由工党主导的，开支很大，并且不符合中央政府的世界观（James 1990：493－4）。在这些机构的废除过程中存在着许多政治误判。这种废除过程消耗了议会的大量时间。不过，撒切尔夫人却能够创造她的另一个小奇迹。肯·利文斯顿（Ken Livingstone，大伦敦地方议会的工党领袖）从一个政治小卒——爱尔兰共和军（IRA）、同性恋以及其他通过愚弄公众而获利的小报团体的朋友——摇身一变成了魅力四射、善于表达的电视明星；他道貌岸然、巧舌如簧。这种转变也说明了大伦敦地方议会和都市郡议会衰亡的一个重要特征。所尝试的任何解释都必须谨防采用一种过于理性主义的研究途径。总之，这种政策是一种"尼采式的愚蠢想法"——"戏剧性的""引人注目"，是一场"英国式的闹剧"（O'Leary 1987）。

是什么取代了大伦敦地方议会和都市郡议会呢？这个问题还真不容易回答。就都市郡议会而言，有 64 个郡县范围内的志愿者安排取代了 6 个地方议会。例如，以前的西约克郡就有 20 个联合委员会，其业务范围涉及废物处理、贸易标准、公路交通以及诸如档案和考古之类的多种服务（关于更详细的情况，可参见 Leech and Davis 1990）。显然，这种新体制很复杂，它在伦敦的情况更不简单。比代理机构的数量更为重要的是它们中没有直接当选甚或间接当选的机构比例。例如，在伦敦的地方服务支出只有 33％来自直接当选的自治市。剩下的支出则来自中央部门、半官方机构、私人公司、在整个伦敦范围内间接当选的机构以及在伦敦部分地区间接当选的机构（Herbert and Travers 1988：196－7）。

这些变革的后果是什么呢？早在 1939 年，威廉·罗布森就将伦敦政府描述为"由地区和当局构成的一片混乱"（William Robson 1948：172）。由于伦敦的歧义性以及其功能和机构分配的复杂性，伦敦再次处于不当管理之中。碎片化和被削弱的地方政治控制是伦敦政府的特征。同样的问题也困扰着都市地区。此外，中间层的混乱也导致了一些问题。间接当选的机构处于复杂的政治控制之下并且缺乏政治领导。功能的重新配置引起了自治市之间和市区之间的冲突，而且这种冲突至今没有办法解决。联合委员会缺乏共识并且对新问题反应迟钝。作为联合董事会和联合委员会构成部分的各自治市往往都狭隘、自满并且目光短浅（可参见 Herbert and Travers 1988：188-191；以及 *Local Government Studies* 16/3，1990）。回到政府的规定目标来看，冲突加剧了，体系并没有简化，而且责任并没有指向某个单一的权威。此外，虽然一直都没有关于节约的官方分析，但是斯克尔彻（Skelcher）和利奇（Leach）估计，1984 年至 1985 年和 1987 年至 1988 年在由都市郡议会转向市区的服务方面的支出增加了 4%（Skelcher and Leach 1990：41）。

这些变革还有另外一个结果：改革过的结构并不稳定。自 1985 年的《地方政府法案》(Local Government Act) 颁布以来，政府已经废除了内伦敦教育局，而且工党提出要设立区域政府。未来仍然是不稳定的。只有一件事是明确的：

> 伦敦政府的未来设计既不会是行政理性的产物或者学术反思的成果，也不会是人们所谓不可抗拒的经济过程或社会过程的副产品。相反，它在很大程度上将会形塑成为政党政治利益集团、政治意识形态、政党冲突和政党联盟的产物。
>
> （Herbert and Travers 1988：187）

### 2. "削减"

通过废除大伦敦地方议会和都市郡议会，政府撤掉了 7 个"超支"的地方议会。这项政策是旨在削减地方支出的两个措施之一。另一个措施是设定税率上限。1984 年的《税率法案》(The Rates Act) 为环境大臣提供了决定"超支"地方议会最高税率的权力。受到限制的地方当局并不多，因而这项政策对于减缓地方经常支出的增长速度只具有很小的作用。从 1983 年至 1984 年到 1987 年至 1988 年间，地方的经常支出实际上还在继续增长，而资本支出在 1983 年大选前增长了约 19% 之后就呈现出持续下降的趋势。地方政府雇员的总人数增加了。中央政府自己也承认，实际上地方政府的经常支出在 20 世纪 80 年代每年都已经增长了 1.5%（见表 6-1）。 *120*

地方支出中由中央政府拨款提供资助的那一部分持续下降（在 1987 年下降至 46%）。尤其是一种古老的中央控制方式——专项拨款——重新受到青睐。这样的拨款现在大约占地方当局所获总拨款的 1/4，但是地方当局的实际总支出仍然还在持续增长。

中央政府的反应是"为地方政府买单"(Cmnd 9714 1986)，它预示着要征收社区费，即人们更为熟知的"人头税"(poll tax)①。虽然"为地方政府买单"不是唯一重要的建议，但是绿皮书（the Green Paper）的直接影响却被减弱了。在中央政府重新开始处理地方政府的这个"问题"之前，它正在等待其第三个任期。实际上这

---

① 社区费是人头税的本来名称，这是撒切尔夫人对英国税收制度的一项重大改革，即废止对住宅征收的不动产税，调整为地方政府征收人头税。由于它用按人头征税取代了原来的国内税（Domestic Rate），故被英国宣传媒介称作人头税，即凡是 18 岁以上的具有投票权的公民都必须缴纳同等数额的人头税。——译者注

是一种僵持局面：拨款结算更加有利于地方政府，中央政府废除了容积目标，地方支出仍在持续增长。"你不能对问题投钱，因为钱并不是问题的答案……但是这条法则有个例外，你可以对大选投钱"（Jenkins 1989：280）。这些刹车却失灵了。更为重要的是，激进的中央政府已经失去了方向感。地方政府的对峙是政府政策动向的一个例证，也许它还是政府第二个任期的缩影（Young 1989：521）。它是暴风雨来临之前的暂时宁静。

3. 重复立法

虽然大量的立法也许并没有收到预期的效果，但是立法之多还是有启示作用的。阿伦·威尔达夫斯基对重复编制预算进行了描述：之所以一年到头要编制和再编制预算，是因为收入具有高度的不确定性（Aaron Wildavsky 1975：144-5）。照此类推，重复立法指的是，之所以一届政府的整个任期内从头到尾都要制定和再制定法律，是因为其生存能力具有高度的不确定性。20 世纪 80 年代的地方政府立法，尤其是关于地方政府财政的立法，仅其数量就完全可以证明上述这个过程。立法通过了，但是在法庭上却败诉了或者没有产生预期的影响，因此促成一项新的法案，表面上是为了纠正原立法中的缺陷，但是事实上却产生了更多的缺陷和随之而来的新立法。

4. 不稳定

不稳定性持续并且加剧的原因在于：重复立法、大都市圈碎片化政府结构的复杂性、专门公共机构数量的日益增多以及苏格兰和北爱尔兰的独立政策①。审计署和审计总长都断言这种拨款体制正在导致地方政府的无效和无能。无效指的是没有必要建立高达约 12 亿英镑的储备金以应对不确定性（Audit Commission for Local Authorities in England and Wales 1984；以及 the Committee of Public Accounts 1985）。围绕大伦敦地方议会和都市郡议会的废除而进行的过渡期资金安排也无助于问题的解决。

这种拨款体系还在造成一些不公平和武断的结果，进而会加剧不稳定性和复杂性的影响。保守党控制的地方议会不仅温和且具有成本意识，它们发现自己受制于拨款惩罚。面临重大社会经济问题的城市当局急需资金。参与青年就业计划的地方当局发现来自人力事务委员会（MSC）的资金适合于增加中央政府施加的拨款惩罚。这其中的有些影响是蓄意的，例如，中央政府对郡议会重新分配的拨款；还有一些影响是意外的，例如，各种各样的拨款方案把人口增长作为需求指标，进而使拨款从日益衰落的城区转移开。似乎稳定已经变得不受欢迎了，而且这种拨款体系正在产生一些难以预测的结果。

5. 政治化

虽然地方当局仍然愿意在法庭上对中央政府提出质疑，但是它们对一波又一波立法所做出的主要反应却是政治性的。大伦敦地方议会和都市郡议会发起了一场反对废除机构的专业公关战。利物浦议会吸纳环境大臣参与关于城市预算的谈判，并

---

① 这些地区不包括在本章中提及的英国的选民地区，对于政府间关系的解释，只关注英格兰这一地区。有关这些选民地区的论述，请参阅 Rhodes（1988）的相关引用。

且似乎通过采取以退为进的策略赢得了这场政治战。被设置税率上限的地方议会在让步后赶在制定税率的最后期限之前发起了一场联合战。通常，保守党控制了绝大多数郡议会。它们的控制因社会民主党-自由主义联盟的崛起而受到削弱：1985 年选举之后，46 个英格兰和威尔士郡议会中有 25 个已经不受任何政党的全面控制了。城市新左派在大都市地区蓬勃发展，它并不只满足于反对政府的政策，它还想要表明社会主义可以发挥作用并且引入地方企业董事会来应对失业、经济萧条和区域衰落产生的影响。

中央政府承认"中央政府甚至与温和且负责任的地方当局之间已经出现了关系的恶化"（Cmnd 9714 1986：5）。中央政府对大伦敦地方议会和都市郡议会发起的这场抵制废除机构的反击战所做出的反应并不太温和。政府指派韦迪康比（Widdi-combe）委员会调查地方当局工作行为的管理实践和管理程序。这项调查是在保守党大会上宣布的，它被广泛地认为是对工党控制的地方议会进行政治宣传发起的一场反击。韦迪康比委员会一开始的工作并不顺利，后来它得以恢复并提供了一份详细记录了地方政府的政治化、地方政治的多样性以及**不存在**政治滥用的问题的权威报告（Cmnd 9797 1986）。面对证据而不是谣言，面对谨慎的建议而不是反击的手段，中央政府推迟了行动，静待第三个任期。1986 年后的地方政府事务在总体上而不仅仅是在地方财政上都处于不确定状态。

### 6. 差异化

地方政府作为白厅（中央政府）之外卓越政府制度的地位受到了保守党政府的挑战，保守党政府因一些非政府部门性公共机构而忽视了地方当局。人力事务委员会要比地方教育当局更喜欢被当作改进学校职业教育的工具。在伦敦内城，中央政府更喜欢利用企业园区、自由港、城市发展公司和金融机构集团而不是地方当局作为经济复兴的手段。废除大伦敦地方议会和都市郡议会后产生了一大批新的机构。合同外包的目标包括增加私人部门对服务供给的参与①。

政府与大量的其他机构之间不断变化的关系在这整个时期变得越来越重要，而且我们不应当低估这种向非选举产生的专门机构的转变所具有的重要意义。很少有政策领域仍然是某个单一代理机构的领地。组织的相互依赖普遍存在。有效的政策执行需要组织间的合作。通过激增代理机构、避开地方政府以及重建地方政府与非政府部门公共机构的关系，中央政府催生了合作的障碍并增加了政策延误。参与服务供给的机构类别大大增加了。首相的武士风格以及对命令胜过商议的偏好与制度差异化联系在一起，进而消除了代理机构之间的权威。

我们固然不应该鲁莽地否认 1983 年至 1987 年间的立法重点在于集权，但是我们同样也不应该高估中央实现其目标的能力。保守党的政策为其自身的无能埋下了祸根。这种体制错综复杂、含混不清、不稳定并且混乱难懂。此外，在因第一届议会的失败而进行反击之后，中央政府失去了方向感。对地方政府的政策陷入不确定

---

① 政府还力求将其与公共机构的关系范围扩大到白厅之外，例如，英国国家医疗服务系统（NHS）、公共事业以及其他国有企业。有关评论，可参见：Rhodes（1988：120-31）；Stoker（1991：Chapter 3）。

状态。地方当局遭受重创、被迫屈服，但是还没有被摧毁掉。伴随着下一届选举的开始，"革命"即将来临。

## 1987 年至 1990 年：革命

中央政府尤其是撒切尔夫人对地方政府财政的低度政治性表现出一种近乎病态的痴迷。很少有首相如此心甘情愿、如此频繁地卷入地方问题。多数人认为，这样的干预行为风险很高，而政治回报率却很低。经过两届议会之后，撒切尔夫人的干预意愿仍未消减。立法项目在范围上变得更加广泛。对地方支出的狭隘迷恋让位于一套更加广泛的旨在重构地方政府的主题。像以前一样，我仍将聚焦于这些独特主题，即问责、竞争、顾客至上主义（consumerism）、管理主义以及差异化。

*123*　　1. 问责

地方支出的"削减"不再是占据主导地位的主题。问责是当务之急。引用绿皮书的描述就是，人头税旨在通过确保"地方选民了解什么是其所在地方服务的成本，以便他们在这种知识武装下能够通过投票箱来影响其地方议会的支出决策"而"使地方当局对其选民更加负责"（Cmnd 9714 1986：9 and vii）。1988 年颁布的《地方政府财政法案》废除了家庭不动产税，取而代之的是所有成人必须缴纳的统一税率的税。非家庭不动产税或者说是营业税被中央确定的统一税率的营业税所取代。拨款体系被简化了，并且重新命名为财政收入资助拨款（the Revenue Support Grant）。《地方政府财政法案》也实施了一些小的变革：例如，地方当局必须任命一位专业会计师担任首席财务官，首席财务官必须向地方议会和审计官员报告财务不当行为的情况。

对更好问责制的寻求并不局限于地方政府的财政这个方面。1988 年颁布的《教育改革法案》（the Education Reform Act）让学生父母对学校有更多的控制。地方政府首脑获有对学校预算及任免学校工作人员的责任。管理学校的财政责任从地方教育局（LEA）转移至地方政府首脑。如果家长们愿意的话，他们可以管理自己的学校并且有权选择退出而不受地方教育局的控制。1988 年《地方政府与住房法案》（the Local Government and Housing Act）制止了地方议会为政府救济房租金提供补贴。这种向"付得起租金"的转变像人头税一样强化了得到服务与为服务买单之间的联系。

人头税的直接后果大家有目共睹：游行示威、普通议员的<u>坐立不安</u>、民意调查显示的政府业绩不佳以及（罕见有例外的）在地方选举中的失败。显而易见的是，人头税不受欢迎。人们花了较长一段时间才认识到政府这个问题；其实，这个问题已经广泛存在了。人头税所导致的结果有：要支付人头税法案所产生的 100 亿英镑的补贴，增值税提高了 2.5 %；玛格丽特·撒切尔作为保守党领袖在大选中失败；以及人头税被废除，不动产税重新启用［家庭税（the council tax）］。

巴特勒、阿多尼斯以及特拉弗斯（Butler, Adonis and Travers 1994：289）列举了令人信服的人头税政策失败的原因：

首先，在伦敦市内的许多地区要征收到很大比例的人头税，这被证明是不可能的，因为人口流动性、敌对情绪以及默许逃避都战胜了其本身就反对征收人头税的地方政府的行政资源。其次，对大部分选民来说，税率过高且所征税率增长过快，不仅导致未交税率上升，而且在全国范围内促使公众的敌对情绪高涨。最后，税收增长得太明显并且太突然，同样，税收回落得也太明显并且太突然。

在这一场急风暴雨式的变革和政治骚动中，依然存在着整个 20 世纪 80 年代经常出现在保守党政府声明中的这样一个棘手的简单事实：地方实际的经常支出在持续增长（参见表 6-1）。

　　2. 竞争

　　政府总是支持在公共服务供给方面采取合同外包并且应该更多地发挥私人部门的作用：例如，作为一个享有特权的伦敦自治市（a London borough），旺兹沃思（Wandsworth）因其率先开展并且广泛运用合同外包而经常受到保守党大臣们的赞扬。在 1981 年至 1983 年间，虽然有 138 个地方议会积极考虑了合同外包，但是最终只签订了 11 个大合同。从那以后，人们对合同外包的兴趣急剧下降（Ascher 1987：222-3）。直到 1988 年《地方政府法案》出台之后人们才再度对合同外包产生热情，因为该法案要求垃圾收集、街道清洁、餐饮服务、楼房清洁、地面维护以及车辆维修等领域引入竞争机制。

　　合同外包有什么效果？沃尔什（Walsh）断言"会导致大量的节约……其中的有些节约源于减少支出和条件，有些节约源于采用了新的工作方法，有些还源于工作节奏的加快和劳动总投入的减少"（Walsh 1989：44）。总之，竞争可以削减成本。然而，竞争并没有大幅度地增强私人部门的作用。阿谢尔（Ascher）认为，英国国家医疗服务系统中的大部分合同都判给了内部的员工；佩因特（Painter）也认为，地方政府的第一轮竞标中也出现了同样的趋势（Ascher 1987；187 and 298；以及 Painter 1991：207）。

　　3. 顾客至上主义

　　与问责和竞争的概念类似的是把公民视为顾客而非委托人的理念。顾客不仅要为其得到的服务支付费用——与问责相关联，而且他们还会提出要求并且在要求得不到满足的情况下能够有其他的选择——与竞争相关联。地方当局应该做出回应并且要认识到"服务质量需要贴近顾客和公民"（Local Government Training Board 1987：4-5；也可参见 Stewart 1988：Chapter 5 and Chapter 7）。

　　政府赞成这样的观点，而且有几部立法可以增加公民的选择机会。1980 年的《住房法案》就给予租户自己购买政府救济房的权利。1988 年的《住房法案》又扩大了租户的选择，为他们提供了除地方当局之外还可以另外再选择一个房东的权利。社区护理政策要求地方当局尝试将私人部门和志愿者部门的服务供给与英国国家医疗服务系统和地方政府相结合的"打包护理"。1988 年的《教育改革法案》也可以增进学生家长的选择。地方教育局再也不能限制特定学校的录取了。学生家长们可以在地方教育局管辖的学校、城市技术学院（CTCs）以及依靠拨款维持的学校（Grant Maintained Schools，GMSs）之间进行选择。城市技术学院是地方政府与开设强调科学与技术课程的私人部门合作创办的新学校。依靠拨款维持的学校是因学生家长的意愿而选择不受地方教育局控制的学校，这些学校直接受中央政府资助。

消费者选择已经取得了一些明显的成功，例如，政府救济房的出售和私人部门服务供给的大幅增加，例如，对老人提供的这种服务就增加了很多。而最近的打包服务则经历了错综复杂的命运。城市技术学院已经开学，但私人部门的支持却明显不足，进而迫使政府注入巨额资金。虽然选择不受地方教育局控制的学校起步缓慢，但是它们却已呈现出良好的发展势头。租户投票支持地方当局仍然做他们的房东。然而，顾客至上主义已独立成型并且成为地方当局管理的一个特征，例如，改进的住房管理就是说服租户坚持选地方当局做房东的一种途径。

*125*

### 4. 管理主义

管理主义是保守党对待公共部门政策的一贯不变的特征。也许，第一届议会任期内的主要创新就是 1982 年在英格兰和威尔士设立地方当局的审计署（the Audit Commission for Local Authorities）。自那时以来，管理主义对经济、效率和效益的倡导便成为地方政府的一个特征。

政府在对《韦迪康比报告》（the Widdicombe Report，Cmnd 9797 1986）的回应和 1989 年《地方政府与住房法案》中重新考察了地方当局业务的行为这个主题。1989 年在起草《地方政府与住房法案》的过程中，当《韦迪康比报告》中的研究发现与政府的先入之见存在冲突时，政府就会忽视这些研究发现。该报告提出的建议也只有在方便的时候才会被采纳。该法案贯穿了两个主题：遏制政治化和防止政治性行为不端。因此，地方议员的工作津贴受到限制，双重身份（兼职）——或者说是一个地方议员在另一个地方当局任职——受到严格限制，严格规定政党在议会各个委员会和分委员会的代表比例，指派的议会委员会成员不允许投票表决（当然，地方执法官和教会代表除外）。为了防止政治性行为不端，该法案要求每个地方议会要任命一个负责行为合法的官员和一个负责管理协调的官员。如果这两个强势官员建议"工党极左派"组成的地方议会（"Loony left" councils）改变主意的话，他们也许会改变主意，然而，这是一个非问题的解决办法，不太靠谱。总之，中央政府高度赞扬企业式管理方式，但是它在遏制地方政府政治化的同时却只是马马虎虎地摆弄了一下对地方政府的管理。然而，"经济、效率和效益"仍然是地方当局经常面临的一种压力。

### 5. 差异化

强化地方政府首脑的作用、租户的选择、城市技术学院以及选择不受地方教育局的控制都是避开地方政府的例子。合同外包将会更大地发挥私人部门的作用。打包服务降低了地方当局作为服务供给者的作用，并且使一些公共代理机构和私人代理机构参与进来。1988 年的《住房法案》力图扩大私人租赁部门的规模，加强住房联合会（Housing Associations）在提供住房和管理地方政府所属地产中的作用，设立住房行动信托基金（Housing Action Trusts）以接管和修缮受损的地方政府所属地产，然后出售给住户或者另外的房东。与大都市地区政府的碎片化相类似，总的趋势显而易见：为了取代全能的地方当局，中央政府正在建立一种差异化的服务供给体系。这种碎片化只是多项政策的一种副产品，而且它只在部分意义上是设计和意图的结果。

*126*

人头税所造成的政策混乱分散了人们对 1987 年至 1990 年间发生的重大变革的注意力。竞争、顾客至上主义和差异化成为地方政府未来不确定性的关键要素。

## 1990 年至 1995 年：治理

20 世纪 90 年代，中央政府逐步形成了一种处理政府间关系的独特行事准则，尽管这只是暂时的。以下，我将以"控制"、"重组"和"管理主义"为题对这一行事准则进行概述。

### 1. 控制

在英国的政治讽刺作品中，贝尔（Bell）卡通漫画里的梅杰把内裤穿在了长裤外面，被生动形象地刻画为一个缺乏个性、平庸软弱、无足轻重的人，这些形象可能会产生误导作用。当梅杰在 1990 年 11 月取代玛格丽特·撒切尔成为首相时，英国就立竿见影地出现了一种颇有影响力的"梅杰效应"。约翰·梅杰领导的政府将迈克尔·赫塞尔廷召回环保部解决人头税带来的问题，进而废除了人头税，1992 年的《地方政府财政法案》用家庭税取代了人头税。家庭税是一种基于住房价值的税收，共分为八个等级，从一级的 4 万英镑到八级的 32 万英镑（仅限英格兰地区）。家庭税带来了风暴过后的平静；家庭税的征收一帆风顺，几乎是悄然无声的。刺痛地方政府的是引入人头税所采用的手段及其带来的后果：营业税的国有化、标准开支评估（SSA）以及普遍设置税收上限。

1992 年以后，地方的收入约有 20％来自地方税收，28％来自营业税，10％来自专项拨款，1％来自社区护理拨款，还有 41％来自中央政府提供的一般性拨款。关键是营业税不再由地方政府设定，而是由中央政府设定。因此，大约有 80％的地方收入由中央决定。中央政府还设置了标准开支评估或每个地方当局所需支出的估算。如果一个地方当局所做的预算超过了它的标准开支评估，这个地方政府就会被设定开支上限。以往，中央政府只对少数地方议会设定上限；现在，政府对地方议会广泛设定上限。实际上，这种控制十分有效，以至于地方当局为自己设定上限，进而将地方支出减少至维持开支上限以内。扬（Young 1994：89）认为约翰·梅杰通过放弃玛格丽特·撒切尔的手段实现了玛格丽特·撒切尔控制地方支出的远大抱负。无可争议的是，地方的财政自行裁量权现在受到了严格的约束。在整个时期，资本支出显著下降并且仍然受到严格的控制。但是，地方政府的经常性支出在 1979 年至 1995 年间实际上稳步增长。不过，它在公共总支出中所占的比例有所下降，

114

因为有些服务不再由地方政府提供（例如，理工学院），但是在 1995 年地方政府的经常性支出在公共总支出中所占比例仍然超过了 25%。标准开支评估很复杂，有人会说它难以理解。它受到了审计署（1993）的严厉批评。集权和控制为保守党政府所取得的全部成果就是使地方总支出的增长率减缓。保守党政府并没有实现地方总支出的削减（见表 6 - 1），但是它反倒为地方总支出的增长支付得更多了！如果地方当局的经常性支出被添加到专门机构的开支之中，那么就只有一种可能的结论：地方治理代理机构的总支出在 1979 年至 1995 年间有大幅度增长。有些人可能会认为这种结果有悖常理。鉴于地方当局的自行裁量权较少并因此无法实现它们的开支目标，并且鉴于中央政府并没有实现它要减少地方开支这一目标，因此最准确的结论仍然是地方政府的财政就是一种政策混乱。

*127*

2. 重组

由于某些至多是含混不清的原因，保守党在继续实行避开地方当局而使用非选举产生的专门机构这项政策时又重新回到地方政府改革的政策上来。

扬（Young 1994：90-91）认为，保守党之所以引入了地方政府审查并且在英格兰委派了地方政府委员会（the Local Government Commission，LGC），其原因有三。由于迈克尔·赫塞尔廷具有无法矫正的"行动倾向"，这种两级体制的复杂性对于他来说是一个无法回避的挑战①。政府希望问责更加明确，进而将财政收入（一个行政区功能）与各郡的开支联系在一起。政府希望废除工党控制的几个"人为设立的"郡：埃文（Avon）郡、克利夫兰（Cleveland）郡以及亨伯赛德（Humberside）郡。当迈克尔·赫塞尔廷调到贸易与产业部（the Department of Trade and Industry）任职后，这项政策便失去了拥护者。地方政府委员会的指导方针含混不清。政府具有两种偏好——单一管理区和"赋能管理区"——但两者都没有得到详细的阐发而无法为地方政府委员会提供指导。地方政府委员会也未能提出自己业已达成共识的原则去指导委员们开展工作。因此，第一批建议很自然就是五花八门、相互矛盾的，进而反映了各个委员的偏好。这些建议还受到了来自学术界、地方当局以及受影响的国会议员及其选民的许多批评。关于地方政府委员会的指导方针，关于单一管理区以及关于地方政府审查是具有选择性还是普遍性，中央政府说了一堆废话。政策开始发生偏移。一种堪比财政改革的政策混乱正在形成。地方政府委员会试图通过屈从不希望有任何变革的地方公共舆论和提出维持现状来摆脱优柔寡断的名声。中央政府赞同这种"实用的整理"策略（Leach 1996：50）。因此，1995 年，地方政府的图谱看起来就像下面这样：

---

① 利奇（Leach 1996：46）宣称，作为保守党领袖席位的争夺者，重组是迈克尔·赫塞尔廷"愿景"的组成部分，在败给约翰·梅杰而成为负责环境的国务大臣之后，他有机会去践行这项个人宣言。关于地方政府审查，利奇（Leach 1995 and 1996）提供了一份有用的年代表。斯托克（Stoker 1996）将重组置于一个更为宽广的视角。威尔逊（Wilson 1996）进行了一项分析性案例研究。《公共行政评论》1997 年春季的特刊（*Public Administration*，75，Spring 1997，special issue）对该政策进行了概述。

35 个英格兰郡议会

32 个伦敦自治市

1 个伦敦金融城政府

36 个英格兰都市行政区

283 个英格兰郡行政区

14 个英格兰郡单一地方议会①

然而，这个图谱又被重新绘制了：

> 这个图谱所描绘的政府再没有任何理由或者合理的理论依据这样做，政府
> （在英格兰）是通过一个几乎没有任何政府行为迹象的委员会发挥作用的，它
> 正在成为一种对政府"权宜之计"（quick fix）进行象征合法化的角色。这种变
> 革不会……（根据委员会自己的估算）导致运行成本的大量节省，而且会产生
> 大量的过渡性成本。

(Leach 1995：67)

利奇（Leach 1996：50）断言，政府的实用主义使其摆脱了政策混乱。我想知道他
为什么会得出这样的结论。也许，政府还没有达到由人头税导致的政策混乱的那些
高标准吧！

对地方政府进行重组不是唯一的重大结构变革。通过专门机构发挥作用的政策
仍然在延续，而且这种专门机构的数目清单越来越长。虽然估计的类型多种多样，
但是大多数评论家都承认英国政府中这样的专门机构大约有 5 500 个，而相比之下，
地方当局只有 401 个（在英格兰）。这些机构的开支在 370 亿至 460 亿英镑之间，
占公共支出的 1/3，而相比之下，地方当局的开支只占公共支出的 1/4。政府委派
了约 7.3 万人在这些机构任职，而相比之下，选举产生的地方议员只有 2.5 万人②。
1990 年以后，选择退出的学校和医院托拉斯数量不断增加。据斯图尔特和斯托克
（Stewart and Stoker 1995b：194）报道，截至 1994 年 1 月，已有 553 所由中央政
府拨款资助的中学和 250 所由中央政府拨款资助的小学。倘若诸如培训与企业理事
会这种提供公共服务的地方机构以及地方当局建立与私人部门合作的专门机构也被
包括在内的话，那么这幅图画会变得更加复杂。下列清单说明了非选举产生的代理
机构的多样性。

(1) 中央政府的松散型代理机构（例如，城市发展公司）；

(2) 地方当局的执行机构（例如，地方当局所有的公交公司）；

(3) 公私伙伴关系（例如，地方企业代理机构、城市挑战项目）；

(4) 用户组织（例如，住房管理合作社）；

(5) 政府间论坛（例如，伦敦与大都市圈的联合委员会）；

---

① 还有威尔士的 22 个单一管理区和苏格兰的 32 个单一管理区。

② 本节的数据来源于：Davis 1996：17；Greer and Hoggett 1995：51）；Stoker 1996：18；Wier and Hall 1994.

（6）联合机构（例如，警察、消防和交通）；

（7）自我管理的机构（例如，中央政府拨款资助的学校、医院托拉斯）；

（8）由公共经费资助用以提供公共服务的有限公司（例如，培训与企业理事会）①。

*129* 　如果说重组减少了选举产生的地方当局数量，那么避开地方当局就导致了专门机构的数量成倍增加。

总之，"地方**治理**"这个短语，而不是"地方**政府**"，最能够准确表达公共部门、私人部门和志愿者部门参与地方服务供给的组织结合（参见 Rhodes 1992a：2；Stoker，1996：18；以及 1997）。

3. 管理主义

1988 年以前，无论是在地方政府还是中央政府，作为"3Es"的管理主义都是占据主导地位的理念。但是 1988 年以后，新制度经济学的理念则成为创新的主要来源，进而激发了"赋能当局"的理念。

对地方当局内部管理改革的关注悄然无声地使后韦迪康比时期（post-Widdic-ombe）得以延续。地方当局内部管理工作组（1993）聚焦于强化地方议员在地方当局内部管理中的作用以及地方议会在地方当局内部管理中的领导地位。虽然工作组的文件不那么令人振奋，但是它却是有价值的，尽管如此，它还是引发了一场关于民选市长的持续争论。地方当局也躲不过"3Es"，之所以如此，并不是因为审计署对其角色采用了一种广义的概念并强调经济效益和绩效测评。不过，要找到这样做的原因，我需要转而论述竞争和公民宪章。

虽然竞争的外在表现多种多样，但是它们都涉及合同外包，合同外包现在已经成为地方政府景观中确定的组成部分。据沃尔什（Walsh 1995：35-36）报道，私人部门已经赢得全部合同 40％的份额，尽管按价值计算只占 17％的份额，而且竞争导致成本和工会的影响力均大幅度下降。竞争不再仅仅局限于诸如建筑维修、废物收集、街道清洁以及餐饮服务。竞争已经扩大到学校和社会服务。学校的委托预算可以提供资金，以便学校能够购买竞争性服务。根据 1990 年《国家医疗服务与社区护理法案》(the National Health Service and Community Care Act)，地方当局的社会工作部门为护理买单，而且它们必须为规定在私人部门提供的那种护理服务花钱（Wistow *et al.* 1994）。现在有一种服务供给的混合经济，而且地方当局必须管理一个横跨公共部门、私人部门和志愿者部门的合同和组织网络。尽管中央政府希望将合同外包扩大到白领阶层的服务，但是该计划一直推迟到 1998 年才开始实施。

公民宪章源于地方政府，而非约翰·梅杰首相执政的中央政府，公民宪章力图改进服务质量、增加用户选择、规定服务标准以及提供经济效益。它是另一种称谓的顾客至上主义。我曾经在约克郡工作，那里的地方议会是公民宪章的先驱之一。同所有宪章一样，公民宪章承诺改进服务质量，它规定了顾客能够据以评判服务的

---

① 这份清单的编制依据为：Davis 1996：16-17；Stewart and Stoker 1995b：195；Stoker 1991：65.

明确标准。这种管理理念既是约翰·梅杰创新举措的特点，也是地方政府和中央政府许多宪章的特征。约克郡的远大抱负并非局限于服务供给，其公民宪章还承诺要在国内和国际树立城市形象，承诺要在整个地区委员会对他们有影响的决策中为公民提供一种发言权。虽然普赖尔（Prior 1995：100）断言公民宪章"是在地方政府的管理主义思潮泛滥时期出现的"，但是他却提出了公民宪章关涉的是"服务的质量还是政府的质量"这个问题。波利特（Pollitt 1993：187）的结论为公民宪章是"带有人类面孔的管理主义"，他的这个结论不仅回答了中央政府的问题，而且也回答了地方政府的问题。

控制、重组和管理主义的结合将地方政府的体制转变为地方治理的体制。中央政府的财政控制与制度差异化和管理分权化共存。地方当局，其实是所有地方代理机构，都嵌入在相互依赖的组织网络之中。管理既是一个组织内部的过程，同样也是一个组织之间的过程。这些变革可以概括为这样一种对比，即作为其所在地区服务供给者的地方政府与作为给予合同和管理组织网络之"赋能当局"的地方政府之间的对比。我已经描述了英国是如何形成这种地方治理体制的。同样重要的是，为什么英国会形成这样一种治理体制呢？它可能会产生什么后果呢？

## 6.3  评价、解释与未来

### 评价

先见之明非常有用，它可以使我们识别事物发展的趋势和模式，可以使我们置身于事件的喧嚣之外。很明显，从第一届议会开始，中央政府试图控制各地方当局的支出，而且几轮政策过后只不过是意外后果成倍增加了。遭受这样的挫败，中央政府采取了反击，废除了"超支者"并且为其设置了支出上限，结果政府发现自己仍然没有实现削减地方开支的目标。政府采取行动所导致的结果是不稳定、不明确和混乱，而不是"削减"。中央政府与地方政府之间的关系就是一种政策混乱。各级政府都无法实现其目标。随之而来的是一场僵局，其中中央政府重新思考它的战略，并且带着一个"革命性的"改革方案归来。

1987 年以后，中央政府的改革方案更加激进。虽然人头税这项王牌政策试图强化问责制，但是这项政策却毫无疑问地制造了一种如此不受欢迎的政策混乱，以至于中央政府不得不废除人头税。对地方政府进行重组除了造成额外的行政成本之外没有实现什么明确的目标，因为根本就不存在要实现的明确目标。如果说地方政治控制的丧失是政府因其政策所付出的一种党派代价的话，那么为组成新的单一管理区而将城市地区从郡中剥离出来就是一种党派优势。为专门机构、增加竞争和回应消费者而避开地方政府的政策具有更为持久的影响，这些政策巩固了向一种地方治理体制发展的趋势，在这样的体制中，地方政府不是唯一的甚或首

*130*

*131*

要的服务供给组织。中央政府创建了横跨公共部门、私人部门和志愿者部门的组织网络。

因此，如果说中央政府未能实现几个关键目标，如果说有一个重要的结果是政策混乱，那么这个记录也并非就是一个前景始终暗淡的记录。中央政府有些政策的关键要素还是成功的，尤其是它关于消费者选择和竞争之优点的信息。然而，认真考虑政府政策中的矛盾还是很有教益的。

第一，这些改革是集权化的。地方当局约80％的收入由中央政府决定。但是，同样也有明显的分权证据。选择退出并且在教育领域引入地方管理框架就是将管理权向学校及其管理者下放。回应消费者和竞争就是用市场取代地方的选举问责制。

第二，虽然我努力地以系统的方式对近期的一些变革进行了描述，但是连贯性并不是中央政府方案的特点。我已经对一套完全不同并且有时还会相互矛盾的政策进行了理性的解释。无论是分别考察还是单独来看，1987年以后的法案都没有遵循某一套连贯的或者简单的原则，反倒是存在一些重大的政策转变。最明显的例子就是人头税政策，不过，其他政策领域也还存在重大的政策转变，例如，教育领域。

第三，这几个政策之间的相互冲突产生了一些意外后果。地方支出在整个这一时期实际上有所增长。当中央政府规定的政策要剔除半官方机构时，避开地方政府的做法就使代理机构的数量成倍增加。采用单一管理区这项近乎无意义的政策延误了一个行之有效的政策，即对白领阶层的服务实行合同外包。最重要的是，中央政府使代理机构的数量猛增并且导致其协调和控制的问题增多。但是，关于避开地方政府的证据也存在矛盾。例如，地方当局在儿童护理和社区护理方面的责任都更大了。

意识到这些矛盾会带来一个重要的问题。如果说20世纪八九十年代的立法是集权的证据的话，那么这个结论怎样才能与政府关于政策混乱、政策逆转以及意外后果的记录保持一致呢？

## 解释

为了理解20世纪八九十年代地方政府改革的复杂结果，我们有必要探讨国家的经济环境、政党意识形态、政党政治、官僚传统以及官僚政治之间的相互作用。

政府间关系的干预反映的不是中央政府对地方政府状态的关注，而是中央政府对国民经济管理之感知必要性的关注。保守党政府对通货膨胀、公共部门借款条件以及公共支出的关注形塑了对地方政府的政策。虽然工党对1975年至1979年间的经济问题已经有了一个类似的定义，但是保守党对英国经济相对衰退所做出的回应却是由意识形态形塑的。虽然控制地方支出一直是财政部关注的问题，但是关于民营化、人头税以及竞争的政策却明显具有保守党的特点。这些政策也反映了新右派

(the New Right) 及其各种智库的思想。经济问题会刺激干预。政党意识形态形塑了干预的形式和程度。政党不仅体现了意识形态，而且还是政策动议的主要来源，是对白厅意图和既定利益的一种抗衡。政党也是冲突的焦点。保守党的政策使政府间关系出现政治化和两极化。保守党在地方选举中付出了很高的代价。工党和自由民主党各自单独或者联合起来控制了几乎所有的郡议会和都市议会。地方政府是与中央政府形成对立的主要力量，也是这种日益两极化的国家政党政治舞台上的一个走卒。

保守党可能已经提出了许多新的政策动议，但是在这些政策动议的执行期间，意图和结果却发生了明显偏离。中央政府没有预料到或者说忽视了这种二元政体和政策网络所施加的限制。这种二元政体体现了行政的非执行者传统和中央与地方的政治隔离。中央政府决心要干预和控制各个地方当局。它采用了一种命令式的或者官僚式的工作准则。在英国，对行政权力的宪法制衡比较薄弱。因此，中央政府往往采取不受议会或者反对党阻碍的单边行动。它要么没有认识到，要么就是选择忽视这样一个简单的事实：英国政府是差异化的和分解的，英国这个单一制国家是一个相互依赖的多形式迷宫。结果，中央政府缺乏推行其政策的实际手段，缺乏实地代理人员开展管理的组织基础设施。立法意图与行政实践相背离，而且政府间关系的政治化损害了地方政府的"责任伦理"或者侵蚀了地方政府遵循中央政府支出原则的倾向 (Bramley and Stewart 1981：60)。

换言之，最初的政策设计埋下了失败的种子。威尔达夫斯基 (Wildavsky 1980：16) 将政策描述为假设。因此，保守党的政策之所以会失败，其原因在于它的假设不正确。伊诺克·鲍威尔 (Enoch Powell) 评论道：

> 要千方百计限制财政援助 (Exchequer grants) 和政府贷款 (Government loans)：但是每个货币主义者 (monetarist) 都知道利率不会导致通货膨胀，而且地方议会也不能印制钞票。因此，为什么要让每一个选举产生的议会在英国一处又一处地争吵不休呢？
>
> （转引自 Jones and Stewart 1983：61）

货币政策**并不**要求控制经常支出，反倒是只要求控制资本支出！巴特勒、阿多尼斯和特拉弗斯 (Butler, Adonis and Travers 1994：223 and 292) 还特地提到了这个政策过程中的失败，尤其是环境部公务员就人头税提出的劣质咨询建议以及没人对此提出警告。

使这个问题更为严重的是，处于英国政府核心的专业-官僚综合体——政策网络——阻碍了政府的远大抱负。英国政府的政策制定是由功能明确的政策网络主导的，该网络包含中央部门、职业界以及其他重要利益集团。外部利益在政府中被制度化，关系变得常规化，政策议程具有稳定性并且具有带小写"c"的保守性，政策变革是渐进的。这些网络，尤其是职业界，受到了撒切尔政府的"猛烈抨击"，被严厉地指责为自私的制造商利益集团，它们全然不顾学生家长和患者的需求。

*133*

这个政策制定体制有两种后果。首先，大臣们会固守自己的地盘而不管其他的网络。正如巴特勒、阿多尼斯和特拉弗斯（Butler，Adonis and Travers 1994：204）所指出的那样，财政大臣虽然反对人头税，但是他却准备"倘若别人不理他，他就不理别人"。警告还没有付诸实施就被人遗忘了。其次，"猛烈抨击"并没有导致合作，而这些政策网络的合作对政策的有效执行是不可或缺的。中央发布权威性公告，紧接着就出现了执行中的政策偏差，这种模式变得十分普遍。保护地盘生动说明了英国政府中功能性利益集团的影响。这些政策网络的动态保守主义生动说明了英国政府中权威性决策与相互依赖之间经常出现的张力。

经济环境、政治意识形态和政策网络之间的相互作用创造了一种地方治理体制并且产生了掌舵的问题。罗兹著作（Rhodes 1986a）中所描述的功能性政策网络是基于中央部门或者部分中央部门。为了应对全球经济压力，中央政府试图在减少自己作用的同时对保留的作用施加更多的控制。缩小控制范围，加强控制力度，需要政府对政策网络进行控制，需要将一些功能转让给私人部门和志愿者部门。就地方政府而言，其采取的是支出控制和避开地方政府的形式来面对外部空心化。通过使英国政府的制度结构碎片化，中央政府增加了空心化的一个内部维度，进而创建了具有两个显著特点的服务供给网络。首先，网络的成员吸收了私人部门和志愿者部门。其次，中央政府把直接控制换成了间接控制。中央部门不再是一个网络的核心组织。权力关系仍然是不对称的。中央政府确定网络行动的规范并且仍然为服务提供资助，不过，政府越来越依赖网络。总之，内部空心化（例如，制度碎片化）和外部空心化（例如，全球化）削弱了中央的掌舵能力。

地方政府的历史是由多重矛盾——经济矛盾、政治矛盾和组织矛盾——构成的。单一归因的解释是不恰当的。地方政府的政策制定之所以产生了一种政策混乱，是因为中央政府未能认识到分解、差异化、相互依赖以及政策网络是英国政体的重要特征。简而言之，中央政府用地方治理取代了地方政府。鉴于 1979 年至 1995 年间的记录，政府 1987 年后的方案存在种种矛盾以及对中央创新举措的种种限制，那么地方政府的未来将会怎样呢？

*134*

## 未来

我们可以识别出以下四种情形：集权、合同制权威、社区政府以及差异化。

**集权**的情形已经广泛地上演了。简言之，这个"新的利维坦"（New Leviathan）已经诞生。中央现在控制了绝大部分地方收入，控制了学校的教学内容，废除、出售或者避开了那些它不喜欢的地方服务。地方政府将会衰退，进而成为中央的一个行政代理人。

**合同制权威**是新右派的理想（Ridley 1988）。地方当局停止提供直接服务。它不仅与中央签订服务供给合同，而且与地方签订服务供给合同。地方政府的角色就是要管理合同和规制承包人。无论是中央代理机构、私人部门还是国家医疗服务系统或者是志愿者部门，服务的供给者应该是能够以最低成本提供最佳服务的供给者。

**社区政府**的情形将地方政府的复兴设想为白厅之外的杰出政府制度（Stewart and Stoker 1988）。这种情形试图基于地方政府的战略角色、服务供给的回应性以及强化的地方问责制来创立一种与公民相联系的新型伙伴关系。社区政府之所以是依靠社区的政府，其原因在于它试图使服务分散化并且与许多代理机构一起或者通过这些代理机构来提供服务。社区政府之所以是为了社区的政府，其原因在于地方政府不负责管理一系列单独的服务，而是要识别出全社区都关心的问题。

**差异化**的情形预测了制度碎片化的扩展，它是一种以不连贯渐进主义和次优政策结果为特点的决策模式（Rhodes 1988：406-13）。尽管差异化情形包含了前三种情形的所有要素，但它却断言没有哪一种情形会占据支配地位。服务供给体系因随之丧失了可理解性、效益和问责而变得更加复杂。

这些情形都很简洁。我利用它们是要表明地方政府的未来并非命中注定。最重要的是，"集权"这个词并没有抓住 20 世纪八九十年代的趋势。随着政府服务供给能力的下降，集权会增强。与集权共存的是政策网络与白厅之外越来越多的代理机构之间的分裂。

如果要创建合同制权威，它至少还要有一个支持保守党的议会。地方当局将会负责管理由各种代理机构提供的一系列服务。地方服务将未必非得由地方政府来提供。但是，服务供给体制将会具有混合性，不会遵守某一种模式，地方政府仍然处于支配地位。

工党政府与经济增长的结合可能会促进社区政府的发展，对此我并不乐观。最好的情况是中央政府会因地方政府而变得"精神分裂"（Kogan 1971：171），而最坏的情况则是当时的政府，无论是保守党政府还是工党政府，其政治经济利益都会推翻对"地方政府"的任何假定承诺；中央政府罕见有利他主义精神。具有一个越来越碎片化且不负责任的复杂体系的差异化情形会凸显出来。虽然差异化情形将会发挥抑制行政干预的作用，但是它并不预示着多元主义天堂的降临。虽然差异化提供了制衡，但是这种制衡既没有宪法保障又缺乏民主问责；虽然它描绘了近 20 年政府干预的最终产物，但是它既没有假定政府目标的连贯性、政府的利他主义以及控制的程度，也没有假定制度碎片化的好处。

无论地方政府的未来如何，最终迈克尔·赫塞尔廷都会受到冷嘲热讽。是他使政府经历曲折，陷入政策混乱；是他在 1990 年 11 月重返环境部来整顿这种政策混乱：

> 不得不相信，为了惩戒少数违规者，政府会明智地对地方政府财政进行一场正面的变革，这场变革会将其成果扩大到英格兰和威尔士的每个选区，其影响虽然无法估量但并非不可预见。
>
> （Heseltine 1987：304）

现在他告诉我们了！

# 第 7 章

# 欧盟、凝聚政策与次国家当局

137　　　本章将描述和分析英国在 1988 年结构性基金改革后次国家当局、中央政府和欧盟之间的关系。本章尤其关注为实施欧盟区域政策所采取的伙伴关系安排，这种安排是欧洲委员会① (European Commission) 凝聚政策概念的组成部分。本章还将考察区域性联盟的发展和附加性原则的执行，这两点对于 1988 年改革之后的英国都具有重要意义。

　　本章还将评估上述这些发展对地方政府、区域性机构、国家政府以及欧洲委员会之间关系的影响，进而将"政策网络"这个概念作为工具分析这些不断变化的关系。我尤其要考察的是，英国中央政府在 1988 年结构性基金改革的国内影响方面是否成功地扮演了"看门人"的角色。尽管过去的实践表明中央政府不会轻易接受对这种角色的任何侵害，但是我却认为欧盟的区域政策制定在某种程度上为政策网络中的多层级治理提供了依据。

　　本章第一节简要概述了政策网络这种对欧盟政策制定的多层级治理途径。第二节描述了本章关于 1988 年结构性基金改革的

---

　　①　欧洲委员会，亦名"欧洲理事会"，是追求"欧洲合作与联合"这一目标的国际组织。1949 年 5 月 5 日，比利时、丹麦、法国、爱尔兰、意大利、卢森堡、荷兰、挪威、瑞典和英国在伦敦签订《欧洲委员会规章》，正式成立该组织。其宗旨是：努力实现更紧密的欧洲联合，促进成员国的经济和社会进步，维护议会民主和人权原则。主要活动有：审议各成员国共同关心的有关政治、人权、经济、社会、文化和科技的问题，并通过各成员国政府签订协议和公约、向成员国政府提出建议等方式，谋求在这些领域里采取统一行动。——译者注

主要方面。第三节概述了 1988 年改革之前英国地方政府与欧盟之间的联系。第四节描述了 1988 年之前英国结构性基金的政策网络。第五节评估了管理结构性基金这种新型伙伴关系制度安排对英国的影响，还考察了区域性联盟的发展和附加性原则。第六节对 1988 年以后的其他重大发展进行了反思。本章的结语认为，1988 年的改革使英国的区域政策网络发生了明显的变化，进而产生了某种多层级治理。然而，由于区域政策网络中资源分配的不均等，英国中央政府继续控制着欧盟区域政策对英国国内的影响。本章还批判性地评价了政策网络这个概念对理解 1988 年以来的变革所具有的效用。

## 7.1　政策网络与欧盟政策制定

在前面的第 2 章中，我详细地讨论了政策网络。本节将简要评述政策网络与欧盟政策制定的相关性。

在过去的十年中，有一些学者利用"政策网络"探讨欧盟的政策制定，但是这样的研究往往具有试探性。华莱士（Wallace 1984：141）谈到了"出现在跨越国家边界的横向政策网络"。布尔默（Bulmer 1994：14）宣称，自华莱士和韦布（Wallace and Webb 1977；也可参见 Haas 1992；以及 Keohane and Hoffman 1991）的研究以来，子系统政府"在整合研究中已经得到了充分的认可"。科茨（Coates 1984：158）关于食品标准规制政策的描述同样断定政策的执行"严重地依赖于一个很小的政策共同体"。他特别提到，"制度安排的复杂性似乎并没有阻碍这个过程"。罗兹（Rhodes 1986c）考察了欧洲共同体与地方政府之间的关系，他指出了中央政府、地方政府和超国家政府的三元关系，并且认为在某些政策领域里存在"突现性"政策网络。这些早期的研究具有四个共同的特点：第一，它们都聚焦于政策执行而非政策动议。第二，它们都强调不同的政策领域之间存在很大的差异。第三，它们都谈到初期的或者突现性的网络，而非稳定的政策共同体。第四，这些研究都认识到，在一个复杂的政府间政策制定体系中有必要对许多相关的公共利益和私人利益进行汇集与协调。网络并没有意识到制度边界。政策产生于政府与非政府组织之间的斗争（参见 Atkinson and Coleman 1992；Rhodes 1995b）[1]。

20 世纪 90 年代，人们对"政策网络"的兴趣更加浓厚，主要是对欧盟的政策制定进行**描述**。例如，彼得斯（Peters 1992：77）就广泛描述了欧盟的政策制定，他认为，欧盟的政策制定"最好被理解为官僚政治"，而且这样的政策制定是在"政策共同体"内发生的。政策制定是"一场官僚之间的马拉松式多边谈判"（Kohler-Koch 1996：181）。欧盟的行政部门是碎片化的，而且各职能部门的部长都

---

[1]　关于欧盟政策网络的阐述仍然相对较少。除了文中所引用的文献之外，也可参见 Preston 1984；Scharpf 1988；Grant, Paterson and Whitson 1988；Smith 1990；and Josselin 1994。

要"参与到围绕特定政策利益的博弈之中"（Peters 1992：79）。欧盟的政策制定既是差异化的，又是专业化的，而且"较之欧洲大多数国家的中央政府，许多政策共同体或者政策网络看起来即便没有对公共政策施加更大的控制，也对公共政策施加了更大的影响"（Peters 1992：81）。欧盟的政策制定中反复出现三个连锁的博弈：**国家**博弈，其中，每个成员国都试图从其欧盟成员国的身份中获得最大的利益回报；**机构**博弈，其中，各种机构都"试图获得比其他机构相对更多的权力"；**官僚**博弈，其中，欧洲委员会的各总司（the Directorate-Generals of the Commission）"相互竞争政策空间"（Peters 1992：106-7）。在彼得斯看来，差异化、专业化、相互依赖以及官僚政治等是欧盟政策制定的特征。问题在于彼得斯的描述过于简略，就如同其描述过于宽泛一样，例如，他并没有说明这些政策共同体与三种博弈之间的关系。

相比之下，梅齐和理查森（Mazey and Richardson 1993）的描述不仅更加聚焦，而且更加谨慎。他们探讨了欧盟政策制定中的利益集团，并且表明，尽管"有些利益集团在欧洲共同体层面已经被视为一个凝聚性政策共同体的组成部分"，但是大多数利益集团却"参与的是一些更加缺乏整合的政策网络类型"（同上：4）。"根本不存在什么占据主导地位的欧洲共同体-利益集团关系模式或者欧洲共同体-利益集团关系类型"，而且欧洲共同体想要"与相关利益集团建立合法化稳定关系"的"程序性抱负"仍然还是原样，只是一种抱负而已。因此，梅齐和理查森断言：

> 在欧洲共同体层面，政策网络的性质实际上发生了很大的变化（而且……在某些特定的政策领域中可能根本就不存在网络），但是至少有一点是可以肯定的，那就是"网络"这个概念很有用。

（同上：253）

马克斯（Marks 1992，1993 以及 1996）聚焦于欧盟结构性政策，他认为，自 1988 年以来，欧洲区域发展基金（ERDF）正在"各个区域创建包含次国家政府和私人利益集团的政策网络"（Marks 1992：192）。马克斯（Marks 1993：392）指的是："出现了多层级治理，即一个在各个地域层级——超国家层级、国家层级、区域层级以及地方层级——的网状政府之间持续协商的体系"。多层级治理继承了新功能主义的传统，它强调欧洲委员会的作用，这种观点在 20 世纪 80 年代因越来越体现欧洲委员会偏好的区域政策协商结果而得以强化。因此，马克斯（Marks 1993：399 and 401）认为：

> 虽然在 1988 年布鲁塞尔峰会上结构性基金的翻倍源自各成员国之间的讨价还价，但是一年之后欧盟理事会达成共识的机构改革是由欧洲委员会起草的……欧洲委员会起草了 1988 年结构性基金改革行动方案，这个行动方案只做了少许修改就获得了欧盟理事会的通过。

实际上，这些改革是"强化欧洲委员会的制度建设并力图使一个日益发展的重要领域实现技术官僚化"以及在狭义上使其去政治化的一种实践"。改革还建立了结构性基金与区域性政治机构之间的直接联系，因此"对成员国内部的集权化政策制定提出了挑战"（Marks 1992：212）。总之，欧盟就是**多层级治理**的典型。不同层级的政府"被镶嵌在地域上很重要的政策网络之中"（Marks 1993：392 and 402）。

马克斯的分析存在两个问题。首先，虽然政府层级之间的联系成倍地增加，但是这些联系未必会对集权化决策构成有效的挑战。马克斯的证据通常是指地方政府和区域性政府对决策的**参与**，而不是指它们对决策**结果**的影响。各成员国在次国家参与的效果上存在很大的差异。其次，马克斯（Marks 1996）故意回避了带有理论性的网络概念。"多层级治理"这个短语描述了欧盟政府不断变化的结构。它指的是作为一个整体的政策制定体系，并且使人们注意到许多功能性政策网络都涉及不同层级政府的参与这个共同特征。"多层级治理"既没有解释那种结构的变化，也没有说明那种结构发生变化的原因。马克斯寄希望于通过国家政策风格的变化和每个决策阶段的不同功能性特点来解释地方参与和区域参与的差异。

虽然对欧盟的政策制定进行准确的描述很有必要，但是更为重要的是要对这个政策过程的变化做出解释。"政策网络"被学者们用来**分析**欧盟特定政策领域中的政策制定，在这方面最著名的学者是安德森（Anderson）和彼得森。安德森（Anderson 1990）明确地将罗兹（Rhodes 1988）的网络概念用作交换资源的公共代理机构和私人代理机构集群。他聚焦于**国内**的政策网络，并认为：

> 欧洲共同体能够通过影响成员国之间的资源分配来改变国内的网络并因此而改变网络相互依赖的程度，因为欧洲共同体可以"调控资源、分配利益、配置市场以及在相互冲突的利益集团之间做出裁决"（Wallace 1982：61）。欧洲共同体的动议能够增加、减少或维持网络成员的资源依赖。
>
> （Anderson 1990：422）

安德森比较了英国和德国对自 1979 年以来欧洲区域发展基金改革做出的反应，进而断言欧洲区域发展基金改革"暴露了以往无关紧要的资源依赖"，尤其是暴露了"缺乏开发联合项目的行政能力"（Anderson 1990：442）。因此，英国的次国家行动者变得更加依赖中央政府，因为强调的重心向项目而不是向计划的转变促使环境部的区域办公室在动员地方当局方面扮演着一种"航母"的角色。改革强化了公务员的"看门人"地位。

欧洲区域发展基金的改革对德国联邦政府产生了一种破坏性影响，改革"加剧了国家联合政策制定框架内的现存冲突"（Anderson 1990：443）。安德森认为，资源依赖减少的原因在于**联邦政府**（the *Bund*）可以利用欧洲委员会作为控制**德国**区域计划的替罪羊。欧洲区域发展基金自 1979 年以来的改革并没有整齐划一地以牺牲中央的利益为代价来强化这些区域的地位。国内的政策网络具有与"其他类似政策领域有所差异"的"不同程度的资源依赖"，因此，欧洲共同体具有不同的影响（Anderson 1990：445）。*141*

安德森的分析存在两个问题。首先，他的分析包含了 1988 年之前的欧洲区域发展基金，而没有考虑这个政策过程所发生的变化，这些变化不仅强化了区域行动者，而且创造了发展政策网络的更多机遇。其次，安德森聚焦的是欧盟对国内政策网络的影响，而不是这些政策网络对欧盟的影响。例如，20 世纪 80 年代，英国政府削减了在区域政策上的支出。中央政府避开地方当局而利用私人部门和专门机构。因此，欧洲委员会不得不超越其传统的地方政府联盟，进而与私人部门以及诸如培训与企业理事会这类专门机构建立联系。

彼得森（Peterson 1992：244）利用政策网络研究途径来探讨欧洲的技术政策，他断言存在"一个高度整合的政策共同体"。彼得森（Peterson 1995c）运用了罗兹的政策网络模型，因为该模型"抓住"了欧盟决策的三个关键特点："一系列复杂行动者之间关系的重要性、技术官僚合理性稳固程度的变化以及欧盟政策协调与执行的零散纪录"（Peterson 1995c：80）。他对"中观决策"的强调是对该模型应用范围的一种重要限制。他认为，对于分析政府间会议所做出的历史性决策或者部长理事会所采纳的政策决策，"中观决策"这个概念的作用很有限。它对于分析涉及"我们怎么办"这种问题的"二阶"决策最有用，例如技术政策。聚焦于协调和执行再度成为首要的问题。

正如彼得森对执行问题的强调一样，区分创造历史的决策（history-making decision）、政策制定的决策（policy-setting decision）以及政策形塑的决策（policy-shaping decision）也造成了一些问题。与霍夫曼（Hoffman 1966）区分高度政治与低度政治颇为相似，虽然彼得森的区分从常识来看具有一定的吸引力，但是它却很难始终都得到应用，因为彼得森的标准过于宽泛。例如，创造历史的决策包括修改条约、关于议程、优先考虑事项以及财政的战略决策以及欧洲法院正式宣布的法律决策。要区分战略性决策与政策制定的决策并非易事，因其众所周知的歧义性和问题而要重新区分手段和目的。此外，尽管政策网络对于政策执行至关重要，但是它们也可以在政策动议中发挥重要的作用。政策网络可以通过排除其不赞同的选择来形塑政策议程。虽然区分政策制定与政策执行是一种有用的分析工具，但是要将两者分离可能很困难。政策的细节能够决定结果，而且"自下而上"的政策执行研究途径已经表明街道一级的官僚都能够重塑政策（例如，可参见 Sabatier 1986），这些都是政策分析的老生常谈。虽然政策网络对政策执行很重要，但关键的问题是它们在政策过程的其他阶段有什么贡献。

作为最后一个示例，关于地方政府、区域政府以及欧洲共同体之间的联系，有大量的文献①。马克斯（Marks 1993：407）将其关于结构性政策的结论推广到包括上述这些欧洲的政府间关系②。他宣称：

---

① 例如，参见：Keating and Jones 1985；Rhodes 1986c and 1992b；Bongers 1990；Batley and Stoker 1991；Inlogov 1992；Goldsmith 1993；Terry 1993；Bache，George and Rhodes 1994；and Mitchell 1994.

② "政府间关系"这个词语具有多种用法，例如，它可以指欧盟成员国国家政府之间的关系，但是这种用法具有很大的局限性。在关于联邦制的研究中，政府间关系指的是各级各类政府部门之间的相互作用（参见 Rhodes 1981：76）。这也是本书的用法，并且还包括了欧盟的政府部门。这样定义的政府间关系与多层级治理之间没有什么区别。文中源自马克斯（Marks 1993：407）著述中的引言同样适用于美国联邦制和欧盟。

我们正在目睹欧洲共同体**多层级**治理的出现，其特点是：横跨各种嵌套政府层级的联合决策，界定不明且不断改变的权限范围（有可能引发关于权限的冲突），以及不断地探寻可能会应用于这种新兴政体的决策分配原则。

同样，彼得斯（Peters 1992：112）也认为欧洲共同体可能正在形成"一种类似于美国的'尖桩篱栅式联邦制'（picket-fence federalism）和政府间关系"。中央政府提出建议，地方政府处置安排，这种对政府间关系自上而下的理解将必然让位于多层级协商。**政府间**的博弈是欧盟政策制定中各种博弈的一种①。这种博弈延伸到了政策执行之外。多层级治理覆盖了政策过程的各个阶段，并且处于政策网络的核心，政策网络不仅可以整合利益集团和政府，而且还可以整合各级各类政府部门。

政策网络研究途径与欧盟区域政策的政府间模式形成对照，而欧盟区域政策的政府间模式集中关注的是在部长理事会上遭到国家政府攻击的讨价还价（参见 Wallace 1977，Mény 1982）。政府之间的解释一直都是欧盟区域政策制定的传统观点，它同样适用于 1975 年设立欧洲区域发展基金的决策以及之后的重要发展。根据这种观点，欧盟区域政策过程的特点一直是每个成员国的中央政府都在国家的政治体系与欧盟之间扮演着"看门人"的角色。本章探讨了 1988 年的改革对英国地方当局产生的影响，并且提出了区域政策过程的特点是守门还是多层级的政策网络这个问题。

## 7.2　1988 年改革的主要方面

1988 年的主要制度改革之一就是决定把新结构性基金项目按照中央政府与地方政府、欧洲委员会与其他相关行动者之间的伙伴关系加以管理。这些新的制度安排对国内现存政府间关系的平衡是一种挑战。关键的问题在于，为了结构性基金的目标而动员次国家利益集团是否能够提供有影响力的区域制度，这样的区域制度可能会损害国家政府作为抵御布鲁塞尔（欧盟总部）多余政策动议的"看门人"角色。安德森（Anderson 1990：430-1）指出：

> 变强的欧洲区域发展基金显然有可能会改变成员国中国内网络参与者的资源相互依赖状况，因此，它有可能会改变这些地区的政府代理机构与其政策顾客之间的现存关系。首先，这些改革给国家的政策制定者额外增加了行政负担和法律制裁的威胁，从而使他们更加依赖次国家利益集团，使他们的合作、信息和组织能力都需要将可接受的发展计划和欧洲共同体支持框架（Community Support Frameworks，CSFs）聚合起来。

① 帕特南（Putnam 1988）论国内-国际关系的重要文章将国内-国际关系形容为一种两个人的博弈，其中，国内的利益集团游说国家政府通过对其有利的政策，而国家政府在不会产生不利外交政策的情况下会试图在国际谈判中满足这些利益集团的要求。但是，这种模式假定了国家政府的首要地位。它忽略了诸如欧洲委员会这样的超国家官僚机构的作用；忽略了利益集团与次国家政府之间的联系，这种联系避开了国家政府；还忽略了跨国利益集团。总之，它是一种不涉及多层级政策过程的两级模式。

将结构性基金与国内政府间关系联系起来的另一个问题涉及 1988 年改革之后欧洲委员会在为了结构性基金管理之外的目的而动员区域级联盟时所扮演的角色。伯奇和霍利迪（Burch and Holliday 1993：29）建议：

> 尤其是，监督区域政策的欧洲委员会第 16 总司（DG XVI）的活动已经开始使那些没有一个区域级政府的成员国或者似乎像是在扮演着区域级政府角色的机构处于不利地位——尽管情况可能没有那么严重。

第三个方面是 1988 年的改革要求欧洲区域发展基金补充而非取代用于区域发展的国内计划支出。这就是所谓的附加性原则。1988 年的章程规定：

> 考虑到宏观经济环境，欧洲委员会和成员国将会确保为这种结构性基金增加拨款……在相关的地区具有一种名副其实的附加性效应并且至少会导致在相关成员国中（欧洲共同体或国家的）官方结构性补助或类似结构性补助总量的同等增加。

（Article 9，Regulation 4253/88 EEC）

## 7.3　英国的次国家政府

较之其他具有类似规模的欧洲国家，英国之所以不同寻常，是因为它没有区域级政府。虽然苏格兰存在"区域委员会"，但是它们在规模和权限范围上与其说像是欧洲其他地方的地区，不如说更像是英格兰和威尔士的郡。其实，就英国的许多目标而言，作为一个整体的苏格兰被当作一个地区。

如果说英国缺乏区域政府的话，那么它并不缺乏区域行政。这种区分很重要。尽管英国的确没有选举产生有权自己征税的多目标区域政府，但是英国实际上有许多非选举产生的单目标区域行政单位，它们由中央政府部门通过一般性税收提供资助。布赖恩·霍格伍德（Brian Hogwood 1982：2）评论说："英国地区的最显著特征在于对地区的边界、规模甚或概念都缺乏一种连贯的界定。"英国就像一个由区域当局拼缝而成的被状物（可参见 Rhodes 1988：143-80）。规模、功能或者地理很少标准化。总之，尽管中央政府最近设立的一体化区域办公室可能会提高区域内的一致性程度，但是英国却有一个未经整合的复杂区域行政结构。英国的确有庞大的多功能地方当局，它们在过去的十年中已经对欧盟表现出越来越高的热情。欧洲委员会的接纳能力激发了次国家当局的热情，欧洲委员会的行为与英国中央政府的行为形成了鲜明的对照。

1988 年以前，地方当局试图在超国家和国家这两个政府层面影响欧洲共同体的政策。例如，作为地方当局和区域当局咨询委员会（the Consultative Committee of Local and Regional Authorities，CCLRA）的成员，它们代表欧洲共同体范围内的地方当局对欧洲委员会进行游说。各个地方当局都向布鲁塞尔派驻了代表，有些地方当局还在布鲁塞尔开设了办事处以增进它们对欧洲委员会政策和程序的官方了解。它们还加入了欧洲范围内的一些试图影响欧洲委员会的机构，其中包括欧洲区域大会（the Assembly of European Regions）、周边海域会议（the Conference of Peripheral Maritime Regions）、欧洲边境地区联盟（the European Association of Border Regions）以及欧洲燃料商联盟（EURACOM），英国煤田共同体阵营（the British Coalfield Communities Campaign）还为欧洲燃料商联盟提供了秘书处（详情可参见 Bennington and Harvey 1994；Bongers 1990：101－3；以及 Mazey and Mitchell 1993）。最后，也许在绝望之中，地方当局可能会向"欧洲议会中政治团体的地方代表和区域代表的中间派"汇报情况。

在国内，英国的地方当局会向欧洲联合小组（the European Joint Group, EJG）、功能性咨询机构、议会选拔委员会、欧洲议会议员（MEPs）、地方政府国际办事处（the Local Government International Bureau, LGIB）及其欧洲信息服务署（European Information Service）以及各个政府部门等建言献策、征求意见或者进行游说。其中，各个政府部门指的是英国中央政府的职能部门和苏格兰、威尔士以及北爱尔兰的地方部门。

欧洲联合小组也很重要，它是由环境部负责的一个全国性咨询委员会。它将地方当局联盟和所有与地方政府有关的中央政府部门召集在一起讨论地方当局所关心的欧洲共同体问题。

欧盟的成员国资格对地方政府具有许多重要影响。特里（Terry 1993）不仅指出了遵守和执行的财政收益，而且还指出了遵守和执行的资格要求。例如，除了结构性基金之外，地方当局要承担执行欧盟政策的重大责任。它们有执行政策的责任：比如，要执行关于食品的成分、安全以及商标方面的政策规章。它们还有遵守的责任：比如，要遵守关于公共工程和供给合同的规章，要遵守关于工作调动和公共就业的规章。相关政策领域的范围还在扩大，包括环境卫生、职业教育、贸易标准、消费者保护以及竞争政策。随着欧盟的管制权力不断增强（例如，可参见 Majone 1994），欧盟对次国家当局的影响变得更加广泛，而且这些次国家当局游说其国家政府和欧洲委员会的动机变得更加强烈。例如，特里（Terry 1993：154）估计，地方当局仅在食品、环境、卫生以及安全政策领域就有 101 项政策指令要执行。总之，次国家当局有许多理由参与欧盟的政策制定和执行。无论是在国家层面，还是在超国家层面，都还存在着各种正式和非正式的沟通渠道（参考文献可见注释2）。

描述这些沟通渠道要比评估这些沟通渠道的效果更加容易。尽管各个地方当局都从欧盟吸引了大量的资金（例如，可参见 Glasgow and Birmingham），但是审计署（the Audit Commission, 1991）却认为英国有 2/3 的地方当局在获取欧盟资助方面组织得并不好。然而，戈德史密斯（Goldsmith 1993：692）报道说，英格兰和威尔士有 60％的地方当局都有一个专业的欧盟工作人员。他最终断言，虽然英国的地方当局"在一系列欧盟项目上表现得很积极主动"，但是它们"总体上来看还是比较被动的"（Goldsmith 1993：693）。

## 7.4　英国在1988年前的欧盟区域政策网络

1988年以前，英国欧盟区域政策网络的主要行动者是中央政府和地方当局。中央政府部门在基金管理上扮演着关键的角色，而且大多数项目都是由地方当局开发的。在1988年之前，产业部是执行欧洲区域发展基金这一欧洲共同体区域基金主要手段的焦点。虽然欧洲区域发展基金的许多日常管理工作都是由其他政府部门（尤其是环境部以及北爱尔兰、苏格兰和威尔士的地区当局机构）负责实施的，但是所有的基金申请都是通过产业部提供帮助的。一般来说，地方当局要就项目申请和欧洲区域发展基金项目进行非正式接触，并且要个别地和集体地进行游说（尤其是通过欧洲联合小组进行游说）。然而，直到1988年的改革，对这个政策过程的正式参与才要求依据欧洲共同体的章程。

因此，1988年以前，英国的欧盟区域政策网络严重地受控于中央政府。虽然这种决策过程简化了行政，但是它却反映了一种自上而下的执行观，而这正是欧洲委员会在1988年试图要改变的观念。1988年以前，中央政府的确向地方政府征求意见，但却是按照自己的主张向地方政府征求意见的。地方政府能够获得的资源十分有限。正如罗兹（Rhodes 1988：82）所刻画的那样，这些制度安排准确地反映了中央在英国政策制定中的主导地位。

*146*　　　　在单一制的结构中，中央是政策网络的支柱。与行政当局的传统类似，中央政府不能被视为另一个团体，它的角色是构成性的。它能够单方面明确规定实质性的政策，能够控制网络的准入，能够设置议程，能够明确规定围绕协商的博弈规则，能够决定协商的时机和范围，甚至还能够创造一个网络。虽然中央政府可能会倾向于而且有时可能会被迫建立某种错综复杂的利益关系以便因一种互利感而产生"合作"（Richardson and Jordan 1979：105），但是它却保留有强制的选择。中央通过其控制的大量资源可以在许多可用的策略中做出游刃有余的选择。虽然政策网络未必就是一种对政府的约束，但是政府却可以根据自己的利益操控政策网络；政策网络与政府之间的关系是不对称的。

当结构性基金改革正在讨论之中时，地方当局的地位实际上正在下降。正如安德森（Anderson 1990：431）所解释的那样：

欧洲区域发展基金改革与英国政府对国内区域援助姿态的突然转变不谋而合。20世纪80年代，撒切尔对区域政策的抨击就是试图削减支出，明确反对区域政策的假设和目标，拆除英国区域规划机器，越来越强调城市政策，所有这一切使得英国的区域政策陷入25年中的最低谷。

如上所述，欧盟与地方当局之间具有直接的联系，但是它们对国家的欧盟区域政策网络并没有显著的影响。正如戈德史密斯（Goldsmith 1993：698）所阐明的那样：

> 国家政府仍然是游说欧洲共同体的主要途径，因此地方政府在与布鲁塞尔打交道时会因担心惹恼主管部门而忐忑不安……英国的大多数地方政府依然将中央政府视为它们与欧盟打交道的障碍之一……

那么 1988 年的改革是如何影响这种局面的呢？

## 7.5　1988 年改革的影响

### 结构性基金管理的伙伴关系

评估结构性基金伙伴关系的制度安排对国内现存欧盟区域政策网络的影响，不仅需要全面描述网络参与的种种变化，而且还需要评估主要行动者如何在网络中相互作用以影响政策结果。自 1988 年以来，许多新的组织已经参与了国内结构性基金网络，其中包括欧洲委员会。我所集中关注的是 1988 年以前主要参与者——中央政府和地方当局——的相对影响业已发生的情况。

1988 年结构性基金章程的第四条第一款 ［Article 4（1）］ 将结构性基金运行的管理、表现、融资、监控和评估方面的伙伴关系界定为："欧洲委员会，相关成员国以及受国家、地区、地方或者其他层级委派的称职当局三方之间的亲密协商，其中，每一方都是追求共同目标的合作伙伴"（Council reg. 2052/88. *Official Journal* L 185/9，15 July 1988）。

结构性基金伙伴关系将会实际应用于：准备区域支出计划，协商欧洲共同体支持框架，执行工作项目，监控和评估所采取的措施。在每一个有资格获取欧盟区域发展基金的地区伙伴关系结构的顶端是项目监控委员会（Programme Monitoring Committee，PMC），为该委员会服务的往往是根据区域选择而设立的各类分委员会。值得注意的是，根据 1988 年结构性基金章程，在国内新的制度安排中政府被定名为"称职的当局"。

### 英国伙伴关系安排概述①

1. 中央政府

尽管我们可以判断出英国伙伴关系安排的总体趋势，但是这种概述展现了这种安排是如何运行的复杂画面。然而，有一个共同的思路就是中央政府在各个阶段都扮演主导角色。作为"称职的当局"，中央政府通过其英格兰的职能部委和苏格兰及威尔士的地区部委控制着管理基金的这一系列区域委员会和分区委员会的关键职

---

① 本章的这一小节吸收了 Bache 1996 文献的内容，我在此非常感谢伊恩·贝奇（Ian Bache）允许我引用他的访谈资料。

位。例如，在苏格兰，苏格兰办事处（the Scottish Office）就扮演着关键角色，（它）"通过担任所有四个欧洲共同体支持框架监控委员会主席的角色……可以有效地协调结构性基金的所有活动"（Brunskill 1992：9；关于欧盟中苏格兰的总体描述，可参见：Archer and Main 1980；Keating and Waters 1985；Mazey and Mitchell 1993；以及 Keating and Jones 1995）。

作为被委派负责选择伙伴的称职当局，中央政府一直都能够控制网络的准入。此外，中央政府在议程设定中也扮演了重要的角色："欧洲共同体支持框架的指导方针和政策以及各委员会的成员资格都是由英国的国家政策形塑的"（Brunskill 1992：ii）。就委员会的成员资格而言，英国通过排除社会伙伴关系而对"相关"行动者采用了较为狭义的界定（可参见 Pillinger 1992：8）。

国家政府在规划阶段对国内伙伴关系安排也具有控制地位。例如，西北区域规划（the North-West Regional Plan），它构成了 1989 年至 1991 年以及 1991 年至 1992 年该区域欧洲共同体支持框架的基础：

*148*

> 它并没有在该地区得到广泛的讨论……环境部区域办事处（the Department of the Environment regional office）的确与地方当局进行了协商，但是协商的时间极其有限。
>
> （Pillinger 1992：29）

因此：

> 西北区域规划中所确立的优先考虑项目和目标既没有地区针对性，也没有被转化为聚焦于西北地区面临的特定问题的欧洲共同体支持框架优先考虑项目。
>
> （Pillinger 1992：29）

最后，由于中央政府设立了几乎所有区域的项目秘书处，因此它能够对工作项目的范围和内容及其讨论的进程进行实质性的控制。总之，尽管 1988 年进行了改革，但是中央政府在对国内结构性基金执行情况进行控制时仍然可以支配绝大部分资源。在下一节中，我将考察英国地方政府作为"另一个主要伙伴"在 1988 年之后是如何经历伙伴关系安排的。

2. 苏格兰的地方政府

虽然苏格兰的地方当局很清楚苏格兰办事处在区域伙伴关系中所扮演的核心角色，但是在结构性基金上地方议会与这个特定部门的工作关系要好于英格兰和威尔士的情况。有一个典型的评论是：

> 与苏格兰办事处有一种良好的工作关系。人们觉得这种体制有效，并且项目的落实主要由地方当局负责。
>
> （Interview，Scottish district council official，1994）

苏格兰的地方当局也比英格兰和威尔士的地方当局获得了"史上更多的资金划拨"，使其能够在符合资助要求的情况下更容易获得欧盟区域发展基金。然而，许多受访者认为苏格兰的情况还远远不能令人满意。布伦斯基尔（Brunskill 1992：

15）得出了类似的结论：

> 许多伙伴认为，伙伴关系"有名无实，虚有其表"，而且苏格兰办事处与欧洲共同体之间经常开展的讨论很少涉及另一方伙伴。如果布鲁塞尔与这些地区要开展真正的对话，那么更多地参与战略发展的需要就被视为不可或缺。

因此，苏格兰地方当局存在这种新伙伴关系方面的问题。不过，有些地方议会官员感到伙伴关系的传统在苏格兰比在其他地方更为深厚，而且这种以前的经验对于发展这种新的结构性基金安排也是一个优势。此外，地方政府在与一个远离伦敦的单个地区部门打交道时也具有优势。

3．威尔士的地方政府

一般来说，较之苏格兰地方当局，威尔士地方当局对结构性基金做出的反应更不利。威尔士办事处（the Welsh Office）成为一个特殊的批评目标，而且常常受到毫不留情的批评：

> 威尔士办事处与其他伙伴之间的关系就好像一面砖墙和一头撞上砖墙的人之间的关系。
>
> （Interview，Welsh district council official 1994）

这种新伙伴关系安排的批评者认为此类安排赋予了中央政府部门太多的权力：

> 威尔士办事处不仅主导着监控委员会，而且还控制着向其主管的秘书处提供信息的技术团队。整个过程都受到威尔士办事处的严密控制。
>
> （Interview，Welsh district council official 1994）

因此，这并不意味着威尔士地方议会比苏格兰地方议会的待遇更差，而是意味着威尔士办事处选择了以一种更具挑衅性的不同方式来展现自己的权威，因为根据章程苏格兰办事处的权威很小。然而，尽管威尔士办事处的行事风格引起了一些地方当局的不满，但是其他地方当局的反应则较为平稳：

> 威尔士办事处的确在重要决策上具有很大的发言权，并且在极少数的情况下努力完成了一些其他人都不想要的项目。但是，我认为过去十年里这种情况在我们的委员会上只发生过一次。
>
> （Interview，Welsh district council official 1994）

虽然人们认识到地方当局可以通过伙伴关系有所作为，但是最终的决策权仍然在威尔士办事处手中：

> 我们的确取得了某种成功，但是如果政策强硬，那么就没有取胜的机会：成功取决于政府优先考虑的项目。
>
> （Interview，Welsh county council official 1994）

在地方当局那些把与威尔士办事处的关系描述成"总体良好"的人员中，有些人认

*149*

为结构性基金是一个特定的问题领域。虽然威尔士地方议会的官员对威尔士办事处在新的伙伴关系安排中的角色并不感兴趣，但是贝奇（Bache 1996）还是在这种关系处于低谷时进行了调查。威尔士办事处计划缩小处在行政结构顶层的项目监控委员会的规模。地方政府担心这个建议与这个过程进一步集权化的关系要大于它与提高行政效率的关系（详情可参见 Bache 1996）。

*150*　　　威尔士的有些地方政府代表引证了威尔士伙伴关系安排的失败较之苏格兰而形成的反差。有一个重要的评论认为，苏格兰在西苏格兰重大项目领域率先使用了独立的秘书处。这种创新举措被认为是成功的，它增进了一种更加名副其实的伙伴关系。地方当局和其他合作伙伴为了威尔士的类似安排而打算游说中央政府。

　　4. 英格兰的地方政府

　　也许很自然，在英格兰，地方当局与中央政府之间的关系会由于地区的不同而有所差别。大部分受访者对伙伴关系的安排充满信心。然而，很少有人怀疑中央政府官员控制着关键决策。有人抱怨中央政府利用其控制地位确保有些基金"被圈定专门用于"为贸易与产业部（DTI）谋求商界支持的计划共同融资。

　　然而，地方当局再一次报告了伙伴关系的成功。在一个地区伙伴关系确保了欧洲区域发展基金的次区域配置，而且在另一个地区通过选举产生的成员加入了项目监控委员会。在每一种情况下，中央政府起初都阻止提建议（可参见 Bache 1996）。关于欧盟支持框架的内容，有一批地方当局声称：

　　　　欧盟支持框架的优先项总体上反映了合作伙伴的优先项，而且地方当局并未被迫在它们不愿意行走的道路上前行。

（South Yorkshire Local Authorities 1994：5）

不过，人们也一再承认中央政府在伙伴关系中居于控制地位。关键的问题还是：

　　　　成员国最终是申请人，因此我们输掉了一些与中央政府的政策相抵触的战斗。

（Interview，England country council official 1994）

　　就像在威尔士一样，在英格兰，围绕政府提出重构项目监控委员会的建议也出现了一些问题。有一个地区的地方议会报告称，不仅地方政府的代表人数减少了，而且它们再也无法选择自己的代表了。相反，政府区域办事处主任倒是可以从地方政府中选人。尽管人们并不特别担心所挑选的那些人的能力，但是他们作为一个群体表现出的技能却与地方政府的偏好不同。选拔出来的那些人都是资深的多面手，而不是结构性基金的专家，因此他们改变了地方政府投入的性质。有一位地方政府官员评论说：

　　　　现在，委员会成员具有一种不同的角色，他们引导了基金投放的方向，因为他们所了解的不是这些基金的内容，而是其所在的这个地区。

（English county council official 1994）

在英格兰地区，伙伴关系之所以会遭受重挫，是因为地方政府代表选拔过程的　*151*
这种变化在其他地区尚未出现过。尽管存在这种不连贯性，但是英格兰的地方当局
似乎无力抵抗这种变化。在这个问题上的冲突表明，只要中央政府选择检验结构性
基金安排赋予它们的权力边界，它们都会表现得很强大。

虽然在英格兰的几个地区，地方当局与中央政府的地区办事处之间经常会出现
关系紧张的局面，但是地方当局与地区办事处的关系要胜过其与中央政府的关系。
有时，这意味着地方当局和地区办事处会站在同一阵线有效地对抗中央政府部门。
受访者还指出，地方当局与地区办事处的日常接触对于逐渐获得基金支持十分重
要。从地方当局和其他合作伙伴处借调到中央政府地区办事处工作的人员越来越
多，进而强化了这种联系。所有的相关人员都赞赏这种借调体制，将其赞誉为一种
增进合作伙伴关系、了解所面临问题的有效途径。

5. 区域联盟

除了正式的结构性基金网络之外，欧洲委员会在 1988 年之后积极鼓励另外几
种区域层级的伙伴关系。欧洲委员会研究途径的关键特点在于要求由地方当局和其
他当局组成的区域类当局为结构性基金的未来目标提供"区域战略"。这些战略将
会包括提供以下方面的信息：以往结构性基金资金使用情况、本地区的经济优势与
劣势、基金援助的正当理由、证明地区优先项符合欧洲共同体优先项的证据，以及
对结构性基金所资助的活动进行监控和评估的程序（Martin and Pearce 1993：
682）。其实，区域战略在 1993 年以后提供了结构性基金配置的来龙去脉。由此我
们可以推断，没有这种战略的地区在竞争基金时可能会失败。

在有些地区，欧洲委员会对区域战略的要求需要对立于不败之地的各种次国家
行动者之间的活动进行一种独特的协调。为了促进这种协调，欧洲委员会运用其可
以通过结构性基金获得的财政资源来实现结构性基金章程并没有严格要求的变革。
西北区域联盟（the North-West Regional Association，NWRA）就例示了欧洲委员
会所扮演的角色。

西北区域联盟是一种由西北地区精英中选拔出的代表构成的伙伴关系，这些
代表来自地方当局、产业、商界、志愿者机构、工会以及培训与企业理事会。虽
然这种伙伴关系的驱动力来自该地区内部，但是欧洲委员会毫无异议地帮助了这
种伙伴关系的发展。1991 年 12 月有一次重要聚会，当时各地区的精英相聚曼彻
斯特机场。在聚会上，来自欧洲委员会第 16 总司的高级官员格雷厄姆·梅多斯
（Graham Meadows）向代表们介绍了结构性基金管理规则的重大变革，尤其是，将
会存在：

> 一种从衡量经济福祉的客观手段向区域政治凝聚力更主观迹象的不完全转　*152*
> 变。梅多斯所强调的重点是，如果西北地区不采取措施开发基层凝聚力的话，
> 那么它就可能会输给其他地区。西北区域联盟的真正发展可以追溯到这个
> 时候。
>
> （Burch and Holliday 1993：35）

他向西北地区的代理机构阐明，缺乏有效的区域分类将会妨碍结构性基金投标。因此，尽管该地区长期存在着次区域性紧张关系，但是西北合作伙伴关系中足够强大的共同利益使他们可以制定一个单一连贯的区域战略。

虽然西北区域联盟的发展受到了结构性基金可得性的影响，但是该组织却具有更加广泛的职权范围。在建设伙伴关系时，西北区域联盟故意努力地吸纳尽可能多的区域利益团体，包括那些被结构性基金委员会排斥在外的利益团体。第一次动员区域利益团体的驱动力在于：一种认为西北地区因国家经济政策而一直处于不利地位的共同看法，以及一种相信中央政府会更多地倾听各种利益团体用一种声音讲话的共同信念。因此，正如伯奇和霍利迪（Burch and Holliday 1993：35）所指出的那样："尽管欧洲委员会的投入是促使西北区域联盟发展的决定性因素，但是它并不是区域凝聚力形成的唯一因素。梅多斯为区域创新提供的动力是建立在先前的行动之上的……"

## 附加性

附加性原则规定所有欧盟区域性基金的使用都应该作为对目标地区国内计划支出的一种补充。自1975年设立欧盟区域发展基金以来，欧洲委员会一贯追求这一目标，但是，在该原则与国家政府的优先项发生冲突的条件下，这一目标很少得以实现。然而，1988年的改革是迄今为止最为明确地要求成员国要表明结构性基金资金的这种附加性的改革。

附加性和次国家动员之所以是一个重要的话题，其原因有两点。首先，对目标地区超额支出的拒绝破坏了欧盟的区域政策，并因此也破坏了区域伙伴关系的角色。其次，在英国，人们就执行附加性原则开展的争议很好地说明了国内区域政策网络中主要行动者相对的权力平衡。

欧盟的章程要求并且一直都要求区域基金的这种附加性。最初的欧盟区域发展基金章程规定："欧盟区域发展基金的援助不应该引导成员国去减少它们自身在区域发展方面做出的努力，反倒应该为这些努力提供补充。"（Commission of the European Communities 1975：2）英国的地方当局认为中央政府只对这一要求动了些嘴上功夫。相反，财政部却将欧盟区域发展基金收入视为英国从预算成果中获得的一部分回报，并且将这些收入用于抵消国内的区域支出，而不是将其用于为它提供补充。上议院的欧洲共同体委员会（the House of Lords Select Committee on the European Communities）早在1981年就接受了这种观点，他们断言："无论如何都不会发生的事情，也极少会由于区域性基金而发生。"（House of Lords 1981：xxi）

然而，1988年的章程对附加性要求的收紧并没有收到来自英国政府的预期反应。相反，英国政府还重申了其长期声明的观点：它在准备其公共支出计划时会说明结构性基金收入的情况。因此，公共支出要高于它没有结构性基金收入的情况。地方当局从两个方面对这种解释提出了批评。首先，政府的会计程序缺乏透明度意味着没有可以证明额外开支的证据。其次，如果由于结构性基金收入而使开支增加的话，那么我们也无法说明增加的开支是否流向了目标地区。地方当局认为，中央政府应该为它们的观点提供证据。欧洲委员会也赞同这种看法。

在英国，围绕附加性开展的争论在 RECHAR 项目这个问题上达到了白热化状态。RECHAR 是欧洲共同体范围内为受到矿井关闭影响的煤田地区重建而设置的一个援助项目。作为欧洲共同体的一个创新项目，RECHAR 为英国的附加性原则提供了一次理想的检验。尽管这项政策是欧洲委员会为了满足自己煤炭领域的突出需求而专门设计的，但是欧洲委员会对这项政策的宣布却是在英国财政部已经制定了其未来三年的公共开支规划之后。由于欧洲委员会的角色更重要，所以欧洲共同体的创新举措被视为比其他项目更加名副其实的欧盟区域政策。英国政府在 1988 年反对采用欧洲共同体的这些创新举措，主张继续沿用以前的试验。英国政府认为，这些政策是不必要的，它们会导致行政重复。然而，地方政府却很欢迎欧洲共同体的这些创新举措，尤其是因为这些创新举措扩大了次国家政府与欧洲委员会直接打交道的范围。

尽管 RECHAR 项目是在没有英国中央政府支持的情况下由次国家政府进行游说的一个欧洲共同体创新项目（可参见 Bache 1996），但是该项目在英国仍然陷入了附加性原则的困境之中。当英国政府明显地不打算额外为地方当局提供经费去帮助获得 RECHAR 项目拨款的时候，区域政策委员会委员布鲁斯·米兰（Bruce Millan）拒绝向英国发放它应得到的那份项目拨款。那笔项目经费高达 1 亿多英镑，几乎占到整个项目基金的一半。米兰委员要求英国政府证明它对 RECHAR 项目追加了经费拨款。与此同时，他向其他具有资助资格的成员国发放了 RECHAR 的项目经费：只有英国被评判为是令人不满意的。

在欧洲委员会与英国政府关于附加性问题发生争论期间，受影响的地方当局全力支持米兰委员：这表明地方当局坚信，如果英国政府不做出改变的话，RECHAR 项目对它们来说几乎毫无益处。争论随后陷入僵局，持续了一年。这场争论受到了媒体的广泛报道，而且很少有人同情英国政府的立场。在这个问题上，内阁也出现了分歧，而且欧洲委员会也威胁说将扣留给予英国的其他欧盟项目拨款，这种威胁加深了英国政府的困境。1992 年 2 月，随着大选日期的临近，英国政府告知欧洲委员会它将会采取新的安排，确保为 RECHAR 项目以及所有其他的欧盟区域发展基金项目追加资金。欧洲委员会随即向英国发放了尚未拨付的基金。

从表面上看，似乎欧洲委员会和地方当局同时赢得一场重大的战役。这场战役的胜利似乎对这个欧盟区域政策推行过程中涉及的地方行动者、国家行动者和超国家行动者各自的地位都具有重要的意义。这场战役的胜利结果还鼓舞了地方当局在国内舞台上日渐低落的士气。至少在短时间内，欧洲委员会似乎可以成为重构英国中央与地方之间关系的一个重要盟友（可参见 McAleavey 1992；Marks 1993）。

然而，有一项关于政府所采用的新安排执行情况的研究表明，早期的这种乐观主义在很大程度上错位了（Bache 1995，1996）。虽然地方当局获得了一些短期利益，尤其是从 RECHAR 项目中获得了利益，但是中央政府的安排只是有助于赋予

154

追加经费的表象，地方当局并没有获得可以支出的额外资金。总之，地方当局相信，1992 年以后中央政府以一种（欧盟区域发展基金项目）名目提供给地方当局的经费就是它从其他名目中拿走的经费。此外，1992 年以后，中央政府鼓励其他行动者参与结构性基金的竞标，这意味着地方议会为了保持在结构性基金竞标中的强大竞争力而承受着越来越大的压力。有些地方议会发现自己无法与其他投标者竞争，于是开始扮演起与其他合作伙伴联合出资的共同竞标角色以保护自己的地位（可参见，Bache 1995，1996）。

因此，地方政府在英国落实附加性原则时的经历表明，它在挑战中央政府在国内执行网络中的主导地位时相对无能。尽管 RECHAR 项目作为一项欧洲共同体的创新举措具有独特性，尽管该项目是在公共支出计划已经确定之后公布的，但是中央政府仍然能够保持对这项政策的充分控制，以便实现其将公共支出保持在计划总额之内的主要目标。换言之，中央政府的这种"看门人"角色仍然完好无损。

尽管地方当局和其他合作伙伴仍然质疑附加性原则在英国的落实情况，但是结构性基金伙伴关系的凝聚力和有效性却已受到损害。布伦斯基尔在苏格兰的研究发现："'附加性'的问题已经成为制约其他资金提供者活动的一种主要因素，而且许多人认为欧洲共同体的资金一直都不是追加的资金，而是一直被用来支持一些无论如何都已经先行开始的项目"（Brunskill 1992：7）。下面就是一个示例：

155

> 苏格兰企业联盟（SE）从未鼓励人们获取结构性基金的经费……因此，苏格兰企业联盟直到最近都不太重视它在欧盟支持框架委员会中的工作，而且它看起来很少对这些项目的开发有什么投入。毫无疑问，鉴于苏格兰企业联盟这个代理机构在区域经济战略方面有专长，这种状况已经成为资金链中的一个薄弱环节。

（Brunskill 1992：7）

## 7.6 1988 年以来的其他发展

1988 年的结构性基金改革之后还有另外四个重要的发展，这些发展可能已经影响到英国国内的欧盟区域政策网络。第一，就 20 世纪 90 年代而言，一个不太正式的社会关系网络取代了欧洲联合小组。第二，《马斯特里赫特条约》（the Maastricht Treaty）成立了一个区域与地方当局委员会（Committee of the Regions and Local Authorities）。第三，地方当局越来越擅长在布鲁塞尔进行促销和游说。第四，中央政府的变革增加了参与结构性基金网络的行动者数量。

第一，取代欧洲联合小组的那个不太正式的网络以地方政府国际署（the Local Government International Bureau，LGIB）、环境部地方政府总署（the

Local Government General Division of the Department of the Environment）以及内阁办公室欧共体秘书处（the EC Secretariat in the Cabinet Office）为基础。地方政府国际署与其上级地方当局联盟合作，每当其利益受到影响时就与地方政府进行协商。内阁办公室欧共体秘书处扮演着一种协调的角色，这种角色不仅涉及英格兰地方当局联盟，而且还涉及苏格兰、威尔士和北爱尔兰。目前，这些安排随着区域委员会的成立而处于审查之中；不过，现在地方政府国际署要向派往区域委员会的英国代表报告情况。

第二，根据《马斯特里赫特条约》，地方当局和区域当局都是区域和地方当局委员会的成员。英国选派了 24 名代表。尽管该委员会的未来角色还不清楚，但是它的成立对于英国地方当局产生了很奇怪的影响：

> 区域和地方当局委员会的组建首次将区域政府和地方政府的角色写入正式的《欧洲共同体条约》，进而令人啼笑皆非地在欧洲给英国地方当局赋予了一种比其在国内被赋予的宪法角色更为强大的宪法角色。

（Morris 1991：1）

英国代表团的组成是中央政府与地方政府之间发生分歧的理由。起初，中央政府想要代表商界代表及其他成员等。威尔士内务大臣（the Secretary of State for Wales）甚至表明他自己想要代表威尔士。然而，在议会中一个对立修正案的表决败落之后，中央政府不得不接受只有地方政府代表的原则。当地方当局提出代表候选人名单时，中央政府对代表候选人名单进行了有利于自己的调整（关于这些方面的详情，可参见 Bache *et al.* 1996b）。

区域和地方当局委员会的早期经历没有表明它可能会为英国的地方当局提供一个影响政策的重要论坛。来自其他成员国尤其是德国和西班牙的强势区域当局在区域和地方当局委员会中占据主导地位，进而使地方当局难以影响议程。较之英国地方政府的代表，有些欧盟区域当局的代表可以获得的资源差距太大以至于难以轻易弥合。令人啼笑皆非的是，英国次国家政府的相对软弱正是中央政府希望在英国的代表中包括商界人士及其他人员的理由之一。

*156*

第三，1988 年以后，各个地方当局以及区域类地方当局变得更擅长于游说了。戈德史密斯（Goldsmith 1993：698）评论说，尽管地方当局"参与这种博弈的时间很晚"，但是它们在布鲁塞尔抛头露面却越来越显眼。到 1995 年，自 1989 年以来已在布鲁塞尔的欧盟总部开设了 9 个办事处（John 1994），而且，本宁顿和哈维（Bennington and Harvey 1994：947）报道了 15 个为各个地方当局或地方当局集团设立的办事处。随着欧盟的影响力扩展到更多的政策领域，它对负责执行政策的地方当局产生了更大的影响。如果能避免不受欢迎的副作用，那么欧盟的影响力越大，地方当局就越有动力参与并试图影响那些政策。

第四，中央政府自身所进行的变革通过引入新的行动者而已经对区域政策网络的性质产生了影响。西敏寺（英国议会，Wesminster）和白厅（英国政府，Whitehall) 之外的治理体系正在从一种地方政府的体制转变为一种地方治理的体制，它涉及来自公共部门和私人部门的一系列复杂组织。这种转变过程产生于对一些以前由地方政府提供的服务实行民营化改革以及其他功能败给了诸如代理机构这样的备选供给体系。在欧盟结构性基金的竞标中，这种转变意味着现在其他组织同地方当局一样都可以参与竞争。这些组织包括英格兰和威尔士民营化的供水公司、LECs（苏格兰地方企业集团公司，Local Enterprise Companies in Scotland）、开发机构以及志愿者部门（尽管不是在所有的区域性委员会都有代表）。

这种行动者不断增多所造成的问题之一就是使整个体制变得碎片化而且政府很难为其掌舵了。鉴于欧洲委员会声明更喜欢同具有连贯战略的区域政府打交道，在欧盟的环境中便存在着这样一种风险：这样会削弱英国在欧盟基金竞争中的地位。为了避免损失，英国政府有必要对由区域机构和地方当局构成的复合体进行某种协调。

中央政府在 1993 年 11 月采用一项新的恢复政策时对这些问题做了回应。它将大约 20 个独立的项目汇总到一个单一的恢复预算项目之中。设立了中央政府办事处，将就业部的地区办事处、环境部的地区办事处、贸易与产业部的地区办事处以及交通部的地区办事处集中在一起交由一个单独的区域主管负责管理。中央政府办事处的一项任务就是协调欧盟区域发展基金的竞标，协商和监控欧盟支持框架以及管理整合了的工作项目。显然，中央政府办事处将会在管理结构性基金、强化中央政府在区域政策网络中的角色方面扮演一种关键的角色（可参见 Hogwood 1995b）。

## <sup>157</sup> 7.7　结　语

结语分为两个部分。首先，我将对 1988 年以来所发生的变革情况进行评估；其次，我将就政策网络这个概念对理解那种变革的效用发表我的看法。

### 英国自 1988 年以来的多层级治理

传统的观点认为英国拥有一个集权化的政府体制，但是这种说法并不完整。对英国地位的集权化解读需要加以限定，因为在各个政策网络中都存在着多层级治理。虽然欧盟区域政策网络可能具有比较弱的国家联系和跨国联系，但是它仍然还是一个网络。此外，尽管 1988 年的结构性基金改革对国内的执行网络产生了影响，但是这些变革是最近才发生的而且其长远意义还不确定。

虽然正式的结构性基金伙伴关系已经很受重视，但是新兴的非正式区域联盟却不应被忽视。英格兰大多数地区现在都存在这样的联盟，而且它们已经"自下而上"地出现了。因此，存在着一种与诸如区域经济规划理事会（the Regional Economic Planning Boards）这样一些试验的鲜明对照，区域经济规划理事会是由威尔逊政府在 20 世纪 60 年代成立的，它们由中央政府任命的成员组成。尽管区域联盟的产生是出于防御，但是地区精英（分子）都强烈意识到区域联盟很可能会成为区域政府的先兆。伯奇和霍利迪（Burch and Holliday 1993：37）认为，西北区域联盟"不应被看作纯粹被动回应性的……它是在西北区域层级开拓殖民地和对这种地区进行开发的一种郑重尝试"。

对于欧洲委员会鼓励发展这种网络的动机，人们持有不同的看法。一种观点强调行政效率；另一种观点则认为，欧洲委员会经常与这些地区直接打交道是其长期战略的一部分，它避开了国家政府在区域政策问题上的"看门人"。也许，这两种观点都有几分道理。但是，无论欧洲委员会有何动机，英国的次国家行动者都满腔热情地具有增加次国家参与的直接目标。

不过，在形塑英国的中央-地方关系方面，欧洲委员会目前也只能做到这样了。虽然欧洲委员会能够创建一些网络和鼓励其他网络的创建，并且能够使广泛的行动者参与其中并且自己亲自参与，但是它却无力改变中央政府与地方政府之间长期存在的权力依赖。正如伯奇和霍利迪（Burch and Holliday 1993）所承认的那样，区域联盟的未来似乎最终还是掌握在中央政府的手中。

从结构性基金这种新型伙伴关系的经验来看，英国中央政府显而易见仍然具有强大的实力。这种新型伙伴关系无疑使一些组织获得了一种以往无法获取的代表形式，而且，在英国的有些地方，这种伙伴关系是"唯一真实的区域运行方式"（Pillinger 1992：iii）。此外，无论新参与者的利益有多小，他们都已获得了实实在在的利益。正如一位来自志愿者部门的合作伙伴所言，"代表资格和信息在这些基金的管理中至关重要，否则你连我们获得的少许利益也得不到"（Seymour 1994）。然而，有些组织还没有正式地被征求意见，而对于另外一些组织而言，出席这些委员会所具有的象征价值也许要多于实际价值。对于大多数组织来说，不对称的相互依赖是这种新制度安排的一个严酷事实。有一个合作伙伴通过提问对这一点做了生动的说明："当一个合作伙伴正在为我提供相称的资金时，我怎么会对它的投标提出质疑呢？"（Seymour 1994）中央政府的控制地位仍然是结构性基金在英国执行的主导特征。

因此，这种新的制度安排会"改变国内网络参与者对资源依赖"（Anderson 1990）的可能性只是部分地得以实现。中央政府几乎垄断了在与地方当局的关系中至关重要的宪法资源、政治资源和财政资源。基于政策制定的权利和就政策执行框架做出决定的权利，政治资源高度集中在中央政府的手中。英国的未成文宪法使地方政府因其政治资源有限而依赖中央政府。20 世纪 90 年代见证了地方政府受制于中央政府，地方财政几乎没有独立性。中央政府对附加性原则的颠覆进一步证明了其强大的权力。只有组织资源和信息资源可以通过其关于区域发展的详细地方性知识和经验为地方当局提供重要影响。倘若地方当局想要在执行欧盟区域政策方面保留某种自由裁量权的话，那么使这些资源适应不断变化的环境就至关重要。有迹象表明这个过程已经开始。

然而，中央政府保持其支配区域政策网络的决心很明显，成立中央政府办事处

158

就说明了这一点。首先，欧盟区域政策的财政意义使其对中央政府至关重要。马什和罗兹（Marsh and Rhodes 1992b：261）认为："问题对政府的规划和选举命运越不重要，受影响的利益集团范围越有限，网络处理自身事务的能力就越强。"就欧盟区域政策而言，情况却恰恰相反。由于问题对英国中央政府的规划至关重要，因此它限制了网络处理自身事务的能力。尤其是中央政府致力于严格控制英国的公共支出。中央政府不会将区域发展支出的决策权拱手交给其他行动者，无论他们是次国家行动者还是超国家行动者。

其次，作为"看门人"，保守党政府一直在抵抗对于英国和欧盟都存在的对国家区域化越来越大的压力。欧盟的成员国资格已经在宪法意义上对英国产生了重要影响。欧盟法律的至高无上限制了议会的最高权威，并且使当权地位从行政部门转到了司法部门。《马斯特里赫特条约》和补贴原则有可能会改变各级政府之间的权*159*力分配。区域化的压力源自欧盟并且显然与保守党政府政策的集权化重点相冲突。然而，政府仍然必须要对欧洲化和区域化的双重压力做出回应。如果说欧盟弱化了关于国家主权的传统观念的话，那么它就在网络的构建和管理中给国家赋予了一种支柱角色。国家行动者越多而不是越少，它在选择网络中自己的合作伙伴和需要合作的问题时所扮演的政治企业家角色就更加重要（Kohler-Koch 1996：197）。因此，英国政府便通过精简地区行政机构并且在国内结构性基金网络中保持高大形象来抵制区域化。

在英国，一些重要地区的发展前景取决于中央政府的变革。然而，尽管1992年两个主要对立党派的大选宣言都对区域政府做出了承诺，但是这样的承诺并没有为那些寻求变革的人提供任何保证。宣言承诺是一回事，而从保守党手中夺取权力进而提出需要进行重大宪法改革的政策才是主要的成就。此外，我们不可能确定这样一些对改革的有力承诺会一直保持下去。

然而，政治制度运行的流动环境总是会给那些在英国中央-区域-地方之间关系平衡中寻求变革的人留有乐观的余地。倘若新一届英国政府更加赞同地域改革的话，那么欧洲委员会和英国地方当局就会热心积极地创造有利条件支持地域改革。不过，直到那时，由于中央政府决心要实施严格的控制，因此英国多层级治理的范围依然很有限，在英国财政部有财政影响的条件下，情况尤其如此；功能政治主导着地域政治。欧盟区域政策网络的其他行动者控制了信息并且能够影响政策执行，但是它们发现知识并非总等于权力；在不久的将来，缺乏宪法资源、政治资源和财政资源仍然会成为在国内层面避开中央政府这个"看门人"的一大障碍。

结束欧盟政策制定讨论的问题答案很明确，英国政府在面对来自欧盟的区域化压力时能够维持其"看门人"的角色。这个区域政策网络是一个初期的网络，多层级政府的范围受到中央的管制。这个结论进一步导致了另一个问题：网络是在什么条件下出现的呢？

## 建立欧盟政策网络

"政策网络"这个术语具有多种用法，但是在此政策网络指的是一系列资源依赖的组织。这个"充满理论的"政策网络概念具有几个优点。它适合分析在各个相关公共机构和私人机构之间具有高度资源依赖情况下的多层级治理。它将国内政治分析与超国家政治分析联系在一起（Bulmer 1983）。最为重要的是，这种资源分配 *160* 解释了行动者在一个网络中的相对权力潜能以及网络之间的差异。它是一种中层理论或中观层面的理论，有助于我们通过比较政策部门之间的变动来理解国家层面或者超国家层面的政策过程。它集中关注的是谁在何时何地以何种方式获得了什么。尽管政策网络这个概念在此能够有助于解释诸如政策议程是如何形成这样的问题，但是它对于欧盟构成性决策或者历史性决策的解释还不太成功（Peterson 1995c：82；Bulmer 1994：6）。而且，它也只是一种治理结构，直接等同于基于政策项目的"子系统治理"概念（Bulmer 1994：14）。这样的结构还有几种其他类型，例如官僚规制、市场竞争、团结组织一致以及联盟。然而，有几个因素有助于网络在欧盟的发展，我将按照以下标题来讨论这些因素：政策制定的国家风格、资源依赖的程度、政策领域的特点、政策过程的阶段、集合以及功能性代表。

1. 政策制定的国家风格

正如马克斯（Marks 1996：Chapter 12）所指出的那样，"了解政策出自何处"（在哪个国家）比"了解政策制定的阶段"更加重要。当政策网络成为国家体制的既定特征时，网络更有可能出现。然而，政策网络并不是分析所有政治体制的有效工具。政策网络这种研究途径假定了某种程度的多元化，假定了公共行动者与私人行动者的相对分离，假定了一些需要许多并不集中在该国的资源的复杂政策。例如，倘若一个强有力的国家"看门人"控制了资源，那么政策网络就更不可能出现；而且，即便是政策网络确实存在，它对于解释政策的结果也不会太重要。

2. 资源依赖的程度

当多层级治理的制度碎片化成为政策部门的特点时，当政策错综复杂时，当欧洲委员会需要信息和专长时，资源依赖的程度就会很高。欧洲委员会之所以可能会高度依赖其他行动者，其原因在于它的规模小，并且所具有的专长有限；它是一种"尚未成熟的官僚制"（Mazey and Richardson 1993：10）。然而，重要的是要强调网络的特点就在于**相互**依赖。因此，欧洲委员会要控制资源——最显著的是权力和资金——这些正是利益集团、地方政府和区域政府以及国家政府所需要的资源。

3. 政策领域的特点

政策领域的重要特点就在于：欧洲委员会及其总司（DGs）发挥领导作用的程度、政策成为"低度政治"的程度、政策过程常规化的程度以及政策尚未政治化的程度。当人们在政策核心价值观（例如，各级政府之间的权力分配）和次要价值 *161* 观（例如，关于规则和资源的工具性决策）这两个方面都达成共识时就更有可能出现政策过程的常规化。在核心价值观上的共识并不是一个有效网络的前提条件。

### 4. 政策过程的阶段

当欧洲委员会依赖其他行动者去执行其政策时就更可能出现政策网络。然而，政策网络在政策过程的任何阶段——包括在政策动议阶段——都能够发挥重要的作用（可参见 Marks 1996：Chapter 12）。

### 5. 集合

政策网络总是会涉及各种利益的集合。欧洲委员会需要将各种利益集合成为反对制度碎片化和协调政策的一种战略。欧洲委员会在 1994 年 2 月宣布的一揽子透明性政策试图为压力集团开发一种行为准则。这些政策限制了协商活动的数量，并且对接受商议的团体数量做了限制（关于概述和讨论的详情，可参见 Peterson 1995b）。总之，欧洲委员会试图集合各种利益并简化复杂的游说过程。区域委员会是同样渴望"重建 20 世纪 70 年代式'社团主义'的另一个例子"（Peterson 1995b）。

### 6. 功能性代表

通过网络代表经济利益和专业利益不仅是欧洲委员会获取信息和建议的一个关键来源，而且还是欧洲委员会合法化的一个关键来源。例如，在欧洲委员会需要在一个新的政策领域使其活动合法化的情况下，它就有动力建立一个政策网络在同部长理事会和成员国打交道时提供支持。

尽管将欧盟的政策制定描述为多种多样是老生常谈，但是政策制定仍然具有稳定的模式，存在一些可识别的治理结构。政策网络是欧盟部门治理的一种形式。这种理念将准确的描述同对网络间差异的解释结合起来。总之，"政策网络"这个概念是任何试图理解欧盟政策制定的政治科学家"工具箱"中不可或缺的组成部分。

第5篇

发展

# 第 8 章

# 从制度到信条：英国公共行政研究中的传统、折中主义与意识形态

第 4 篇描述了自 1979 年以来英国公共行政所发生的变革。第 5 篇探讨了这些变革对英国政府研究尤其是对公共行政这个分支领域的影响。公共行政这个分支领域对公务员制度、地方政府以及英国的欧盟成员国身份所产生的变革做出了怎样的反应呢？本章首次考察了覆盖**整个**战后时期英国公共行政的发展，随后以旁观者的视角记述了英国公共行政的衰落①。第 9 章探讨了公共行政这个分支领域需要怎样发展才可以解释这些变革。

记述英国公共行政的发展就等于要描述该领域的混乱、衰落以及活力。战后时期的历史不容许做简单的概括；这些变革是沿着好几个方向发生的。第一，20 世纪上半叶盛行的批判制度主义公共行政研究传统在 20 世纪 60 年代开始了一个长期而又缓慢的衰落过程。在 20 世纪 60 年代后期，随着大学规模的迅速扩大，一阵社会科学浪潮涌入公共行政这个分支领域。这些变革满足了折中主义的需要。根本就没有对公共行政这个分支领域的高度关注。新右派的出现及其知识连贯性的挑战夸大了公共行政对

---

① 例如，还没有哪一个英国学者对公共行政的系列评述可以与沃尔多对美国公共行政的研究成果相媲美。以下所列的文献虽然不够全面，但是却包括了所有论及这一主题的著作或者文章：Brown 1971；Chapman 1973；Dunleavy 1982；Dunsire 1973；Hood 1990a and b；Jenkins and Roberts 1971；Mackenzie 1975；O'Leary 1985；Rhodes 1979b，1991a，1995a，c and d；Ridley 1971，1972 and 1975；Robson 1948，1967 and 1975；Self 1972；Stewart 1971；Thomas 1978.

连贯身份的损失并且使这个分支领域"不时髦"了。

第二，随着一些学系与商学院合并以及研究经费的削减，公共行政的制度基础在 20 世纪 80 年代遭到破坏。第三，在战后的大部分时间里，"漠不关心"这个词语最恰当地说明了官方对待公共行政这个分支领域的态度。20 世纪 80 年代，新右派为政府的许多政策提供了一种令人信服的知识基础。这个新的信条进一步将学术界与政策制定和政策制定者分离开，以致公共行政被更加边缘化。第四，在这种异常不幸的情况下，有一些迹象清楚地表明了诸如在组织理论和理性选择理论方面的活力和创新。

*166*

总之，直到 20 世纪 90 年代，英国的公共行政并没有一个连贯的知识身份。在新右派的挑战下，英国的公共行政还没有找到一种新的角色。公共行政正在失去它在大学里的制度基础。然而，也有一些迹象清楚地表明了知识的增长。一个现实主义者会将这个未来描述成前景黯淡的，一个悲观主义者将会生活和工作在美国，而一个乐观主义者则会踏上一段未知终点的旅程。

# 8.1　传统公共行政的时代

麦肯齐是 20 世纪五六十年代英国公共行政发展中的一个关键人物。他在 1951 年的作品中认为，公共行政这个学科正处于一种"相当古怪的状态"。教学内容涉及的是"对历史的一知半解"、"少许的法律"以及一些时事。研究者的人数很少，"要想出六七个研究者的名字都不容易"（Mackenzie 1975：4，7-8 and 9-10）。正如我们在第 4 章中所指出的那样，传统公共行政本质上是制度性的，它关注的是分析政府组织的历史、结构、功能、权力和关系（参见第 4 章以及 Robson 1975）。

传统公共行政中也有一种改良主义的成分。有人"通过引用可能被粗鲁地称为'常识'的东西"来批评公共行政（Mackenzie 1975：9），因为费边主义者对行政工程学的信仰集中体现了英国公共行政传统中的这种"社会批评家"成分（Rhodes 1979b：70；以及 Dennis and Halsey 1988）。

伴随着关注制度和偏爱批评的是对理论的厌恶。按照威廉·罗布森（William Robson 1961 年著述）的观点，"我们已经避开了……这种抽象的研究途径"，这种研究途径是美国研究成果的特点。英国的学者具有更加适中的抱负：

> 任何理论构建……都会被发现是作为难以言状的大前提被嵌入在探讨诸如公务员制度、行政法庭或者政府机器这种问题的蓝皮书的篇章之中。**英国最优秀的作品不是抽象的而是非常务实的。**

> （Robson 1967：94）

麦肯齐（Mackenzie 1975：8）用比较刻薄的语气赞同这种诊断，他评论说这样的研究：

意味着要根据从一些被装成可广泛接受但迄今却可能被隐瞒的大前提中演绎出的结论来开展批评和进行预测……

我认为我们使多数人都害怕一门行政科学或者害怕我们将其与厄威克（Urwick）先生、米尔沃德（Milward）先生以及布雷克（Brech）先生联系在一起的那类行政原则。我们也许还不是最高级的知识分子，但是至少我们为自己感到骄傲：至少有一个我们可以嘲笑、比我们自己更不体面的研究分支。

简言之，英国的公共行政不仅与理论无关，而且还强烈反对抽象的理论构建。

与理论无关的这个方面具有深刻的历史根源。托马斯（Thomas 1978：24 以及第 4 章）认为，英国的公共行政发展成了一种独特的行政哲学。由于她的研究重点在两次世界大战之间的时期，所以她考察了例如理查德·霍尔丹（Richard Haldane）、威廉·贝弗里奇（William Beveridge）、乔赛亚·斯坦普（Josiah Stamp）以及奥利弗·谢尔登（Oliver Sheldon）的研究成果。她认为英国的行政哲学拒斥与美国公共行政经典组织理论有关的政治与行政二分法，她强调道德理想。例如，行政是"达到更高级社会形式的一种手段"，是一种"对社区的服务……要为公众提供优质的物品和服务"，并且是"通过提供非经济诱因来为劳动者提供福祉"的一种途径。

托马斯关于英国行政理论的描述虽然很有教益，但是不具有权威性。它没有讨论诸如杰里米·边沁（Jeremy Bentham）的《**宪法典**》（*Constitutional Code* 1843）和约翰·斯图亚特·穆勒（John Stuart Mill）的《**代议制政府**》（*Considerations on Representative Government* 1861）这样的重要著作。此外，它只草草地关注了比阿特丽斯（Beatrice）和西德尼·韦伯（Sidney Webb）夫妇的《**大不列颠社会主义联邦宪法**》（*A Constitution for the Socialist Commonwealth of Great Britain* 1920)[①]。托马斯过度关注那些名不见经传的所谓行政理论家。不过，托马斯的确恰当地强调了英国公共行政理论的欠缺，强调了即便是少有的那么一丁点儿理论也没有沿着美国公共行政学的路线发展。虽然厄威克和布雷克的研究成果丰硕，但是他们关于经典组织理论和科学管理原则的研究对英国公共行政的影响也很有限。一直到 1972 年底，里德利（Ridley 1972：67-71）都还在悲叹在英国公共行政中"找不到"理论文献。

总之，传统公共行政具有三大支柱：厌恶理论、研究制度（通过历史案例研究了解英国政府的结构、功能和关系）以及"批评"或曰行政工程学。邓利维（Dunleavy 1982：215）之所以批评英国的公共行政，其原因在于它"主要是一个'形式'领域"，进而忽视了"决策……的实质或者影响"并且喜欢描述"宏观主题或者大规模的理论构建"。这种对制度的关注并不只是英国公共行政的一种嗜好。它是政治学"英国流派"的一个明确特点（参见第 4 章）。因此，批评者和支持者很

---

① 关于 19 世纪行政思想的概览，可参见 Dunsire 1973：Chapter 4；关于边沁的研究，可参见 Hume 1981；关于穆勒的研究，可参见 Ryan 1972；关于韦伯夫妇的研究，可参见 Barker 1984。

自然能够在传统公共行政的范围上达成共识。

## 8.2　折中主义的时代

*168*　　在 20 世纪 70 年代，英国的公共行政发展和美国的公共行政发展出现了某种融合。当然，尽管这个重大事件本身是一件很低调的事情，但是，1971 年以及社会与公共行政联合大学理事会公共行政委员会（PAC）"公共行政教学与研究"年度专题大会标志着折中主义时代的到来[①]。

### 组织理论

　　在 20 世纪 60 年代末和 70 年代，英国公共行政的范围扩大了。这种趋势体现在研究者试图评估美国组织理论的发展并且试图将美国组织理论的发展转换成英国的语境（Rhodes 1979b：71-4）。因此，布朗（Brown 1971：16）在提交给公共行政委员会年度专题大会的会议论文中指出，我们可以"在一般性组织理论中"找到对公共行政中类似问题的指导。例如，"一个更有希望的研究途径"就是将英国中央行政的"问题视为""组织的问题并且将这些问题与专门研究过诸如某一类别这种问题的学者的观点联系起来"。"我们显然应该了解其他领域在解决这一类似问题方面业已取得的经验"，"应该运用别人已经发现有用的语言和概念来描述问题，以便我们识别出不同情形下的共同要素并使其相互联系起来"（Brown 1970：120）。

　　关于组织理论的综述变成了一个小产业（例如，可参见 Baker 1972）。很快就出现了这样一种情况：最重要的发展往往是在国际上以权变理论（contingency theory）著称的一部分英国本土的组织理论，而在英国国内它则被简单地称为"阿斯顿研究"（the Aston studies）。

　　琼·伍德沃德（Joan Woodward）和汤姆·伯恩斯（Tom Burns）的著作不仅影响重大而且还享誉全球。里德利（Ridley）声称英国的公共行政没有理论研究文献，他恳求能够出现一个"英国的克罗泽"。邓西尔（Dunsire 1973：209）指出：

> 克罗泽本质上是一位社会学家，"英国的克罗泽"（如果我们需要这样称呼他们的话）是一对苏格兰社会学家，他们早在《官僚现象》（*The Bureaucratic Phenomenon*）问世三年之前就出版了《创新管理》（*The Management of Innovation*）一书。伯恩斯和斯托克在国际上与法国人克罗泽一样著名，不同的是，

---

　　[①]　顺便说一下，英国的公共行政（研究）长期以来一直都对控制论以及系统论中类似的理论具有强烈的兴趣。虽然对这种理论的关注从未取代主流学说，除了塔维斯托克学院（Tavistock Institute）关于社会技术系统的研究之外，这种关注也几乎没有吸引人们的注意力，但是它从未消失。与公共行政特别相关的重要著作包括：Dunsire 1978；Vickers 1968。比尔（1966）的著作也不错，它将运筹学与系统论结合起来。在聚焦于主导趋势的章节中，上述研究成果只能恰当地用脚注形式表示，但是它们值得我们进行更为广泛的研究。

伯恩斯和斯托克的调查研究不在公共部门，而克罗泽的调查研究在公共部门。

邓西尔认为，组织的有效性取决于组织结构与其对环境的"适应"，而非取决于管理的普遍原则，这种洞见是权变理论后来发展的核心观点。以下我们再次引用邓西尔（Dunsire 1973：115）的一段富有洞察力的话：

> 对组织分析工具的发展具有重大意义的是伯明翰阿斯顿大学的德里克·皮尤（Derek Pugh）及其同事的研究成果。他们沿着根据规模、专业化、集权化、正式化和标准化这样的结构概念确定的维度进行标准测量，并以此将一个制造商组织同另一个很大的制造商组织样本以及该领域的其他组织进行比较①。

最初的样本包括了公共部门组织，而且这项研究成果在公共部门得以清楚地复制。格林伍德（Greenwood）和阿斯顿研究小组的创始人海宁斯（Hinings）将权变理论应用于英国地方政府的管理结构。在其对英国中央政府组织的研究中，邓西尔和胡德以一种不可知论的腔调对他们根据权变理论提出的几种假设进行了检验。*169*

格林伍德等人（Greenwood *et al.* 1980）对英格兰和威尔士所有地方当局的组织实践进行了调查，并且对其中 27 个地方当局的组织实践进行了更为详细的调查。他们表明，地方当局的差异化（组织构成部分的数量以及这样划分的依据）程度和整合（协调手段的数量和风格）程度有所差别。他们运用因果建模方法并利用环境问题涉及的范围、组织的规模、功能多样性以及政治组织和政党控制的程度这 4 个变量对这些变化进行了解释。例如，面临广泛环境问题的地方当局在专业上要擅长处理这些问题（高度差异化）。政治组织的程度越高，整合手段就越多（高度整合）。

官僚计量学（Bureaumetrics）是官僚制的政治算术。胡德和邓西尔（Hood and Dunsire 1981）试图对中央政府部门之间的差异进行量化。例如，为了探讨规模和政治特点对部门结构的影响，他们根据权变理论提出了几种假设。他们断定，权变理论：

> 能够应用于政府部门，因为基本行政结构的某些方面可以在很大程度上通过其他指标进行预测……在英国的政府部门中，行政结构、政治特点、环境以及工作类型的许多测量标准都与规模有关，而且，与规模无关的这些项目之间根本就没有非常明确的关系。

> （Hood and Dunsire 1981：132）

简言之，胡德和邓西尔相信可以运用官僚计量方法来检验权变理论，而不相信权变

---

① Aston 小组的第一篇重要文献是 1963 年皮尤等人的文献。主要的实证研究文献是在 1966 年至 1969 年于 *Administrative Science Quarterly* 杂志上发表的。这些文献都被收录在 Pugh and Hickson 1976 以及 Pugh and Hinings 1976 这两个文献之中。

理论本身。还有一些人越来越叫嚣着批评这种研究途径在方法论、社会学以及哲学方面存在的不足（例如，可参见 Silverman 1970；Child 1973；Burrell and Morgan 1979；以及 Clegg and Dunkerley 1980）。例如，蔡尔德（Child）对阿斯顿小组的研究就提出了批评，因为它：

> 没有包含正式结构安排变化的直接根源，即没有包含有结构动议权的那些人的战略决策——占据主导地位的联盟……他们……没有考虑选择过程本身，在这个过程中，相关行动者会根据控制他们自己和/或者其他组织成员的偏好结构的机会来衡量经济紧迫性和行政紧迫性。

> （Child 1973：104-5；对批评者的有力回应，可参见 Donaldson 1985）

*170*　　权变理论在英国尤其是在主要的商学院有巨大的影响。它还激发了许多对公共部门的研究，这种研究甚至多于美国。像所有这样的热情一样，权变理论的影响也渐渐消退（不过，可参见 Richards 1993）。进入 20 世纪 80 年代，组织理论继续形塑着公共行政，我将在下文中讨论组织理论的持续影响。

## 政策分析

　　在其提交给约克举行的公共行政委员会专题大会的论文中，斯图尔特（Stewart 1971：44 and 46）批评公共行政以牺牲过程为代价关注结构。他提倡要聚焦于集合性决策，他认为，公共行政必须开发一个规范性"前沿"。他赞同并引用了下面这段德罗尔（Dror 1968：241）的话：

> 政策科学的核心主题将会是公共政策制定，并且将会不仅包括关于政策问题的知识而且包括关于政策制定本身的知识。它将试图回答下面这样的问题：公共政策制定体制事实上是如何运行的？政策制定体制怎样才能最好地进行变革？

　　这个争论太熟悉了。这种争论演练了理性决策模式与渐进决策模式（rational and incremental models of decision making）各自的优点。它讨论了诸如计划规划预算体制（PPBS）这样的改革前景。它评估了诸如系统分析和成本-收益分析这类方法的用处。它还不断地讨论了人类理性的局限性，进而不知疲倦地将"人的理智"简化为经济合理性的有限程序，甚至还发生了一场成立一个"英国布鲁金斯学会"的短命战。多学科规定性政策分析的动力很快就枯竭了，取而代之的是多种多样的研究途径。例如，霍格伍德和冈恩（Hogwood and Gunn 1984：29）对政策和政策制定的描述和分析（政策研究）与为改进政策和政策过程准备的规范性专业政策倡议（政策分析）做了广泛的区分。评估研究处于这两端之间。简言之，正如多样性是公共行政的一个特征一样，它也是公共政策制定的一个特征。

　　公共政策制定研究有一些独有的英国特点。第一，在英国，公共行政的重要成分一直都存在于分离的部门和机构之中，尤其是社会政策与行政（Social Policy and

Administration）以及发展行政（Development Administration）（例如，可参见 Leftwich 1990；Smith 1992；UGC 1989）。

第二，英国的政策研究都处于边缘而非核心。很少有或者说根本就没有一般性政策分析。学科的专业化主导了人们对待政策科学的跨学科愿望。政策分析迅速发展成为各个政策领域的专长。有一些重要的研究中心聚焦于诸如地方政府（伯明翰的地方政府研究所，Institute of Local Government Studies，Birmingham）、城市研究（布里斯托的高级城市研究学院，School for Advanced Urban Studies，Bristol）以及健康（利兹的纳菲尔德健康中心，The Nuffield Institute of Health ，Leeds）171这样的政策领域。还有越来越多的研究文献涉及诸如教育研究、健康研究和住房研究等政策领域。

然而，在 20 世纪 70 年代和 80 年代初，政策分析还是变得制度化了，不仅政策分析有了自己的教材，而且关于政策制定的章节也成为英国政府和政治方面主流教材的一个强制性特征（例如，可参见 Jenkins 1978；Rose 1980：Chapters X and XI；Ham and Hill 1993；以及 Hogwood and Gunn 1984）。也许最值得注意的是迅速出现的政策执行研究文献（例如，可参见 Barrett and Fudge 1981；Marsh and Rhodes 1992b）。20 世纪 70 年代开拓耕耘时的那种激情可能已经过去，不过，正如霍格伍德（Hogwood 1995a：70）所反思的那样：

> 通过反思公共政策本身迄今在公共行政和政治学研究中已经被制度化的程度，通过反思著作和期刊的产出非但没有变萧条反倒在朝着新方向继续扩大和发展，我们就应该再不会因越来越多的人强调公共管理而感到公共政策研究被边缘化了（也可参见 Parsons 1995）。

20 世纪 70 年代对英国公共行政来说是不断发展和面临挑战的年代。当时，在撰写论著时，我评论说曾经出现过"一次微小而明显的复兴"。多样性被视为一种优势。虽然美国的公共行政施加了一种强烈的影响，但是我们从组织理论的发展和传统公共行政的幸存这两个方面都可以识别出一种独特的英国研究途径。因此，谨慎的乐观还是有根据的（Rhodes 1979b：102）。

## 8.3　意识形态的时代

国际化并不是美国化的同义词。美国公共行政作为新主流的源泉很有影响力。欧洲大陆是一种新激进主义的发源地，这次，新激进主义是以国家理论的面貌出现的。但是，最激进的影响不是来自左派，而是来自理性选择理论和新公共管理。虽然这些研究途径与新右派未必相似，但是二者确实有一种密切的联系，这非常有助于说明这些研究途径对公共行政实践的影响也许超过了其对公共行政理论的影响。

## 风暴来临前的平静：组织理论再审视

在我们描述 20 世纪 80 年代袭击公共行政的新右派的极度混乱状态之前，我们必须先设置一个场景。毕竟，公共行政这个分支领域在 1979 年根本就没有变得比较强势。权变理论或许没有重视组织间的权力和组织内部的权力，但是下一轮的研究并没有犯这样的错误。作为研究经费拨款的主要来源，政府资助的经济与社会研究理事会（Economic and Social Research Council，ESRC）在 20 世纪 80 年代展示了两个重要的研究创新举措：政府间关系研究和政府-产业关系研究。这两个研究创新举措都将组织间分析应用于中央政府与地方政府之间的关系和政府与产业之间的关系（关于相关出版物的清单，可参见 Goldsmith and Rhodes 1986；以及 Wilks 1989）。

*172*

政府间关系创新举措的目标是要探讨中央-地方政府关系依据政策、职能和领域而发生的变化。这个创新举措力图逐渐了解政府间关系、政策制定、政策执行以及问责。它运用了权力-依赖框架并且聚焦于政策网络（参见第 2 章）。政府-产业关系研究创新举措基于政府间关系框架，它也强调组织间分析和政策网络。政府-产业关系研究创新举措试图摆脱体制层面的概括，试图采用集中比较并且试图开发"一种更富有成效的理论研究途径"。"一种更富有成效的理论研究途径"这个短语指的是注重对政策网络进行识别、比较和分类的跨部门、跨国家研究。对于政策网络具有的诸如相互依赖和资源交换这种公认的特点，政府-产业关系研究创新举措又对子部门层级增加了"解集"这个特点，它集中关注的不是组织网络，而是人际关系，它强调中观理论的重要性（Wilks and Wright 1987；Wright 1991）。尽管围绕政策网络文献的用处有激烈的争论（参见第 2 章），但这并不是蓬勃发展的组织理论的唯一变体。

邓西尔（Dunsire 1995：33）在总结 20 世纪 80 年代行政理论的综述时指出：

> 与过去的几十年相比，折中主义在理论上更为成熟了。除非确实有历史原因，关于公共行政的这种老式的纯叙事-描述性学术著述几乎已经消失了；大多数向《公共行政》这样的期刊投稿的人都知道关于他们论题的理论著述，包括实践者也是如此。

预测最新的理论方法是一件拿不准的事情，我将在第 9 章继续讨论这件事情。关键点在于，随着组织理论经由组织间分析从权变理论发展到目前的后现代多样性，它成为 20 世纪 80 年代公共行政的一个牢固的组成部分。然而，它不再是具有主导地位的部分。组织理论的地位也许在 20 世纪 90 年代还是稳固的，但是它在知识界已不再出类拔萃。它至少面临三种挑战：国家理论、理性选择以及公共管理①。

## 革命失败了吗？：国家理论

　　虽然当代国家理论在 20 世纪 80 年代成倍地增长，但是这些理论在公共行政中的应用仍然很新。邓利维（Dunleavy 1982）和奥利里（O'Leary 1985）就讨论了是否存在一种激进的公共行政，这种激进的公共行政强调结构解释并且把公共行政的变化与更加广泛的社会冲突联系起来。许多早期的研究将国家理论应用于城市政策和政治，城市政策和政治是英国大学里的一个具有其自己的制度基础的知识探究领域（例如，可参见 Pickvance 1976）。然而，国家理论的影响迅速蔓延到中央－地方关系的研究之中，最显著的是"二元国家"理论。例如，彼得·桑德斯（Peter Saunders 1982 和 1986）就提出了这样一个问题：英国政治是否被分成两支？地方政府关注的是社会消费政策，而中央政府和区域政府关注的则是社会投资政策。时尚理论不断发展，结果"规制理论"占据了舞台的中心。

　　规制理论是福特主义与后福特主义越来越常见的区分。它聚焦于西方经济体的组织，聚焦于规制资本主义以确保其持续性的策略，聚焦于 20 世纪 70 年代的危机并且聚焦于一种资本积累新体制的出现（例如，可参见 Jessop 1989，1990a）。规制理论假定已经出现了从福特主义向后福特主义的转变，福特主义主张批量生产消费商品，倡导按等级构建大型商业组织，主张流水线技术、大规模消费，倡导国家干预；而后福特主义则主张小型灵活的分批生产，倡导需求引导生产，主张分段营销，倡导增加服务部门和中小型企业的数量，主张劳动力市场流动和发展边缘化的兼职临时劳动力。这种转变对于政府具有好几种意义。

　　在福特主义管理体制下，国家干预经济管理并且要发展福利国家。例如，教育、医疗和住房的集体供给不仅是对工人阶级压力的一种回应，而且也是劳动力再生产的需要。在后福特主义管理体制下，政府必须使自己的角色适应新的经济结构，例如，政府必须支持生产的多样性，因此，斯托克（Stoker 1989）就认为，对于地方政府而言，上述的这种转变激励一种具有企业家精神的实践性地方经济政策，非国家组织供给的服务越来越多，官僚管理途径越来越少。实际上，这种政府"风格"明显地与克林顿政府所推崇的"企业家政府"相似！这种研究途径不可避免地受到了一些学者的批评，例如有人批评这种方法的历史描述不够准确，最著名的是，科克伦（Cochrane 1993：82—93）指责"后福特主义的观念变得越来越靠不住……几乎与它宣称要确认的专业化一样太有弹性"。这种批判性的重新评价也许是"后现代公共行政"到来的前奏（可参见第 9 章）。在此，我想要强调的是关于国家理论对公共行政产生影响的四个普遍观点。

　　第一，新马克思主义国家理论是对公共行政研究主流的一个重要挑战，其原因

---

　　①　行政哲学是英国公共行政的另一个微小而独特的组成部分。新近最具代表性的例子是 Hood and Jackson 1991a；不过，也可参见 Thomas 1978。此外，清淡阶层（chattering classes）对公共服务伦理一直都不满；例如，可参见 Chapman 1993 以及前面第 5 章。

在于新马克思主义国家理论坚持认为地方政府的发展趋势必须被置于一个更加广泛的语境之中。第二，这种挑战没有成功，新马克思主义国家理论的倡导者仍然是公共行政中很小的一个亚文化群体。它从来就没有并且也不可能成为占据主导地位的研究途径。第三，新马克思主义国家理论将继续影响公共行政研究，它主要是通过其对经济与社会研究理事会的新"地方治理"研究项目有所贡献而发挥影响的。第四，新马克思主义国家理论进一步说明了公共行政这个学科的国际化。在这种情况下，对英国公共行政施加直接影响的不是美国的组织理论，而是欧洲的国家理论。

*174*

## 理性选择

理性选择理论并不是"公共生活的总体设计"（Fesler 1990：86）。我们最好将其视为：

> 所有政治科学家工具箱里的一套有用的研究方法和启发式方法。它的地位更像是适用于某些数据类型的统计技巧，它不是一个理解整个政治领域的独立范式。

（Ward 1995：93）

换言之，理性选择的独特性就在于演绎方法，这样的中庸之道很受欢迎。关键的问题在于这种方法对公共行政产生了多大影响。简短的回答是"影响不大"。更长的回答如下：

重要的是要对理性选择理论的学术贡献和新右派的教义进行区分。新右派的教义产生了一种主要影响。新右派的教义是政策创新的源泉。新右派的教义对传统公共行政的前提提出了挑战，例如，它迫使人们不得不重新思考公共官僚体制的政治理论。新右派的教义促进了英国政府的行政改革（参见第 5 章）。研究公共行政的学者实质上是旁观者，他们并没有产生和促进这样的新观念，他们是不可知论者，他们就诸如民营化、公共支出以及公务员制度改革这些政策领域中抱负与成就之间的差距发表评论（Jackson 1985；Kavanagh and Seldon 1989；Marsh and Rhodes 1992b）。不过，有少数学者还是做出了积极的贡献，他们要么将演绎方法应用于公共官僚体制的分析，要么检验通过这样的方法提出的假设。

邓利维（Dunleavy 1991：Chapter 4）用一个官僚制的"官僚形塑"模式取代尼斯卡宁（Niskanen 1971）的预算最大化官僚，他试图以此重新构建官僚制的理性选择模式。他不仅区分了预算的类型，而且还区分了代理机构的类型。预算的四种类型是核心预算（工资及运行成本）、官僚部门预算（核心预算加上资本支出和直接对个人和组织的转移支付）、项目预算（核心预算和官僚部门预算加上代理机构监督的拨款资金以及超项目预算（上述全部预算加上其他代理机构筹措资金的监督）。有五种代理机构类型：供给机构、规制机构、中转机构、合同机构以及控制机构。邓利维认为，官员的预算最大化取决于他们的级别、预算类型和代理机构类型。例如，一个理性的中层官僚之所以会试图使核心预算最大化，其原因在于这类预算将会提升职位安全并且增强职业前景。另一方面，理性的高级官僚之所以会使官僚部门预算最大化，其原因在于这类预算可以提高官僚声望。换言之，官僚之间在使自己的预算最大化的动机程度上存在很大的差异。邓利维没有将预算最大化作为对官员行为的一种解释，而是采用了"官僚形塑"这个概念。他认为：

> 主要倾向于工作相关效用的理性官僚追求的是一种**官僚形塑**的策略，这种策略旨在使他们的官僚部门逐渐地具有更加近似于"参谋"的（而不是"一线"）功能，即更加近似于一种学院式的氛围和一个中心定位。

> (Dunleavy 1991：202-3)

因此，国家级的服务供给机构将成为控制机构、中转机构或者合同机构，并且中央官僚部门将会呈现一种规模小、有控制力和精英化的特性。总之，理性官僚的工作场景多种多样，而且他们可以选择最大化策略。他们不只是使自己的预算最大化。

官僚计量学将其不可知论的立场和量化方法论扩大到理性选择理论。邓西尔和胡德（Dunsire and Hood 1989：39-42 以及 98-111）从官僚制的理性选择理论中提出了一系列关于削减公共支出的假设。例如，他们假设了一个利己的"官僚亚当·史密斯"，例如，这个利己的"官僚亚当·史密斯"会以牺牲中、低级职位为代价保护高级管理层的职位。这样的假设在实证检验中的结果并不理想；官僚并不是只关心个人利益、自私自利的人，他们会铲除一切妨碍他们的人或物。因此，关于利己主义的假设十有八九没有取得证据支持。

在本节中，我的意图既不是想要赞美演绎研究途径的优点，也不是想要批评理性选择理论（例如，可参见 Green and Shapiro 1996）。我只是想要表明，英国公共行政中这样的研究一直都太少了，仅此而已。如果说理性选择是公共行政的一个重要的备选方法，那么人们还没有认识到它的潜能[①]。它代表了对一直都受到冷漠乃至敌视的正统观念的一种挑战。

## 公共管理

国家理论和理性选择仍然是少数人感兴趣的研究途径。随着公共管理一路前行并且一不留神投入商学院的怀抱，公共行政主流接受了公共管理。现在谈论"新公共管理"或者"NPM"已经是司空见惯的事情，这方面的文献虽然没有给人留下深刻的印象，但是数量不少。然而，英国的公共行政并没有发展新公共管理。其动

---

[①] 关于理性选择，人们的困惑之一就是它既没有对公共行政产生广泛的影响，也没有对英国的政治学研究产生广泛的影响，尤其是考虑到人们敬仰的 C. L. Dodgson 和 Duncan Black 是这种方法的创始人之一（可参见 Black 1958）。Dodgson 的三本小册子出版于 1873—1877 年并且在 Black：214-34 中重印。Black 的论文集最初发表于 1948—1949 年。

机和想法源自实践者、经济学家、管理顾问以及新右派智库（New Right think-tanks）。学术界的贡献则"经典地"体现为详细规划公共管理变革或者开发一个备选的公共管理概念。

*176*　　到目前为止，为公共管理变革的详细规划采用的唯一一次最大的举动就是经济与社会研究理事会关于政府管理的研究创议（可参见 Rhodes 1991b）。这个创议探讨了国民医疗服务系统的一般性管理、政府绩效测量的不断变化、组织地位和绩效、政府的评估机制、英国中央政府的效率与效益以及绩效评估的跨部门比较研究等问题。梅特卡夫和理查兹（Metcalfe and Richards 1990：16-18）杜撰了"一个贫乏的管理概念"来描述人们对削减成本、目标、评价以及分等级权威的强调。经济与社会研究理事会的研究创议得出了惊人相似的结论。英国政府的白厅文化并没有经历过巨变。然而，正如第 5 章所表明的那样，自 1988 年以来，变革的步伐加快了。其实，根本就没有关于近期变革的综合描述，尽管经济与社会研究理事会的这个新白厅研究项目将弥补这一缺憾（Rhodes 1993）。

　　对新公共管理的第二个回应是重申公共管理的独特性。例如，兰森和斯图尔特（Ranson and Stuart 1989）认为，公共领域的独特目标就是要通过选择社区这个整体所必需的物品和服务，确立集体效率以及制定使社会可能存在的社会政治规则和目标来支持和发展集体生活。公共领域的关键任务是"使对集体活动和集体目标的权威性公共选择成为可能"（同上：10）。然而，"公共性"是一个具有两面性的概念：它不仅涉及整体而且也涉及许多其他方面。公共领域具有集体选择和鼓励参与政治的双重任务。将这种双重性统一起来的价值观就是公民身份，即积极促进、影响并且负责公共选择的个体。公共领域管理的独特任务就是"支持公民和政府"。它必须支持公民的积极参与，必须支持选举产生的代表并且必须支持政党在地方当局中的角色。它必须阐明价值选择和平衡利益关系。私人领域的管理是"一项服务于个体需要的单线性工作任务。在公共领域，管理者承担一项为各种各样个体的需要而服务并且要创造集体福利的多线性工作任务"（同上：19），"黑堡宣言"（Blacksburg Manifesto）中也有这样一种论点（可参见 Wamsley *et al*. 1987）。

　　新公共管理对公共行政实践的影响还在继续显现。新公共管理对公共行政的影响更为直接，它将学术界置于守势地位并且强化了官方的冷漠姿态。英国政府因其行事隐秘而声名狼藉。此外，英国政府的实际工作者对实践经验的重视要胜过其对应用社会研究的重视，社会科学家的地位在英国要比在美国低得多（例如，可参见 Sharpe 1978）。因此，公共行政与政府从未有过密切的联系。随着新右派、它的"智库"及其即时为政府政策提供的理论依据的出现，公共行政只能说是被边缘化了。虽然出现了一个监控和评估新公共管理的微产业，但是公共行政却是个局外人。管理顾问和其他人扮演着这个关键角色，只给学术界留了记录员和评论员的角*177*　色。伴随着公共行政与商学院的融合，公共行政可能会对其新家做出更加重要的实际贡献，尽管如此，公共行政现在没有将来也不会为实际工作者提供公共管理方面的建议（可参见 Rhodes 1995c）。

## 8.4 结语：向 21 世纪迈进

在一些评论家看来，英国公共行政的未来前景暗淡：它就是"最后一季废弃的杂草"，它已经"屈服于管理的诱惑"，我们"现在举着廉价方便的大旗航行"，公共行政这个学科"四分五裂、漫无目的"（Chandler 1991b：39 and 45）。上述这个观点也许极端，但是有证据支持公共行政这个分支领域正在衰落这一见解。

传统公共行政已经衰落，它不仅处在行为社会科学的攻击之下，而且还受到 20 世纪 80 年代管理主义教义和理性选择教义有时甚至是教条的影响。它还以一些更加平淡无奇的方式衰落了。例如，公共行政这个学科严重依赖政府资助的研究理事会拨款，但是这样的资助从 1983 年的 120 万英镑骤降到 1991 年的不足 10 万英镑（Rhodes 1995a：Table 7）。公共行政这个学科在政策研究与公共管理之间分裂，公共管理进入商学院（CNAA 1992：21-3）。1922 年成立的皇家公共行政学会是一个汇聚了学者和实际工作者的学术团体。其会刊《公共行政》是该领域的顶级期刊之一。1992 年 7 月，皇家公共行政学会进入行政破产管理状态，现在已经不存在了（Shelley 1993）。随着研究经费的逐渐落空和皇家公共行政学会的消亡，在政府的引导下，本科生规模大幅扩大，增幅达到约 56%（CNAA1992：6-7 and 10），当然，教职人员的增长却没有跟上。最后，官方保密和对应用社会研究漠不关心的悠久传统与新右派政策变革的理论基础相吻合，进而使公共行政边缘化。"别担心，事情只会越来越糟"这个结论似乎很有道理。不过，对于最近的趋势，却有一种更为积极的解释。

如果公共行政要生存下来，它就要通过提高其学术贡献的质量来实现这一目标。因此，本章前几节所描述的研究就很好地预示了它的未来。知识效力可以弥补制度衰落，官僚形塑、官僚计量学以及政策网络是知识兴旺的三个例子。如果说有一个弱点的话，就在于它未能在这些成就的基础上继续努力。此外，也有新的重大研究在进行之中。经济与社会研究理事会在 1993 年至 1994 年启动了两个重大研究项目："地方治理研究"与"英国政府的白厅研究"（Rhodes 1991c and 1993）。这些新的研究项目将会为英国公共行政研究投入 500 万英镑的资金。虽然这些研究项目想要取得结果还为时过早，但是仅这些项目的存在就表明了公共行政还是有前途的。学生人数的增加未必就会挤掉科学研究。在多数教学工作由临时聘任的教师承担的情况下，这些研究项目也同样有可能产生一批获有终身教职的学术研究精英。因此，收复 20 世纪 80 年代的失地还是有机会的。

英国公共行政的未来怎样？无论这个问题的答案是什么，公共行政的语境都是 *178* 其答案的一个重要内容。公共行政的趋势是什么？这些趋势会对公共行政产生怎样的影响呢？公共行政的学者能够为理解这些趋势做出什么贡献呢？相关的趋势包括：抑制政府的增长、公共行政的国际化、自动化和信息化、公共服务供给的民营化、新公共管理的兴起以及国家的空心化（Hood 1990a：4-11；以及 1995；

Rhodes 1994a)。这些趋势之所以重要，其原因在于它们提出了一些理论上有趣的实质性问题；这些问题与制度因素、经济因素以及政治因素有关。这些趋势为研究公共行政对其做出了重要贡献的当代问题提供了许多机会。

要充分利用这些机会，公共行政作为一个学术研究领域就必须进一步改进。具有讽刺意味的是，公共行政应该采纳新管理主义专家的建议并且在学术上应该坚持"针织式研究"（Peters and Waterman 1982）。最重要的是，公共行政必须开发一种明确的理论研究途径，进而可以评估各种理论的优点和缺点。正如胡德（Hood 1990b：120）所认为的那样："我们需要对不同的认识方式或公共服务供给的预测模式进行比较、并置和综合。"

除了这个多元理论的研究途径之外，我们还需要方法论的多元主义；需要确立我们自己的研究议程，而不是跟随政府一时的兴致；需要避免有权势者建立无价值的组织；需要捍卫公共官僚制作为多种有效提供服务的方式之一的地位（关于上述这些观点的阐述，可参见 Rhodes 1991a：550-4）。总之，公共行政必须再一次证明它有助于人们理解政府制度形形色色的多重面孔。前景可能并不令人愉悦并且具有挑战性。第 9 章将对这种挑战进行考察，进而探讨后现代公共行政的优点和缺点。我还将对本书的核心主题进行再审视并就公共行政研究必须怎样变革才能赶上和把握公共行政的变革提出问题。

# 迈向一种后现代公共行政：新时代、认识论抑或叙事？

## 9.1 引言

本章将考察社会科学中后现代主义这种方兴未艾的时尚并叩问后现代主义与公共行政研究是否有关联。后现代主义存在争议并且被许多人视为一项有害的事业。它已经开始影响公共行政。本章将探讨这种挑战，并集中关注这样一个问题："后现代主义在公共行政和公共行政研究这两个方面的变革能够教给我们什么？"

这个问题的老套回答是："它完全取决于你所说的后现代主义指的是什么？" P. M. 罗西瑙（Rosenau 1992：17）评论说："后现代这个词使用得非常宽泛，以至于它似乎既对什么都适用，又对什么都不适用。"像卡里尼科斯（Callinicos 1989：5 和 122-3）这样的评论家识别出"后"这个前缀至少有 15 种不同的用法，他们断言"后工业社会这种观念是无稽之谈"。后现代主义的支持者"才疏学浅，通常思想肤浅，往往说话无知，有时语无伦次"。即便是像伯恩斯坦（Bernstein 1991：11）这样赞同后现代主义的评论家也认为这个词"靠不住、不清楚、有歧义"，他为"后现代主义"提供了一个因其普遍性而惹人注目的定义。他将后现代主义视为"一种心情，或一种情绪——这种情绪形

162

态不定、变幻无常、移动多变，然而，它会对我们的思想、行为和经验施加一种强大的影响"。虽然像作为"理性之破灭"的后现代主义（Hassard 1994：303）这样富有煽动性和戏剧性的短语也许可以引起共鸣，但是它们却传达不了什么理性的内容。为了简化对这种"情绪"的讨论，我将区分作为新时代的后现代主义与作为认识论的后现代主义。

## 9.2　作为新时代的后现代主义与作为认识论的后现代主义

181　　作为新时代的后现代主义指的是从现代社会向后现代社会的转变，指的是一个新历史时代的到来。关于20世纪下半叶社会经济变革的文献浩如烟海。我的目的不是要对其进行全面考察。对于公共行政的学者而言，核心教材就是克莱格（Clegg）的著作。他认为（Clegg 1990：9-17），现代性的特征"是作为一条核心组织原则的差异化过程及其管理"。后现代性出现在现代性之后，所以，其特征是"去差异化"或者"分解……现存的劳动分工形式"。因此：

> 现代主义组织很死板，而后现代主义组织则很灵活。现代主义的消费以大众形式为前提，而后现代主义的消费则以商机为前提。现代主义组织以技术决定论为前提，而后现代主义组织则以通过"去专门化的"微电子设备做出的技术选择为前提。现代主义的组织和职位具有高度的差异化、界线分明并且去技能化，而后现代主义的组织和职位则具有高度的去差异化、界线分明并且多技能化。雇佣关系作为一种基本的组织关系……越来越让位于更加复杂的碎片化关系形式，例如，合同转包和网络构建。

（Clegg 1990：181）

因此，克莱格试图表明，传统的韦伯式组织已经被一种全新的后现代组织所取代，这种组织与其环境没有明确的边界。他从世界各地收集经验研究成果来支持自己的论点，进而运用主流社会科学的传统研究工具。

克莱格所说的去差异化组织属于那个被称为后福特主义和无组织资本主义的现代社会变革理论谱系（关于摘要和评论，可参见 Cochrane 1993）。在斯托克（Stoker 1989：145-7）看来，这种新后福特主义管理体制的主要特点是：灵活的生产、创新和分段营销（也可参见 Jessop 1992：14）。这样的小批量生产鼓励更小的商业单位，并且大规模公司正在实施分权化、特许专营以及合同转包。管理文化也相应地转变为强调质量和对顾客服务。相比之下，国家角色的改变尽管不太明确，但是却包括，例如，使服务供给碎片化、广泛利用合同外包、使用商业方法驱动效率、用市场和准市场替代官僚制，以及顾客至上主义。国家不再直接提供服务，而是与私人部门和志愿者部门签订合同——给私人部门和志愿者部门赋能。我们再一次预示了官僚制的破灭。

182　　新时代的这些不同版本已经成为猛烈抨击的主题。正如汤普森（Thompson

1993：188-90）尖锐地指出的那样，"制造仍然是资本主义社会的**核心**活动"。他断言，后福特主义"根本不适合英国的大多数产业部门"，并且"几乎没有证据表明定制的商机市场就是主要趋势"。总之，这些新时代的理论"缺乏实质性的经验基础"。惠特克（Whittaker 1992）在一个细致的文献评述中断言，有一个工作新领域的根据并"没有得到证实"。关于弹性专业化的证据"很薄弱"，而且"弹性公司这种论点也难以证实"（同上：190）。资本主义非但没有迈入一个无组织资本主义的时代，反倒变得比以前组织得更加严密（同上：191；也可参见 Reed 1992：226-37）。最显著的是，科克伦（Cochrane 1993：92）抱怨说"后福特主义这个概念变得越来越不靠谱，并且……几乎像它声称要识别的专业化一样富有弹性"。就公共行政而言，后福特主义理论的核心缺陷就在于它没有识别出一个独特的后福特主义国家。该理论应当识别出国家的独特变革，并且应当表明这些变革是向后福特主义转变的一个直接结果。几乎没有例外（可参见 Jessop 1992：27-32），后福特主义理论既没有这样做，也没有准确地描述政府的变革；尽管官僚制也许有所改变，但是它们仍然同我们在一起。

总之，英国还没有进入一个后现代的新时代，表明有一股世俗的浪潮将我们席卷进 21 世纪的证据充其量是混杂的。莱昂（Lyon 1994：85）宣称，后现代主义"邀请人们参与到关于当代社会性质和发展方向的争论之中"。我接受这种邀请，但是"后现代主义"这个标签未必能识别和解释当今社会的发展趋势（可参见 Giddens 1990）。后现代主义的本体论与后现代主义的认识论之间并没有必然的联系："谁都无法将一种理想主义的认识论与一种现实主义的本体论结合在一起，谁都别指望会产生连贯的理论。"（Parker 1992：10）后现代主义还掩盖了这样一个事实：人们已经为刻画英国现代公共行政的特点做出了各种具有丰富经验强力支持的尝试。我在第 5 章至第 7 章中探讨了公共行政的本体论（也可参见 Hood 1995；Wright 1994）。因此，本章剩下的部分将聚焦于后现代主义的独特贡献，亦即它的认识论。

后现代主义对社会科学提出了一个重要的认识论挑战。后现代主义指的是后结构主义哲学和对社会科学元叙事的解构。我将通过聚焦于公共行政（还包括组织理论）的具体情况来评估后现代主义所带来的挑战。这个听起来很简单的任务面临一个近乎无法克服的问题，因为"有多少个后现代主义者，就有多少种后现代主义形式"，而且这项事业"总是处于陷入混乱的边缘"（Rosenau 1992：14-15）。此外，帕克（Parker 1992：2）还认为，我们"很难将后现代主义概括到令人满意"，因为"后现代主义的许多追随者起初就拒绝这种'定义'的语言和逻辑"。然而，由于后现代主义对公共行政而言是全新的，因此，为了明晰起见，我在集中考察后现代主义在公共行政学科中的应用之前，首先简单地描述它的一些核心主题。

后现代主义对现代主义尤其是对处于现代社会科学核心的理性提出了挑战。为了阐释伯恩斯坦的观点（Bernstein 1991），后现代主义质问是否存在一个确定的、*183* 普遍的、自然的和非历史的框架，在这个框架中，所有的社会科学词汇都可以得到恰当的翻译，以便我们可以合理地评估每一个词汇的有效性。后现代主义拒斥这样

的基础主义："我将**后现代**界定为对元叙事的轻信。"（Lyotard 1984：xxiv）

那么，何谓现代主义？它有什么缺陷？格根（Gergen）认为，现代主义具有四个特点。

(1) **启蒙运动对理性和观察之力量的信念复兴**……通过理性，我们能够开发和验证关于世界的理论。

(2) **对基础和本质的探寻**……我们也许可以揭示宇宙的奥秘。

(3) **对进步和通用设计**的信任……我们可以肯定会有一个稳步改善的未来。

(4) **对机器比喻**的着迷……该模型的理论图景强调基本要素之间或者它们中间的系统关系（通常是因果关系）。

（摘自 Gergen 1992：211）

上述这些特点尚缺乏共识。例如，莱昂（Lyon 1994：21-7）就列举了差异化、理性化、城市主义、遵守纪律以及世俗主义，他断言"现代性是一种形式繁多且内涵丰富的现象，对其进行概述即便不是不可能的，也是十分困难的"（同上：27）。无论内容如何，这种评论都很尖刻。例如，莱昂（Lyon 1994：29-36）就列举了对现代主义的种种不满——比如，将现代主义视为异化、剥削、反常和迷失方向——以及这个铁笼的官僚制锁链。我们生活在一个受到越来越严厉控制的陌生人社会之中。简言之，现代性是"矛盾的"，是"利弊参半的狂喜"，充满了"内在的疑惑和矛盾"①。P. M. 罗西瑙（Rosenau 1992：5）描述了这种批评的腔调：

尽管现代性作为一种有可能将人类从无知和非理性中解放出来的进步力量载入史册，但是我们可能很快就想知道这种可能是否一直都有。当处在西方世界的我们走近 20 世纪末的时候，"现代的"纪录（the "modern" record）——世界大战、纳粹主义的兴起、（东方和西方都有的）集中营、灭绝种族的大屠杀、世界性的经济萧条、广岛原子弹、越南战争、柬埔寨内战、海湾战争以及贫富差距的不断扩大——使人们相信这种进步的理念或者对未来的信任似乎不太靠谱。

现代主义被抛弃了。取而代之的是后现代主义方案，其核心原则（选自 P. M. Rosenau 1992：Chapter 7，有所修改）如下：

(1) **"外部实在"**：社会科学试图发现外部实在，但"后现代主义者坚持认为根本不存在表征外部实在的恰当手段"（有关深入的讨论，参见 Gergen 1986）。

*184*

(2) **"建构主义实在论"**：就心智所能提供的理解类型来说，除了人的精神特质内所固有的那些因素外，根本不存在现实世界的研究对象（Gergen 1986：141）。

---

① 关于对这种矛盾的不俗解释及其挑战和不满，可参见 Berman 1988。关于现代主义的一般回应，可参见 Habermas 1985；Giddens 1990；以及 Taylor 1992。关于现代主义对组织分析批评的回应，可参见 Reed 1993。

（3）**"语境主义实在论"**：所有知识主张（所有事实、真理以及有效性）只有在它们的语境、范式或者"解释共同体"中才是"可以理解和可以争论的"（Fish 1989：141）……"实在是在某一特定语境中被接受为正常的社会过程的结果"。

（4）实在是一种**"语言学约定"**："如果语言本身是相对的甚至是任意的，如果语言是我们所理解的唯一实在，那么实在充其量就是一种语言习惯。""根本不存在任何可以独立识别且与社会描述语言黏结在一起的现实世界所指对象"（Gergen 1986：143）。真理是一种语言游戏。

（5）**道德相对论**：客观性是不可能的。社会科学研究渗透了价值观，"没有哪种特定的价值体系可以被假定为优于其他价值体系"。语言游戏是不可通约的。

（6）**解构**：后现代主义是反实证主义的，它赞成"消极的批判能力"，"揭开文本的神秘面纱"（P. M. Rosenau，1992：118 and 120−21）。它是"一套用于分析演讲、著作、访谈和对话的中性方法论工具"（Howarth 1995：116；关于对解构的"中性"方法所提出的尖锐批评，可参见 Ellis 1989）。

现代主义方案与后现代主义方案之间的对比很鲜明。现代社会科学力求简约和不断接近真理。后现代主义拒斥所有的真理主张，进而承认存在多重实在并且承认根本不存在断言一种解释优于另一种解释的基础。

显然，我只是展示了后现代研究途径的一些基本内容。进一步充实这种描述的最有效方法就是考察后现代研究途径在公共行政中的应用。

## 9.3　后现代主义与公共行政

### 公共行政

已经有一部长篇论述后现代公共行政的专著，该书由福克斯和米勒合作撰写（Fox and Miller 1995）①。他们认为，"美国的代议制民主既不是代议的，也不是民主的"，而且"治理"只有通过"连续接近真实的会话"（authentic discourse）才能得以改进（xiv）。这本书的第一部分批评了美国政府和行政的理论与实践。例如，他们专门批评了《黑堡宣言》，试图通过利用美国宪法及其原则而使行政国家合法化来重建公共行政（可参见 Wamsley *et al*. 1990）。福克斯和米勒希望公共行政能够为公共利益发挥作用，他们拒斥技术主义和实证主义，使自己"疏远"作为"行会保护主义"的职业化以及寻求公共行政与公民之间更为密切的联系。但是，他们拒绝通过参与政策审议从宪法上为更有利于真实会话的公共行政

---

① 还有关于后现代政策分析的研究文献强调政策及政策分析的社会构建。例如，可参见 Bobrow and Dryzek 1987；Chapter 10；Dobuzinskis 1992；Schram 1993；以及 White 1994。

寻求合法性。他们认为，美国是由在一种博弈中相互谈论过去的新部落构成的，这种博弈的特征就是符号政治（symbolic politics）和角逐意义，而非角逐物品（同上：43）：

> 没有探究，没有争论，没有断言真理主张的一致基础，没有需要检验的命题，没有劝说，没有反驳，而且也没有要求语词对于每一个人来说都意味着同样的现象。

（Fox and Miller 1995：59）

福克斯和米勒的目标就是要用真实的会话取代符号政治。

第二部分（Fox and Miller 1995）概述了会话理论的基础，包括现象学、建构主义、结构化理论以及作为一种能量场的公共领域。他们运用这几种要素来论证"公共政策……不是要理性地发现客观真理"，而是"要力争捕捉意义"：

> 隐喻、明喻和类比之间的冲突，战略上精心设计的论证以及修辞策略都是政策的现实决定因素……博弈所涉及的不是真理，而是捕捉意义；真理是赢得的，而不是被发现的。

（Fox and Miller 1995：112–13）

然而，这场意义之争既不民主，也不真实。因此，福克斯和米勒（Fox and Miller 1995：118–27）赞同一种会话的多元主义，并且规定了作为真实交流之必要条件的四种"会话理由"，即诚意、关于情景的意向性、乐意关注和实质性贡献。他们认为，"不真诚会破坏信任"，而信任对真实的会话必不可少；关于情景的意向性可以确保会话既有内容又看重问题的语境；乐意关注将会实现热情的参与，而且参与者应该提供一种独到的见解或者特定的专长。据说，这些"过程规范"旨在"保卫会话"。

最后，福克斯和米勒把政策网络作为一种新生会话形式的例子进行讨论。关于政策网络的这种传统描述将其视为私人政府的一个例子。福克斯和米勒（Fox and Miller 1995：149）认为，公民可以作为用户和管理者，通过参与政策网络重新获得对政府的控制权，进而创立一种"后现代公共行政"（可参见第 1 章）。

## 组织分析

库珀和伯勒尔的著作（Cooper and Burrell 1988）以及《组织研究》期刊中涉及各个后现代作者的系列论文，（可以说）是组织理论新近发展的一个里程碑[①]。库珀和伯勒尔比较了现代研究途径与后现代研究途径。他们区分了批判现代主义与 *186* 系统现代主义，批判现代主义涉及批判理性［例如，尤尔根·哈贝马斯（Jurgen Habermas）的著作就是如此］，而系统现代主义则涉及工具理性［例如，丹尼尔·

---

[①] 我只想说明组织理论中的后现代研究途径，因此我集中关注的是 Cooper and Burrell 于 1988 年出版的著作。其他相关研究成果包括：Clegg 1990；Gergen 1992；Parker 1992；Reed 1992；Thompson 1993；以及 Hassard 1994 的研究成果。

贝尔（Daniel Bell）的著作就是如此]。系统现代主义是理性的主导形式："后工业社会是为了社会控制的目的与指导创新和控制而围绕着知识组织起来的。"（Bell 1976：20）然而，上述这两种现代主义都"相信一个由理性构成的具有内在逻辑和意义的世界"，而且它们都相信：

> （1）会话反映了世界上已经"摆在那儿"的理性与秩序，而且（2）有一个思维主体能够意识到这种外在的秩序。
>
> （Cooper and Burrell 1988：97）

后现代主义拒斥这种宏大叙事。关键的概念是"差异"：一种自我指涉的形式，其中，术语都包含它们自己的对立面，因此根本就不存在"对它们含义的单一理解"（同上：98）。社会行动是一种"语言游戏"，其中，行动者遵循已知的"规则"采取"行动"。人类主体并没有控制。他们"构建关于世界的种种解释，这些解释不具有任何绝对的地位或普遍的地位"（同上：94）。

后现代研究途径拒斥组织分析的宏大叙事，在这种叙事中，"组织的概念……发挥一种元会话（metadiscourse）的功能，这种元会话可以使那种认为组织是一种社会工具和一种人类主体扩展形式的理念合法化"（102）。现代主义的组织概念将劳动者和管理者视为具有功能性特点的研究对象。后现代主义研究途径否认组织建构关系。关系是通过会话构成的。因此：

> 要理解组织，我们有必要从外部……而不是从已经组织起来的东西中分析组织。这种分析变成了分析……组织的生产而不是分析生产的组织这样一个问题。
>
> （同上：106）

库珀和伯勒尔并没有提供他们所偏好的研究途径运用的例子。然而，他们的确认为：

> 后现代思想的任务是要揭示标准化的审查功能，并且要……表明"非正式性"实际上构成了"正式性"。"正式性"与"非正式性"彼此观照……就它们绝不可能分离来说，它们不仅是相互规定的，而且还可以说它们是相同的或者是自我指涉的。正是根据这个观点……福柯（Foucault）和德里达（Derrida）考察和分析了"正式性"，结果是它不再是一个在社会会话方面的坚不可摧的特许场所。
>
> （Cooper and Burrell 1988：109）

后现代主义摘下了正式组织的面具，它解构了种种组织叙事。这些组织叙事不是"现代制度的合理构建"，而是"自治权力的持续表达"（同上：110）。

### 一个批判性评价

现在我们应该清楚了为什么我们不能忽视后现代主义。后现代主义已经进入主流公共行政和组织研究。关键的问题在于我们能够从中学到什么。社会科学中已经有大量关于后现代主义的批判性研究文献，而且我不会妄称要提供一个明确的概述。（例如，可参见 Dews 1987；Callinicos 1989；以及 P. M. Rosenau 1992）。如同前面对后现代主义的简介一样，我集中关注的是公共行政研究中后现代主义的弱点。

第一，它歪曲了现代主义方案。正如里德（Reed 1993：168）所认为的那样：

> 对现代主义方案的后现代主义批评过于强调消解理性、科学与进步这种元叙事并且由此相应地导致"统一与整合的丧失"，这样可能会犯严重高估现代主义思维总体化势头和低估其曲折历史作为综合叙事之碎片化和局部化结果的错误。夸大现代主义方案内在固有的知识帝国主义和制度威权主义的倾向及其培育的"学科管理体制"会导致这样一种叙事活动，其抱负完全像它所希望摆脱的传统一样总体化。

第二，贫困、不平等（尤其是权力的不平等，其中包括官僚权力和国家权力）、环境恶化以及失业是公民所面临的诸多"残酷现实"的一部分，而后现代主义使社会科学无力为其提供帮助。

> （公共行政的）后现代主义新形式并没有提供"怎么办"的信息，因为倘若真理和理论被废除，那么就不会有任何明确的概念图式，就不会有任何单一的正确答案或者最佳的研究途径……就后现代公共行政而言，由于现代真理或理论的不可能性，因此不再有任何"正确的"政策或者优质的指导智慧，不再有任何保留的共同假定。那么，后现代行政官员应该如何应对需要政府机构马上处理的紧急环境危机和经济危机呢？

> （P. M. Rosenau 1992：86—7）

第三，这种方法论批评的核心并不新鲜。例如，明诺布鲁克（Minnowbrook）的会议论文就不断地对主流公共行政提出了批评，这些批评涉及诸如实证主义的局限性、价值中立分析的不可能性、反等级制的组织研究途径、组织理论的社会行动研究途径以及服务于平等主义价值观这样的"后现代话题"（Marini 1971；也可参见 Bernstein 1979；Feyerabend 1988）①。公共行政是多重理论的，它具有方法论多元主义的特点（1991a Rhodes），不再有一个主导的范式。

*188* 第四，福克斯和米勒（Fox and Miller 1995）以及库珀和伯勒尔（Cooper and Burrell 1988）的著述都存在重要缺陷。例如，福克斯和米勒把政策网络作为新生会话的讨论更多的应该感谢哈贝马斯的批判现代主义及其对协商民主的倡导，而不是后现代主义。他们的讨论没有涉及网络中真实会话的重要制约因素。对于公民作为用户这一新角色有一些重要的限制：例如，政府依然限制信息的获取，而且对于公民的认识也有一些明显的限制。真实会话的条件是一个远离英国治理实践的世界。

---

① Andrew Dunsire 让我想起了 Marcuse 1964；Roszak 1969；Reich 1971；以及 20 世纪 60 年代的逃避理性（1995年 6 月 27 日的私人通信）。

库珀和伯勒尔的问题在于他们集中关注的是文本和语言游戏。对理论构建的批评本身就是一种理论立场。正如汤普森（Thompson 1993：197）所指出的那样，很少有后现代主义者放弃真理主张；他们的作品不仅是"一种局部性叙事"，只对自己的支持者有价值，而且还是"一种理论化程度很低的元叙事"。因此，库珀和伯勒尔解释知识的历史性生产与分配；虽然文本分析"可能会使我们发现前后矛盾和隐喻，但是它却不允许我们揭示可以巩固文本的利益集团和权力结构"（同上：196）。帕克（Parker 1992：12）以同样的语气抱怨说"他们没有探究作者、文本和读者这三者之间关系的本质"。尽管每一种分析框架都具有局限性，但是"这并没有证明试图……跨有限地域地……进行概括和提出真理主张的社会理论就是错误的"（Thompson 1993：197）。

我们有可能把后现代主义的论点太当真了。后现代主义者常常坚持认为他们的研究途径具有类似游戏的性质（Gergen 1992：215）。这种对主流社会科学的批评成为主要的正当理由。还有些人认为这种批评可以使公共行政意识到其视而不见的那些研究路径，这种批评"可以强化已经发挥效用的倾向"（P. M. Rosenau 1992：184；Lyon 1994：50）。后现代主义中有一些值得吸取的教训，这些教训主要源自后现代主义对公共行政的现代主义假定和公共行政实证主义方法论提出的批评。例如，后现代主义常常会将公共行政视为一种充满改革概念、效率概念、进步概念以及现代化概念的总体化元叙事。它会因其潜在的价值观和假定而解构"好公共行政"的概念，它会探讨进步理念可以被用来解释政策失败的方式，它还会削弱持续"理性"社会工程的合理性。我怀疑这种主张独有的后现代主义性质。虽然公共行政的实践——比如说因其"重塑白厅"的主张——而可能会充满了改革概念、效率概念以及进步概念，但是胡德（Hood 1990b）和罗兹（Rhodes 1991a）却认为，公共行政研究并没有一种单一的元叙事，它是多重理论的。胡德和杰克逊（Hood and Jackson 1991a）以及古丁和维尔伦斯基（Goodin and Wilenski 1984）分别对"行政"和"效率"这两个概念进行了"解构"，但是双方都不会把他们的研究成果看作遥远的后现代主义作品。同样，第 3 章对等级制向市场再向网络转变的分析"解构"了公共服务"市场化"的论点！理性分析运用修辞手法来说明政策失败的合理性，这同样是"批判性启蒙运动"的一个特点，但是这种分析是后现代的吗（可参见 Bobrow and Dryzek 1987：Chapter 11）？

总之，后现代主义的贡献本质上是消极的，它为人们提供了"一个重新评价现代性的机会"；它引起人们"关注（现代性的）种种局限"（Lyon 1994：70 and 73）。最糟糕的是，后现代主义使公共行政的事业变得没有价值：

> 后现代社会科学的问题就在于，你能够说任何你想要说的话，但是其他任何一个人也能够这样。所说的话有些可能会很有趣并且吸引人，但有些话也可能会滑稽可笑并且荒诞不经。后现代主义并没有提供区分这两者的任何手段。
>
> （P. M. Rosenau 1992：137）

学术研究工作变得只不过是"一片竞争性嘈杂声中的话语，其中没有哪一种声音可以特别宣称压住了别人的声音"（Parker 1992：6）。后现代主义充其量是对评判公正性的一种呼唤，是对我们核心价值观和假定的一种审议。换言之，它是一种创造反思性公共行政的挑战，它要通过聚焦于公共行政社会实践框架内分析性结构叙事之间的批判性争论来认知这种后现代主义的方法论批评。然而，这种说法重写了公共行政学科的许多方法论假定并且需要得到更为详细的阐释。

## 9.4  创建一种反思性公共行政

在本章的这一小节中，我将通过不是接受而是重新阐释我们自己的传统来积极地回应这种后现代主义的批评①。

现代性仍然具有很大的吸引力。正如莱昂（Lyon 1994：78）所述：

> 如果后现代性所能提供的只是任意和紊乱，只是顾客至上主义和漠不关心，那么现代性就会具有一些吸引力。而且，如果没有至少是含蓄地提到被后现代否定的范式中正确发现的主旨，后现代状况看起来就不能支撑自己，那么后现代主义就存在某种扭曲。

不仅是存在某种扭曲，而且对现代性的这种后现代批评正在"总体化"，并且现代性是一个尚待完成的项目。在哈贝马斯（Habermas 1985：293-326）看来，未来在于交往理性。对于吉登斯（Giddens 1990：36-53）来说，未来在于一种解释学研究途径和"现代性的反思"。而泰勒（Taylor 1992：16，28-9 and 66-8）则认为，未来在于通过对话实现的真实性或自我实现的道德理想。就组织理论而言，里德（Reed 1992：Chapter 6；以及 1993）还试图通过聚焦于组织研究的持续性来使现代性免遭其批评者的抨击。他认为，老组织理论和新组织理论"都具有分析的形式和实质的关注"。有一些反复出现的"主旋律"，并且公共行政学科应该设法"找回它的历史延续感"。里德反对这种后现代批评所导致的碎片化趋势和相对主义。人们：

> 越来越意识到，认识论的不确定性、理论的多元性以及方法论的多样性未必就意味着必然会出现向具有涉及哲学基础、实质问题和概念框架之总体混乱特点的杂乱研究领域的倾斜。其实，正是由不同研究模式启动和发展的这些争论方式才将这个领域凝聚成一种具有合理连贯性的智力实践。这些争论方式提供的问题、框架和解释，连同在其中积极开展"组织分析"的制度安排一道，以一种能够维系一个连贯研究领域的方式，将认识论的主张与学科实践联系在一起。

（Reed 1993：176）

---

① 我想在此感谢（纽卡斯尔大学的）马克·贝维尔和（哥本哈根大学的）洛特·詹森同我多次交谈，这对我澄清有关局部推理和重新确认的理念很有帮助。

这个研究领域是：

（1）一种合作的智力**实践**；

（2）具有这样一种**传统**，它包括历史性产生的规范、规则、惯例和容易受到批评性争论的杰出标准；

（3）一种给组织分析活动赋予意义的**叙事**结构和语境。（改述自 Reed 1993：176。）

因此，实践、传统以及叙事提供了思考组织分析的框架。它们规定了：

一套商定的动态标准，通过这些标准，对立观点或研究途径的支持者之间就有可能展开理性的争论和论证。这些标准是历史地根植于社会实践、传统和叙事之中的，它们为人们判断一个论证的真伪或一种行动的对错提供了"内在的理由"……

（Reed 1993：177）

这些标准虽然不具有普遍性和客观性，但是它们却是"评价……知识主张的共同标准"，而且这种后现代的批评"从根本上低估了"实践、传统和叙事中"重要的扎根理性"以及"对理论方向和重要实质性焦点的共同理解"（Reed 1993：177）。

尽管里德的论证聚焦于组织分析，但是它对于也具有过多竞争性研究途径特点的公共行政研究同样具有价值。取代官僚制功能性效率这个元叙事，我们又有了一项具有共同语言和一致焦点的智力事业。交往之所以可能，是因为在公共行政研究领域人们广泛地具有共同的语言和焦点。通过将诸如后现代主义这样一些新观点吸纳进持续的争论之中，即使变革仅仅是渐进的，我们也可以避免公共行政这个分支领域的僵化。

虽然后现代主义常常将我的"分析性结构叙事"称为一种"自我指涉的会话"，并且将我的"社会实践框架"称为一种"解释共同体"（Fish 1989：Chapter 7），但是它们并非如此有限或内省。叙事是锚定知识的一种手段。公共行政共同体的持续性争论可以规定和重新规定公共行政共同体各个成员知识主张的判断标准。分析性结构叙事之所以不是自我指涉的，是因为知识主张可以通过与实际工作者和使用者的会面而得到"重新确认"。因此，我们将抽象的概念转化为实地调查中的交谈。这些会面及其交谈产生了为产生叙事而要解释的数据，这些叙事要通过制定公共行政共同体的知识标准来加以评判。重新确认常常出现在以下三个节点：

（1）当我们为了实地考察而转换概念时：也就是说，这些概念对于实际工作者和使用者来说有意义吗？如果没有意义，那么为什么会没有意义呢？

（2）当我们从这些交谈中重建叙事时：也就是说，所讲述的故事合乎逻辑且符合数据资料吗？

（3）当我们因公共行政共同体对叙事的判断而重新界定和转换我们的概念时：也就是说，所讲述的故事符合商定的知识标准吗（可参见下面的智力诚实规则）？

重新确认是一个反复的过程。概念由学术评判并重新界定，并且为了新的会面、交谈和故事再次被转换（可参见 Giddens 1993：170）。

通过这样的比较，我们可以实现"客观性"。贝维尔（Bevir 1994：333）认为，"客观性产生于商定的事实对竞争性解释进行批评和比较"。这样被蛰疼的是该论证的"尾巴"。什么是商定的事实？"一个事实就是一个共同体的成员都认同为真的一个命题。"但它不是一个自我指涉性会话的产物，因为贝维尔（Bevir 1994：335）认同了智力诚实规则：

> 第一条规则是：客观行为要求有一种重视批评的意愿……
> 第二条规则是：客观行为意味着有一种对证据和理性既定标准的偏好，为其伴奏的则是一种对这些本身就依靠客观一致的证据和理性标准的既定标准提出挑战的偏好……
> 第三条规则是：客观行为意味着有一种对积极思辨理论的偏好，也就是说，这样的思辨理论假定了一些令人激动的新预测，而不是仅仅封锁对我们现行解释的批评。

上述这些智力诚实规则为各种错综复杂的解释或叙事提供了比较的标准：

> 首先，因为我们应该尊重既定的证据标准和理性标准，所以我们将更加偏好各种**准确、全面和一致的**解释……
> 其次，因为我们应该偏好的是积极的思辨理论而不是那些仅仅封锁批评的思辨理论，所以我们将更加偏好各种**进步的、富有成效的和开放的**解释。

（Bevir 1994：336）

因此，客观性是"局部推论"的产物；也就是说，它产生于一个学术共同体内部，并对各种叙事进行批判性比较，这种比较在不同学术共同体之间的争论中得以重新确认，在这些学术共同体中，所有的争论都受制于智力诚实规则。贝维尔（Bevir 1994：336-7）巧妙地抓住了局部推论与传统公共行政研究途径之间的差异：

> 我们既不能对解释进行确定性评估，也不能对解释进行即时性评估。由于客观性依靠的是比较的标准，而不是一种证实的逻辑或反驳的逻辑，因此我们可以选择为比较结果的那种解释将会是最符合我们标准的解释，而不会是那种表明自己无疑是既定真理的解释……（并且）我们通过一个比较过程对解释的选择将会是渐进的。

现在核心的任务就变成了识别出既要质问现存传统和叙事又要符合既定证据标准和理性标准的进步的、富有成效的和开放的叙事。此外，这些新的研究手段必须讲述一个可以为实践工作者所理解的故事，它们必须建构一种关于公共行政趋势的合理叙事。这种叙事应当包括以下要素：制度分析、人种志（ethnography）与网络文化、核心行政部门行为、治理结构、全球化以及代议制民主。

## 9.5　重构叙事

### 制度分析

主流社会科学重新发现了"制度"。朗兹（Lowndes 1996）识别了六种类型的"新制度主义"。**虚构的**制度将一个组织的正式结构视为其制度环境及其关于该组织想当然假定的产物（例如，可参见 Meyer and Rowan 1977）。**高效的**制度探讨的是市场或等级制成为经济交易之有效组织框架的条件（例如，可参见 Williamson 1975）。**稳定的（或历史的）**制度为经济交易提供了一个稳定的框架，它强调制度的历史发展，强调文化和传统，强调非正式约束并且强调创立这个框架的制度规则（例如，可参见 North 1990）。**受操纵的**制度认为，理性自私的政客和官僚会操纵政治制度（例如，可参见 Dunleavy 1991）。**分解的**制度指的是由于差异化和重新整合而导致政府结构的发展，这里的重新整合是通过政府部门、压力集团、专业利益集团和经济利益集团组成的政策网络和政策共同体而实现的（例如，可参见 Rhodes 1988）。**恰当的**制度强调制度对于一个不发达的混乱社会中简化环境和创造确定性岛屿的作用。取代成本、效益和理性计算的是在其制度内建构意义的行动者，他们具有共同的身份和一致的行为（例如，可参见 March and Olsen 1989）。 *193*

制度研究是公共行政和英国政府研究许多其他领域的历史核心。这几种新制度主义是一种运用更加宽广定义的挑战，它们将制度分析置于明确的理论语境之中（可参见上述第 4 章）。从政府向治理的转变是一种聚焦于英国政府分解制度的叙事（可参见第 3 章）。制度分析处在差异化政体和英国政府任何行政改革故事的核心。

### 人种志与网络文化

人种志研究途径研究的是日常语境中的个体行为，它从许多来源中广泛搜集数据，采用一种"非结构的"研究途径（"以一种并不符合某一预想计划的原始形式搜集数据"），聚焦于某个群体或者某个场所，在分析数据时强调"对人类行动意义和功能的解释"（改述自 Hammersley 1991：1—2。也可参见 Hammersley and Atkinson 1995；以及 Glaser and Strauss 的"扎根理论"1967）。这种研究途径与政府的研究直接相关。

我们完全有理由相信，这种关于政府的研究常常得益于更加熟悉人种志研究途径。关于政府的研究和人种志研究都运用案例研究（可参见 Rhodes 1986a）。深度访谈以及更小范围的直接观察都是搜集数据的常见方法（例如，可参见 McPherson and Raab 1988：Chapter 3）。文化研究是政府研究和人种志研究共同关注的问题（例如，可参见 Heclo and Wildavsky 1974）。文化研究也会开发对政策网络的分析。上述的第 1 章提到我对政策网络的描述很少关注交易的协商语境。人种志研究是弥补这一缺憾的途径。尽管权力-依赖模式利用了杰弗里·维克斯爵士的决策者评价体系这个概念（Vickers 1968：Chapters 2-4），但是它却没有进一步发展这种观念。评价体系指的是描述"世界状态"的事实判断和价值判断的结合（Rhodes 1981：104）。因此，任何政策网络中的主导联盟都会通过其评价体系来对政策进行过滤。其实，那个评价体系将会确定它所认为的一个问题和一个相关解决方案，即一项政策。将价值观转化为政策的能力将会成为资源和交易的一个函数。人种志研究可以提供一种探讨参与者的利益、期望和价值观以及组织交易和组织间交易之文化语境的宝贵工具。

*194*        邓西尔（Dunsire 1995：25-33）对围绕英国公务员文化变革程度的无效争论进行的概述可以用下面这段话语做出结论："令人十分惊讶的是"，这场争论的发生居然很少或者根本就没有涉及"文化理论"（同上：31）和人类学家玛丽·道格拉斯（Mary Douglas）的研究成果（例如，可参见 Douglas 1982；以及 Thompson, Ellis and Wildavsky 1990）。同样重要的是，这场争论发生的时候，关于英国公务员任何层面文化变革的人种志描述，即便有，也很少（关于一个不完全的例外，可参见 Colville, Dalton and Tomkins 1993）。总之，关于英国公务员文化变革的程度，尽管众说纷纭（可参见第 5 章），但是很少有证据。

道格拉斯的模式假定了两种社会控制形式：

> **团体是**指某一个体被并入有限单元的程度。这种合并的范围越大，受制于团体决定的个体选择就越多。**网格**指代的是某一个体的生活受制于外部施加规定的程度。这些规定的约束力越大并且范围越广，允许个体协商的生活就越少。
>
>                          （Thompson *et al*. 1990：5；Douglas 1982：190-92 and 201-3）

团体压力和规则是可以产生五种"生活方式"的两种"社会控制模式"或"权力形式"（Thompson *et al*. 1990：1，6 and 7-10）。强团体和弱规则可以产生**平等主义**的社会关系。强团体和严规则可以产生**层级节制的**关系。弱团体和少规则可以产生**个人主义**的关系。排斥一个有严规则的团体可以产生一种**宿命论**的生活方式。最后，当个体撤离各种形式的社会控制时，那种生活方式就是**隐士**的生活方式。

20 世纪八九十年代引入"管理主义"和改变高级公务员文化的努力可以被解释为从一种层级节制的生活方式向个人主义的生活方式转变。文化理论开辟了更多有趣的分析路径：

> 玛格丽特·撒切尔公开表明的目标就是要创造一种"企业文化"（个人主义）。撒切尔政府认为，建立这样一种文化的主要障碍是基于对特权与义务（等级制）进行审慎平衡的那种制度结构乱象。如果等级制与个人主义是仅有

的两种可行的社会立场，那么废除等级制的政策自然会导致个人主义的增长。但是……有四种可行的社会立场（并且因此这四种立场中的每一种立场都有三种进出路径）。于是，我们往往会预言，社会交易对等级制的彻底摆脱也可能会产生……一种"贫困的文化"（宿命论）和一种"批判的文化"（平等主义）。

（Thompson，Ellis and Wildavsky 1990：79）

因此，文化理论预言，管理主义不仅会造就个人主义的文化，而且还会如同侵蚀旧等级制文化一样助长宿命论和平等主义。尽管这样的结果具有可信性，但它却是一种明显缺乏支持性证据的叙事方法。公共行政可以描述行政变革。文化理论可以提供用来分析行政变革和解释管理主义不同结果的工具。

## 核心行政部门行为

差异化政体的论题表明英国是一个具有分割行政部门的"无中心社会"。虽然核心行政部门对功能性政策网络实施监督，但是领导权却因内部空心化和外部空心化而越来越受到束缚。这部分叙事在理论和实践上都具有重要的意义。

核心行政部门这个概念可能会受到批判，因为它是描述性的而非解释性的（可参见第 1 章）。这个问题很容易解决。史密斯（Smith 1985：109–12）认为，在核心行政部门存在着"相互依赖"，他利用罗兹（Rhodes 1981：98）的权力依赖模式识别出大臣和首相的资源并且探讨了他们之间相互依赖的互动。伯奇和霍利迪（Burch Holliday 1996：Chapter 5）运用政策网络分析了聚焦于内阁体制的重要管理任务（例如，欧盟政策、政府立法）。他们断言，"这些网络几乎整齐划一地变得更加协调、更加规范、更加聚焦于内阁体制"（同上：106）。总之，核心行政部门是一套相互联系的网络，其中讨价还价和资源交换是解释行为的关键所在。

差异化政体的叙事对于研究核心行政部门的实践意义源自空心化论题。因空心化而产生于上面（欧盟）、下面（专门机构）以及外面（代理机构）的制度多元化和差异化都对核心行政部门的掌舵能力有制约。赫西（Hesse 1991：619）对这个问题的描述简明扼要："分权化自我引导和控制的倡导者们往往没有认识到，高度差异化的社会和多元的碎片化制度体系会产生一种对集体掌舵、规划和建立共识的强烈需要。"虽然当下流行的这种时尚有利于更好的战略管理，但是无论给这种时尚贴上什么标签，强化中央能力的追求都是长期存在的并且还将继续存在。

## 治理结构

作为**自组织的组织间网络**，治理就不同的治理结构运行条件提出了一些重要问题：要提供公平、可问责并且有效的服务。英国政府可以在不同"治理结构"之间进行选择，可以在市场、等级制以及政策网络之间进行选择。英国政府正在探寻一种管理由直接控制向间接控制转变的新运行准则。对这种探寻至关重要的就是现在已转变为组织间管理的政府间关系。

*196*

    尽管对网络的间接管理是一个治理体系运行准则的突出特点，但是英国政府尚未试图在这方面有所发展。关于组织间管理的现存文献集中关注的是联邦体制。阿格拉诺夫（Agranoff 1990：25-6）认为组织间管理有 12 种管理途径。它们包括："获得捐款的本领"，或者说，为了许多目的而从不同来源获取拨款的网络中的不同成员；"过程修正"，或者说，"通过诸如共同应用这样的管理过程变革来促进经费管理"；"讨价还价与协商谈判"；通过"相互调适"来"解决问题"；"合作管理"，或者通过协议进行管理；"政治博弈"，例如，游说；等等。

    亚历山大（Alexander 1995：276）提出管理组织间协调（interorganizational co-ordination，IOC）的 6 种策略和 5 组工具。6 种策略是：文化说服策略（例如，公共关系）、沟通策略（例如，信息交换）、功能性策略（例如，结盟）、合作性策略（例如，资源交换）、控制策略（例如，监控和执行）以及结构性策略（例如，重组）。5 组工具是：结构性手段（例如，标准操作程序）、预期性关联手段（例如，联合规划，成员资格重叠）、操作性关联手段（例如，人员借调和咨询）、项目管理手段（例如，规制）以及财政手段（例如，拨款和补助）。他断言：

> 没有任何普遍的运算法则能够展示组织间协调结构的关键属性，能够识别出组织间协调结构背景中的相关因素，并且能够以一种可以提供一套明确设计规范的方式来描述它们之间的关系。组织间的体系如此错综复杂……以至于我们可能永远不会找到这样一种秘诀。

(Alexander 1995：325)

    组织间网络的管理不仅类似于博弈，运用间接的管理方式，而且还要求有根植于信任的策略。英国政府命令式的运行准则破坏了英国政府间关系中的信任（可参见第 6 章）。威廉姆森（Williamson 1993：485）认为，这种信任是"一个含混晦涩且令人失望的概念"，他更喜欢用风险这个概念。然而，鲍威尔（Powell 1996：63）却认为，信任"既不是选择的，也不是内嵌的，相反，它是习得的和强化的，因此是不断进行互动和讨论的一个产物"。因此，中央精英所面临的挑战就是要开发一种通过间接管理进行掌舵并且建立信任的运行准则[1]。

    关于英国差异化政体中组织间管理的研究很少（例如，可参见 Friend *et al*. 1974；Stewart 1988；Painter *et al*. 1997）。对英国政府所创造的新服务供给体系的研究都将注意力集中于市场检验、合同外包、竞争和准市场。我们现在需要研究"运行中"的组织间管理，需要研究促进性监督、适应性监督、商讨性监督以及战略性监督，这些都是有效网络管理的关键所在。

---

    ① 关于政府间管理和美国联邦制，可参见 White 1989；Mandell 1990；Marando and Florestano 1990；以及 Grabosky 1995。欧洲也有一些关于政府间管理的研究。如，可参见 Marin and Mayntz 1991；Bogason 1995；Klijn *et al*. 1995；Kickert *et al*. 1997。

## 全球化　*197*

关于"全球化"，不乏言过其实的主张。例如，全球经济可以主导国家经济。虽然国际上的相互依赖并不新鲜，但是这种相互依赖变得越来越普遍。第 1 章聚焦于民族国家及其**外部**空心化的命运。空心化指的是国家能力的丧失，例如，这种国家能力的丧失上至欧洲共同体，下至专门机构，外到代理机构。这种用法过于狭窄。遵循赫尔德（Held 1991：151-7）的观点，我提出了限制民族国家自治权的 4 种过程：生产和金融交易的国际化、国际组织、国际法以及霸权和权力联盟。然而，不管怎样，国家仍然是一个"支柱性机构"。

全球化将英国政府的变革置于一个更广阔的语境。全球化提出了关于以下诸方面的重大问题：国际体系对民族国家的行政建构与重构的影响，民族国家、法律规则与国际体系这三者之间的关系以及政策制定的国际化对国内掌舵能力的影响。全球化使网络研究语境化并且对超出民族国家范围的空心化、行政改革和政策变革做出了解释。

## 差异化政体中的代议制民主

柏林墙的倒塌预示着意识形态的终结，也预示着市场和资本主义的胜利。我们可能已经输掉了那场意识形态的争论，但是我们却有了一些由新部落提出的新争论；他们是敢于直言的少数派，他们对"常态政治"中代表制的偏好胜过其对直接行动的偏好。这些新部落包括环保主义者、反锚地游说集团、禁烟运动阵营、反狩猎运动阵营以及宗教族裔和少数族裔的主张者。其中存在许多新的意识形态（Rhodes 1988：101）。政府不得不应对这些新的意识形态，而且这种挑战还提出了这样一个问题："你将如何维持政府的合法性呢？"在过去的十年里，我们盲目崇拜经济、效率和管理。政治已经陷入管理困境和制度化困境。我们已经使这些新部落边缘化了。这些新部落处于"常态政治"之外，其原因可能是它们自己的选择，但一定是受排斥的结果。

这个形式多样的新治理迷宫也存在一种民主赤字（democratic deficit）。赫斯特（Hirst 1990：2）就评论说，代议制民主提供了"低层的政府问责和公众对决策的影响"。他特别提到，"大政府现在也大了"，以至于会挫败中央的有效协调并且会变得越来越"没有目标"和越来越大（同上：31-2）。因此，这些新部落和民主赤字意味着我们需要重塑代议制民主，需要试验一些新的民主形式。

其实，我们根本不缺新民主形式的建议。遗憾的是，这些建议生动地说明了这样一句格言："每一个复杂的问题都有一个简单的解决办法，而且这个简单的解决办法总是错误的。"问责是一个棘手的问题，它需要棘手的解决办法，或者更正式地说，复杂性是通过制度的差异化来减少的（Luhmann 1982）。

赫斯特（Hirst 1990：8）提倡一种多元化的国家，"其中，功能明确和地域特

*198*

定的权威领域享有完成其任务所必需的自主权"。这种"国家的多元化"缩小了"中央政府的权力范围"。这样遏制中央政府的方式多种多样。他对以"社团主义"身份的功能性表征（Hirst 1990：12−15）和基于"志愿者自治联盟"的"联盟民主制"（Hirst 1994）都表示赞同。这两种方案将功能性权威的领域视为基本的构件，因此它们都符合对英国政府的政策网络解释。

福克斯和米勒将政策网络当作新生会话进行的讨论启动了一场关于补充代议制民主的争论，这场争论认识到了差异化政体带来的挑战。关于网络、治理和空心化的研究提出了一些对于研究官僚制和民主问责制具有同等重要性的问题。这种关于网络、治理和空心化的研究为这些问题提供了明显的重大转机，例如，因为对太多官僚问责制讨论有巩固作用的制度等级制假定再也站不住脚了。

在此讨论新民主形式会使本章扯得太远（不过，可参见 Held 1987）。然而，这种简要的讨论表明英国差异化政体中的代议制民主需要以多种形式并且在许多论坛中的明确问责，需要维持会话正当理由的信息公开和机会公开，并且需要愿意鼓励试验多种新问责制的灵活制度。在 21 世纪，为一个差异化政体重塑代议制民主的议会政治模式，无论在理论上还是在实践上，都是一项刚开始的任务。

## 9.6    结语

英国政府正在发生巨大的变革。尽管从政府到治理的转变也许还没有开启后现代主义的时代，但是我们禁不住要思考 20 世纪末的变革方向和变革节奏。主流公共行政可能缺乏方向，而且它对于这场新公共管理革命来说只是一个"旁观者"，但是，它并不需要采用一种后现代主义的认识论去应对和解释这些变革。相反，我们需要的是一种通过局部推论和再确认的过程去面对自身实践、传统和叙事的反思性公共行政。

差异化政体中从政府到治理的转变是我所偏好的叙事。差异化政体为探讨英国政府提供了一个具有挑战性的组织框架。不可避免的出发点是议会政治模式以及一种对英国政府实践的程度核心特点进行准确描述的评价。这个出发点聚焦于内阁政府、议会主权、多数党对立法机关的控制、制度化对立、大臣责任以及一个中立的官僚制，这种聚焦体现了一些不断形塑政治行为的政治传统。不过，这种聚焦也遗漏了太多东西。差异化政体识别出一些重塑政治传统及其制度的重大变革。它聚焦于相互依赖、分解、一个分割的行政部门、政策网络、治理以及空心化。政府间关系和政策网络中的相互依赖与议会主权和强势行政部门的权威相矛盾，制度的差异化和分解与官僚制的命令和控制相矛盾，蓬勃发展的功能性表征与通过地方政府的地域性表征相矛盾。这些矛盾是理解周期性政策失败乃至政策灾难的关键所在。在第 1 章中，我用十个主题概述了本书的主要内容。在此，我们将重温这十个主题。

### 网络

主题一：自 1945 年以来，英国已经从一个单一制国家转变为差异化政体。

主题二：资源依赖型组织构成的政策网络是英国政策过程的显著特征。

主题三：英国已经由一个强力行政部门（以及"领导最懂"的传统）向碎片化行政部门转变，其特点在于网络内部和网络之间讨价还价的博弈。

### 治理

主题四：政府面对的是自我掌控的组织间网络。尽管这种关系是不对称的，但是权力集中必须与相互依赖共存。

主题五：因为干预会造成意外后果、执行差距和"政策混乱"，所以政策制定不是线性的，而是递归的。

主题六：对这种有序社会复杂性进行的直接管理（或者控制）会造成意外后果的成倍增加。间接管理是治理对核心层精英的工作准则造成的主要挑战。

主题七：英国这个国家正在遭受内部空心化和外部空心化。

### 反思

主题八：关于英国政府的研究必须通过保护制度分析方法、它的历史主义核心以及关注行为主义和后现代主义挑战来省视英国政府自己的传统。

主题九：这样的研究应当运用局部推理和再证实的研究方法将学术界、政府以及公民联系起来。

### 问责

主题十：自我掌控的组织间政策网络可以使聚焦于个人与制度的民主问责机制变得模糊不清。行之有效的问责在于功能性领域的民主化。

差异化政体表明了失败、挫折和逆转是如何成为英国政府制度设计中的一部分的。这个"故事"必定会因实地调查中的交谈而被转换并且必定会在回应这些会话的反应和学术共同体的争论过程中得到重新阐释。

政治的主题混杂不定、时尚盛兴，无法预料且富有感情。我们对这个世界的把握是不牢固的。我们常常简化地强加某种实际上并不存在的秩序。由于我们采用的方法搜集到的数据没有内在的意义，因此我们的理论会成为泡影。所有固态的东西看起来好像是在化为乌有，其中包括政治制度。议会政治模式还没有消失，而且也不会消失。但是，它的制度自 1945 年以来已经被侵蚀和改变。关于差异化政体中无政府治理的叙事就是试图要描述这种改变。

# 参考文献

公共行政与公共管理经典译丛

Agranoff, R.J. (1986) *Intergovernmental Management. Human Services Problem-Solving in Six Metropolitan Areas*. Albany, NY: State University of New York Press.

Agranoff, R. (1990) *Frameworks for Comparative Analysis of Intergovernmental Relations*. Bloomington, Indiana: Indiana University, School of Public and Environmental Affairs, Occasional Paper No. 26, August.

Agranoff, R. and Radin, B.A. (1991) The comparative case study approach in public administration, in J.L. Perry (ed.) *Research in Public Administration: a research annual*. Greenwich, CT: JAI Press.

Alexander, E.R. (1995) *How Organizations Act Together*. Amsterdam: OPA/Gordon and Breach.

Allison, G. (1971) *Essence of Decision*. Boston: Little, Brown.

Almond, G. (1988) The return of the state, *American Political Science Review*, 82: 853–74.

Amin, A. and Thrift, N. (1994) Living in the global, in Ash Amin and N. Thrift (eds), *Globalization, Institutions and Regional Development in Europe*. Oxford: Oxford University Press.

Anderson, J. (1990) Skeptical reflections on a Europe of regions: Britain, Germany and the ERDF, *Journal of Public Policy*, 10: 417–47.

Anderson, W. (1960) *Intergovernmental Relations In Review*. Minneapolis: University of Minnesota Press.

Andeweg, R. (1997) Prospects for collective government, in P. Weller, H. Bakvis and R.A.W. Rhodes (eds), *The Hollow Crown*. London: Macmillan.

APSA (American Political Science Association) (1950) Toward a more responsible party system (A Report of the Committee on Political Parties), *American Political Science Review*, 44: Supplement.

Archer, C. and Main, J. (eds) (1980) *Scotland's Voice in International Affairs*. London and Montreal: Hurst and Co and McGill University Press, for the Royal Institute of International Affairs.

Ascher, K. (1987) *The Politics of Privatisation: Contracting-out Public Services*. London: Macmillan.

Atkinson, M.M. and Coleman, W.D. (1992) Policy networks, policy communities and the problem of governance, *Governance*, 5: 154–80.

Audit Commission (1991) *A Rough Guide to Europe*. London: HMSO.

Audit Commission for Local Authorities in England and Wales (1984) *The Impact on Local Authorities' Economy, Efficiency and Effectiveness of the Block Grant Distribution System*. London: HMSO.

Audit Commission for Local Authorities in England and Wales (1993) *Passing the Bucks*. London: HMSO.

Bache, I. (1995) *Additionality and the Politics of EU Regional Policy-Making*, Political Economy Working Paper, No. 2. Sheffield: Political Economy Research Centre, University of Sheffield.

Bache, I. (1996) 'Implementing European Regional Policy in the UK', unpublished PhD thesis. University of Sheffield.

Bache, I., George, S. and Rhodes, R.A.W. (1996a) The European Union, cohesion policy and sub-national authorities in the United Kingdom, in L. Hooghe (ed.) *Cohesion and European Integration: Building Multi-Level Governance*. Oxford: Clarendon Press.

Bache, I., George, S. and Rhodes, R.A.W. (1996b) The United Kingdom and the Committee of the Regions, in J.J. Hesse and T.A.J. Toonen (eds) *The European Yearbook of Comparative Government and Public Administration*. Baden-Baden: Nomos.

Baker, R.J.S. (1972) *Administrative Theory and Public Administration*. London: Hutchinson.

Balogh, T. (1962) Apotheosis of the dilettante, in H. Thomas (ed.) *The Establishment*. London: Ace Books.

Barker, A. (1982) Governmental bodies and networks of mutual accountability, in A. Barker (ed.) *Quangos in Britain*. London: Macmillan.

Barker, A. (1996) *Myth versus Management: Individual Ministerial Responsibility in the New Whitehall*. Essex Papers in Politics and Government, No. 105, Department of Government, University of Essex.

Barker, R. (1984) The Fabian state, in B. Pimlott (ed.) *Fabian Essays in Socialist Theory*. London: Heinemann.

Barker, Sir Ernest (1944) *The Development of Public Services in Western Europe, 1660–1930*. London: Oxford University Press.

Barnett, A., Ellis, C. and Hirst, P. (eds) (1993) *Debating the Constitution: A New Perspective on Constitutional Reform*. Cambridge: Polity.

Barrett, S. and Fudge, C. (eds) (1981) *Policy & Action: Essays on the Implementation of Public Policy*. London: Methuen.

Barzelay, M. with Armajani, B.J. (1992) *Breaking Through Bureaucracy. A New Vision of Managing Government*. Berkeley, University of California Press.

Batley, R. and Stoker, G. (eds) (1991) *Local Government in Europe*. London: Macmillan.

Bauer, R.A., Pool, Ithiel de Sola and Dexter, L.A. (1972) [1963] *American Business and Public Policy* (2nd edn) Chicago, IL: Aldine–Atherton.

Beer, S. (1966) *Decision and Control*. London: Wiley.

Bell, D. (1976) *The Coming of Post-Industrial Society*. Harmondsworth: Penguin.

Bennington J. and Harvey, J. (1994). 'Spheres or tiers? The significance of transnational local authority networks'. Conference paper, 'PSA Annual Conference', University of Swansea, 29–31 March.

Benson, J.K. (1982) A Framework for Policy Analysis, in D. Rogers, D. Whitten and Associates, *Interorganisation Coordination*. Ames, IO: Iowa State University Press.

Berman, M. (1983) *All That Is Solid Melts Into Air*. London: Verso.

Bernstein, R. (1979) *The Restructuring of Social and Political Theory*. London: Methuen University Paperback.

Bernstein, R.J. (1991) *The New Constellation*. Oxford, Blackwell.

Bevir, M. (1994) Objectivity in history, *History and Theory*, 33: 328–44.

Birch, A.H. (1964) *Representative and Responsible Government*. London: Allen & Unwin.

Black, D. (1958) *The Theory of Committees and Elections*. Cambridge: Cambridge University Press.

Blondel, J. (1969) *An Introduction to Comparative Government*. London: Weidenfeld & Nicolson.

Blondel, J. (1976) *Thinking Politically*. London: Wildwood.

Blondel, J. (1981) *The Discipline of Politics*. London: Butterworth.

Bobrow, D.B. and Dryzek, J.S. (1987) *Policy Analysis by Design*. Pittsburgh, PA.: Pittsburgh University Press.

Bogason, P. (1995) The fragmented locality, in P. Bogason (ed.), *New Modes of Local Political Organizing. Local Government Fragmentation in Scandinavia*. New York: NOVA Science Publishers.

Bogdanor, V. (1993). Memorandum submitted by Mr Vernon Bogdanor, in TCSC (1993, HC 390-II): 296–8.

Bongers, P. (1990) *Local Government and 1992*. Harlow, Essex: Longman.

Bovens, M. (1990), The social steering of complex organizations, *British Journal of Political Science*, 20: 91–117.

Bovens, M. and 'tHart, P. (1996) *Understanding policy fiascoes*. London: Transaction.

Bramley, G. and Stewart, M. (1981) Implementing public expenditure cuts, in S. Barrett and C. Fudge (eds), *Policy and Action*. London: Methuen.

Brown, R.G.S. (1971) Public administration and the study of administrative organisations, *PAC Bulletin*, No. 11 (December): 16–27.

Brunskill, I. (1992) *'Social partner participation in the operation of the European structural funds in the UK: a study of Scotland'* (mimeo).

Bulmer, S. (1983) Domestic politics and European community policy making, *Journal of Common Market Studies*, 21: 349–63.

Bulmer, S. (1994) 'Institutions, governance regimes and the single European market: analysing the governance of the European Union'. Conference paper, 'Conference of Europeanists', Chicago, 31 March–2 April.

Bulpitt, J.G. (1983) *Territory and Power in the United Kingdom*. Manchester: Manchester University Press.

Burch, M. and Holliday, I. (1993) Institutional emergence: the case of the north west of England, *Regional Politics and Policy*, 3(2): 29–50.

Burch, M. and Holliday, I. (1996) *The British Cabinet System*. Hemel Hempstead: Prentice Hall/Harvester Wheatsheaf.

Burrell, G. and Morgan, G. (1979) *Sociological Paradigms and Organizational Analysis*. London: Heinemann.

Butler, D., Adonis, A. and Travers, T. (1994) *Failure in British Government: The Politics of the Poll Tax*. Oxford: Oxford University Press.

Butler, D.E. (1958) *The Study of Political Behaviour*. London: Hutchinson.

Butler, Sir Robin (1992) Managing the new public services: towards a new framework?, *Public Policy and Administration*, 7(3): 1–14.

Butler, Sir Robin (1993) The evolution of the civil service, *Public Administration*, 71: 395–406.

Bynoe, I. (1996) *Beyond the Citizen's Charter*. London: Institute for Public Policy Research.

Cabinet Office (1991) *Making the Most of Next Steps: The Management of Ministers' Departments and their Executive Agencies. A Report to the Prime Minister* (The Frazer Report). London: HMSO.

Cabinet Office (1992) *Questions of Procedure for Ministers*. London: Cabinet Office.

Cabinet Office (1994a) *Next Steps: Moving On* (The Trosa Report). London: Cabinet Office.

Cabinet Office (1994b) *Open Government. Code of Practice on Access to Government Information*. London: HMSO.

Cabinet Office (1994c). *Civil Service Management Code*. London: HMSO.

Cabinet Office (1994d) *Departmental Evidence and Response to Select Committees*. London: HMSO.

Cadbury Report (1992) *The Report of the Committee on the Financial Aspects of Corporate Governance*. London: Gee & Co.

Callinicos, A. (1989) *Against Postmodernism*. Cambridge: Polity Press.

Campbell, C. (1994). 'Reconciling central guidance and managerialism: conflicts between coherence and discretion, the case of Whitehall'. Conference paper, 'XVth World Congress of the International Political Science Association', Berlin, 21–25 August.

Campbell, C. and Szablowski G.J. (eds) (1979) *The Superbureaucrats: Structure and Behaviour in Central Agencies*. Toronto: Macmillan.

Campbell, C. and Wilson, G. (1995) *The End of Whitehall. Death of a Paradigm?* Oxford: Blackwell.

Carter, N. (1991) Learning to measure performance: the use of indicators in organisations, *Public Administration*, 69: 85–101.

Cater, D. (1964) *Power in Washington*. New York: Random House.

Cawson, A. (1986) *Corporatism and Political Theory*. Oxford: Blackwell.

Chandler, A.D. (1969) *Strategy and Structure*. Cambridge: MIT Press Paperback.

Chandler, J.A. (1991a) *Local Government Today*. Manchester: Manchester University Press.

Chandler, J.A. (1991b) Public administration: a discipline in decline, *Teaching Public Administration*, XI: 39–45.

Chapman, B. (1959) *The Profession of Government*. London: Allen & Unwin.

Chapman, L. (1978) *Your Disobedient Servant*. London: Chatto & Windus.

Chapman, R.A. (1973) *Teaching Public Administration*. London: Joint University Council for Social and Public Administration.

Chapman, R.A. (ed.) (1993) *Ethics in Public Service*. Edinburgh: Edinburgh University Press.

Chapman, R.A. and Greenaway, J.R. (1980) *The Dynamics of Administrative Reform*. London: Croom Helm.

Chester, D.N. (1975) Political studies in Britain: recollections and comments, *Political Studies*, XXIII: 151–64.

Child, J. (1973) Organizational Structure, Environment and Performance: the role of strategic choice, in G. Salamon and K. Thompson (eds), *People and Organizations*. London: Longman.

CIPFA (Chartered Institute of Public Finance and Accountancy) (1994) *Corporate Governance in the Public Services*. London: CIPFA.

Civil Service Department (1980) *Select Committees. Memorandum of Guidance for Officials* (Osmotherley Rules). London: CSD.

Clark, A. (1993) *Diaries.* London: Weidenfeld & Nicolson.

Clegg, S. (1990) *Modern Organizations. Organization Studies in the Postmodern World.* London: Sage.

Clegg, S. and Dunkerley, D. (1980) *Organization, Class and Control.* London: Routledge.

Cmnd 3638 (1968). *The Civil Service. Vol. 1 Report of the Committee 1966–68* (Fulton). London: HMSO.

Cmnd 6543 (1976) *Committee of Inquiry into Local Government Finance* (Layfield). London: HMSO.

Cmnd 8590 (1982) *Report of the Inquiry into Civil Service Pay* (Megaw Report). London: HMSO.

Cmnd 8616 (1982) *Efficiency and Effectiveness in the Civil Service.* Government Observations on the Third Report from The Treasury and Civil Service Committee, 1981–82. London: HMSO.

Cmnd 9063 (1983) *Streamlining the Cities.* London: HMSO.

Cmnd 9714 (1986) *Paying for Local Government.* London: HMSO.

Cmnd 9797 (1986) *Committee of Inquiry into the Conduct of Local Government* (Widdicombe). London: HMSO.

Cm 1599 (1991) *The Citizen's Charter. Raising the Standard.* London: HMSO.

Cm 1730 (1991) *Competing for Quality.* London: HMSO.

Cm 2290 (1993) *Open Government.* London: HMSO.

Cm 2430 (1993) *Next Steps Review 1993.* London: HMSO.

Cm 2540 (1994) *Citizen's Charter. Second Report.* London: HMSO.

Cm 2626 (1994) *Better Accounting for the Taxpayer's Money. Resource Accounting and Budgeting in Government.* London: HMSO.

Cm 2627 (1994) *The Civil Service. Continuity and Change.* London: HMSO.

Cm 2748 (1995) *The Civil Service. Taking Forward Continuity and Change.* London: HMSO.

Cm 2850 (1995) *Standards in Public Life: The First Report of the Committee on Standards in Public Life.* London: HMSO.

Cm 2931 (1995) *The Government's Response to the First Report from the Committee on Standards in Public Life.* London: HMSO.

Cm 3164 (1996) *Next Steps Review 1995.* London: HMSO.

CNAA (Council for National Academic Awards) (1992) *Public Policy and Administration: Towards the Year 2000.* London: CNAA.

Coates, D. (1984) Food law: Brussels, Whitehall and town hall, in D. Lewis and H. Wallace (eds), *Policies into Practice. National and International Studies in Implementation.* London: Heinemann.

Cochrane, A. (1993) *Whatever Happened to Local Government?* Buckingham: Open University Press.

Colville, I., Dalton, K. and Tomkins, C. (1993) Developing and understanding cultural change in HM Customs and Excise: there is more to dancing than knowing the Next Steps, *Public Administration*, 71: 549–66.

Commission of the European Communities (1975) Preamble to Regulation (EEC) No. 724/75 of 18th March establishing a European Regional Development Fund, *Official Journal* 173, 21.03.75.

Committee of Public Accounts (1985) *Operation of the Rate Support Grant System.* Seventh Report, Session 1985–6, HC 47. London: HMSO.

Cooper, R. and Burrell, G. (1988) Modernism, postmodernism and organizational analysis: an introduction, *Organization Studies*, 9: 91–112.

Cowling, M. (1963) *The Nature and Limits of Political Science*. Cambridge: Cambridge University Press.

Davies, A. and Willman, J. (1991) *What Next? Agencies, Departments and the Civil Service*. London: Institute for Public Policy Research.

Davies, E.M., Gibson, J.G., Game, C.H. and Stewart, J.D. (1983) *Grant Characteristics and Central–Local Relations*. London: Social Science Research Council.

Davis, H. (1996) The Fragmentation of Community Government, in S. Leach, H. Davis and Associates, *Enabling or Disabling Local Government*. Buckingham: Open University Press.

Dearlove, J. (1989) Bringing the constitution back in: political science and the state, *Political Studies*, XXXVII: 521–39.

Defence Committee (1986) *Westland plc: The Government's Decision-Making*. Fourth Report, HC 519 Session 1985–86. London: HMSO.

Dennis, N. and Halsey, A.H. (1988) *English Ethical Socialism*. Oxford: Clarendon Press.

Dews, P. (1987) *Logics of Disintegration: Post-structuralist Thought and the Claims of Critical Theory*. London: Verso.

Dobuzinskis, L. (1992) Modernist and postmodernist metaphors of the policy process: Control and stability vs. chaos and reflexive understanding, *Policy Science*, 25: 355–80.

Doern, G.B. (1993). The UK Citizen's Charter: origins and implementation in three agencies, *Policy and Politics*, 21: 17–29.

Donaldson, L. (1985) *In Defence of Organisation Theory: A Reply to the Critics*. Cambridge: Cambridge University Press.

Douglas, M. (1982), Cultural bias, in M. Douglas, *In the Active Voice*. London: Routledge & Kegan Paul.

Dowding, K. (1994). 'Policy networks: don't stretch a good idea too far', Conference paper, 'PSA Annual Conference', University of Swansea, 29–31 March.

Dowding, K. (1995a) Model or metaphor? A critical review of the policy network approach, *Political Studies*, 43: 136–58.

Dowding, K. (1995b) *The Civil Service*. London: Routledge.

Drewry, G. (1995) Public law, in *Public Administration*, 73: 41–57.

Drewry, G. and Butcher, T. (1991) *The Civil Service Today* (2nd edn) Oxford: Blackwell.

Dror, Y. (1968) *Public Policymaking Reexamined*. Scranton: Chandler.

Dunleavy, P. (1982) Is there a radical approach to public administration?, *Public Administration*, 60: 215–33.

Dunleavy, P. (1991) *Democracy, Bureaucracy and Public Choice*. Hemel Hempstead: Harvester-Wheatsheaf.

Dunleavy, P. (1994). The globalization of public services production: can government be 'best in world'?, *Public Policy and Administration*, 9(2): 36–64.

Dunleavy, P. and O'Leary, B. (1987) *Theories of the State*. London: Macmillan.

Dunleavy, P. and Rhodes, R.A.W. (1983) Beyond Whitehall, in H.M. Drucker *et al.* (eds), *Developments in British Politics 1*. London: Macmillan.

Dunleavy, P. and Rhodes, R.A.W. (1986) Government beyond Whitehall, in H.M. Drucker *et al.* (eds), *Developments in British Politics 2*. London: Macmillan.

Dunleavy, P. and Rhodes, R.A.W. (1988) Government beyond Whitehall, in H.M. Drucker *et al.* (eds), *Developments in British Politics 2* (rev. edn). London: Macmillan.

Dunleavy, P. and Rhodes, R.A.W. (1990) Core executive studies in Britain, *Public Administration*, 68: 3–28.

Dunsire, A. (1973) *Administration: the Word and the Science*. London: Martin Robertson.

Dunsire, A. (1978) *The Execution Process. Vol. 1: Implementation in a Bureaucracy*; and *Vol. 2: Control in a Bureaucracy*. Oxford: Martin Robertson.

Dunsire, A. (1990) Holistic governance, *Public Policy and Administration* 5(2): 4–19.

Dunsire, A. (1991) A cybernetic view of guidance, control and evaluation in the public sector, in F.X. Kaufman, G. Majone and V. Ostrom (eds), *Guidance, Control and Evaluation in the Public Sector*. Berlin: de Gruyter.

Dunsire, A. (1995) Administrative Theory in the 1980s: a viewpoint, *Public Administration*, 73: 17–40.

Dunsire, A. and Hood, C.C. (1989) *Cutback Management in Public Bureaucracies*. Cambridge: Cambridge University Press.

Duverger, M. (1959) [1954] *Political Parties* (2nd edn) London: Methuen.

Dyson, K.H.F. (1980) *The State Tradition in Western Europe*. Oxford: Martin Robertson.

Easton, D. (1971) [1953] *The Political System. An Inquiry into the State of Political Science*. (2nd edn). New York: Alfred A. Knopf.

Eckstein, H. (1963) A perspective on comparative politics, past and present, in H. Eckstein and D.E. Apter (eds), *Comparative Politics: A Reader*. London: The Free Press of Glencoe.

Eckstein, H. (1975) Case study and theory in political science, in F.I. Greenstein and N. Polsby (eds), *Handbook of Political Science. Vol. 7, Strategies of Inquiry*. Reading, MA: Addison-Wesley.

Eckstein, H. (1979) On the 'Science' of the State, *Daedalus*, 108: 1–20.

Efficiency Unit (1988) *Improving Management in Government: The Next Steps*. London: HMSO.

Efficiency Unit (1993) *Career Management and Succession Planning Study* (Oughton). London: HMSO.

Efficiency Unit (1994) *The Government's Use of External Management Consultants: an Efficiency Unit scrutiny*. London: HMSO.

Ellis, J. (1989) *Against Deconstruction*. Princeton, NJ: Princeton University Press.

Elster, J. (1993) Constitution-making in Eastern Europe: rebuilding the boat in the open sea, *Public Administration*, 71: 169–217.

Epstein, L. (1987) Review article: books for teaching British politics, *British Journal of Political Science* 17: 93–107.

Evan, W.M. (ed.) (1976) *Interorganizational Relations*. Harmondsworth: Penguin.

Evans, P.B., Rueschemeyer, D. and Skocpol, T. (1985) On the road towards a more adequate understanding of the state, in P.B. Evans, D. Rueschemeyer and T. Skocpol (eds), *Bringing The State Back In*. Cambridge: Cambridge University Press.

Fesler, J. (1990) The state and its study; the whole and the parts, in N.B. Lynn and A. Wildavsky (eds), *Public Administration: the State of the Discipline*. Chatham, NJ: Chatham House.

Feyerabend, P. (1988) [1975] *Against Method* (rev. edn). London: Verso.

Finer, H. (1932) *The Theory and Practice of Modern Government*, 2 vols. London: Methuen.

Finer, H. (1946) *The Theory and Practice of Modern Government*, 2 volumes, (2nd edn). London: Methuen.

Finer, H. (1954) *The Theory and Practice of Modern Government*. Abridged one volume edition. London: Methuen.

Finer, S.E. (1970) *Comparative Government*. London: AllenLane, The Penguin Press.

Finer, S.E. (1987) Herman Finer, in V. Bogdanor (ed.), *The Blackwell Encyclopaedia of Political Institutions*. Oxford: Blackwell.

Fish, S. (1989) *Doing What Comes Naturally*. Oxford: Clarendon Press.

Flynn, N., Leach, S. and Vielba, C. (1985) *Abolition or Reform? The GLC and the Metropolitan County Councils*. London: Allen & Unwin.

Forrester, A., Lansley, S. and Pauley, R. (1985) *Beyond Our Ken: A Guide to the Battle for London*. London: Fourth Estate.

Foster, C. and Plowden, F. (1996) *The State Under Stress*. Buckingham: Open University Press.

Fox, C.J. and Miller, H.T. (1995) *Postmodern Public Administration; Towards Discourse*. London: Sage.

Frances, J., Levačić, R., Mitchell, J. and Thompson, G. (1991) Introduction, in G. Thompson, J. Frances, R. Levačić and J. Mitchell, *Markets Hierarchies and Networks: the Coordination of Social Life*. London: Sage.

Freeman, J.L. (1965) *The Policy Process*. New York: Doubleday.

Freeman, J.L. and Stevens, J.P. (1987) A theoretical and conceptual examination of subsystem politics, *Public Policy and Administration*, 2: 9–24.

Friend, J., Power, J.M. and Yewlett, C.J.L. (1974) *Public Planning: the Intercorporate Dimension*. London: Tavistock.

Fudge, C. and Gustafsson, L. (1989) Administrative reform and public management in Sweden and the United Kingdom, *Public Money and Management*, 9: 29–34.

Gamble, A. (1990) Theories of British politics, *Political Studies*, XXXVIII: 404–20.

Gergen, K.J. (1986) Correspondence versus autonomy in the language of understanding human action, in D.W. Fiske and R.A. Shweder (eds), *Metatheory in Social Science: Pluralisms and Subjectivities*. Chicago, IL: Chicago University Press.

Gergen, K.J. (1992) Organization theory in the postmodern era, in M. Reed and M. Hughes (eds), *Rethinking Organizations*. London: Sage.

Giddens, A. (1990) *The Consequences of Modernity*. Cambridge: Polity Press.

Giddens, A. (1993) *New Rules of Sociological Method* (2nd rev. edn). Cambridge: Polity Press.

Giddings, P. (1995) Next Steps to where?, in P. Giddings (ed.), *Parliamentary Accountability. A Study of Parliament and Executive Agencies*. London: Macmillan.

Glaser, B.G. and Strauss, A. (1967) *The Discovery of Grounded Theory*. New York: Aldine.

Goldsmith, M. (1993) The Europeanisation of local government, *Urban Studies*, 30: 683–99.

Goldsmith, M. and Newton, K. (1983) Central–local government relations: the irresistible rise of centralised power, *West European Politics*, 6: 216–33.

Goldsmith, M. and Rhodes, R.A.W. (1986) *Register of Research and Research Digest on Central-Local Relations in Britain*. London: ESRC.

Goodin, R.E. and Wilenski, P. (1984) Beyond efficiency: the logical underpinnings of administrative principles, *Public Administration Review*, 44: 512–7.

Goodsell, C.T. (1985). *The Case for Bureaucracy* (2nd edn). Chatham, NJ: Chatham House.

Gould, S.J. (1987) Institutions, in V. Bogdanor (ed.), *The Blackwell Encyclopaedia of Political Institutions*. Oxford: Blackwell.

Grabosky, P.N. (1995) 'Using non-governmental resources to foster regulatory compliance', *Governance*, 8: 527–50.

Grant, W.P., Paterson, W. and Whitson, C. (1988). *Government and the Chemical Industry: A Comparative Study of Britain and West Germany*. Oxford: Clarendon Press.

Gray, A. and Jenkins, B. with Flynn, A. and Rutherford, B. (1991) The management of change in Whitehall: the experience of the FMI, *Public Administration*, 69: 41–59.

Green, D.P. and Shapiro, I. (1996) *Pathologies of Rational Choice*. New Haven: Yale University Press.

Greenaway, J. (1995) Having the bun and the half-penny: can old public service ethics survive in the new Whitehall?, *Public Administration*, 73: 357–74.

Greenleaf, W.H. (1983) *The British Political Tradition. Vol. 1: The Rise of Collectivism*. London: Methuen.

Greenleaf, W.H. (1987) *The British Political Tradition. Vol. 3: A Much Governed Nation, Part 1*. London: Methuen.

Greenstein, F.I. and Polsby, N.W. (1975) *Handbook of Political Science*. Reading, MA: Addison-Wesley.

Greenwood, R., Walsh, K., Hinings, C.R. and Ranson, S. (1980) *Patterns of Management in Local Government*. Oxford: Martin Robertson.

Greer, A. and Hoggett, P. (1995) *Non-elected Bodies and Local Government*. London: Commission for Local Democracy.

Greer, P. (1994) *Transforming Central Government: The Next Steps Initiative*. Buckingham: Open University Press.

Gretschmann, K. (1991) Solidarity and markets, in F.X. Kaufman, G. Majone and V. Ostrom (eds) *Guidance Control and Evaluation*. Berlin: de Gruyter.

Grew, R. (ed.) (1978) *Crises of Political Development in Europe and the United States*. Princeton: Princeton University Press.

Griffith, J.A.G. (1976) Justice and administrative law revisited, in J.A.G. Griffith (ed.), *From Policy to Administration. Essays in Honour of William A. Robson*. London: Allen & Unwin.

Haas, P.M. (1992) Epistemic communities and international policy coordination, *International Organisation*, 46: 1–35.

Habermas, J. (1985) *The Philosophical Discourse of Modernity*. Cambridge: Polity Press.

Hall, P. (1986) *Governing the Economy*. Cambridge: Polity Press.

Ham, C. (1992) *Policy Making in the National Health Service*. 3rd edn, London: Macmillan.

Ham, C. and Hill, M. (1993) *The Policy Process in the Modern Capitalist State* (2nd edn). London: Harvester Wheatsheaf.

Hammersley, M. (1991) *Reading Ethnographic Research. A Critical Guide*. Harlow, Essex: Longman.

Hammersley, M. and Atkinson, P. (1995) *Ethnography: Principles in Practice* (2nd edn). London: Routledge.

Hancher, L. and Moran, M. (1989) Organising regulatory space, in L. Hancher and M. Moran (eds), *Capitalism Culture and Economic Regulation*. Oxford: Clarendon Press.

Hanf, K. and Scharpf, F.W. (eds) (1978) *Interorganizational Policy Making*. London: Sage.

Harden, I. (1992) *The Contracting State*. Buckingham: Open University Press.

Hardy, B., Wistow, G. and Rhodes, R.A.W. (1990) Policy networks and the implementation of community care policy for people with mental handicaps, *Journal of Social Policy*, 19: 141–68.

Hassard, J. (1993) Postmodernism and organizational analysis: an overview, in J. Hassard and M. Parker (eds), *Postmodernism and Organizations*. London: Sage.

Hassard, J. (1994) Post-modern organizational analysis: toward a conceptual framework, *Journal of Management Studies*, 31: 303–34.

Hay, C. (1995) Structure and agency: holding the whip hand, in D. Marsh and G. Stoker (eds), *Theories and Methods in Political Science*. London: Macmillan.

Hayward, J.E.S. (1986) The political science of muddling through, in J.E.S. Hayward and P. Norton (eds), *The Political Science of British Politics*. Brighton: Wheatsheaf.

Heady, F. (1979) *Public Administration: a comparative perspective* (2nd edn). New York and Basel: Marcel Dekker.

Heclo, H. (1978) Issue networks and the executive establishment, in A. King (ed.), *The New American Political System*. Washington, DC: AEI.

Heclo, H. and Wildavsky, A. (1974) *The Private Government of Public Money*. London: Macmillan.

Heisler, M. (1979) Corporate pluralism revisited: where is the theory?, *Scandinavian Political Studies*, 2: 277–92.

Held, D. (1987) *Models of Democracy*. Cambridge: Polity Press.

Held, D. (1991) Democracy, the nation state and the global system, *Economy and Society*, 20: 138–72.

Henkel, M. (1991) *Government, Evaluation and Change*. London: Jessica Kingsley.

Hennessy, P. (1989) *Whitehall*. London: Secker & Warburg.

Hennessy, P. (1992) *Never Again*. London: Jonathan Cape.

Hennessy, P. (1995) *The Hidden Wiring*. London: Gollancz.

Hennessy, P. (1996) 'Shadow and substance: premiership for the twenty-first century', Gresham College, Rhetoric Lectures, 1995–96. 5 March.

Henry, N. (1986) *Public Administration and Public Affairs* (3rd edn). Englewood Cliffs, NJ: Prentice Hall.

Herbert, M. and Travers, T. (1988) *The London Government Handbook*. London: Cassell.

Heseltine, M. (1987) *Where There's A Will*. London: Hutchinson.

Heseltine, M. (1996) Speech at the Civil Service College, 23 January.

Hesse, J.J. (1991) Local government in international perspective, in J.J. Hesse (ed.), *Local Government and Urban Affairs in International Perspective*. Baden-Baden: Nomos.

Hirst, P. (1990) *Representative Democracy and Its Limits*. Cambridge: Polity Press.

Hirst, P. (1994) *Associative Democracy*. Cambridge: Polity Press.

Hirst, P. and Thompson, G. (1995) Globalization and the future of the nation state, *Economy and Society*, 24: 408–42.

Hoffman, S. (1966) The fate of the nation state', *Daedalus*, 95: 862–915.

Hogwood, B.W. (1982) Introduction, in B.W. Hogwood and M. Keating (eds), *Regional Government in England*. Oxford: Clarendon Press.

Hogwood, B.W. (1995a) Public Policy, *Public Administration*, 75: 59–73.

Hogwood, B.W. (1995b) The integrated regional offices and the single regeneration budget, *CLD Research Report no. 13*. London: Commission for Local Democracy.

Hogwood, B.W. and Gunn, L. (1984) *Policy Analysis for the Real World*. Oxford: Oxford University Press.

Holt, R.T. and Turner, J.E. (1970) (eds) *The Logic of Comparative Research*. New York: Free Press.

Hood, C.C. (1987) Public administration, in V. Bogdanor (ed.), *The Blackwell Encyclopaedia of Political Institutions*. Oxford: Blackwell.

Hood, C.C. (1990a) *Beyond the Public Bureaucracy State? Public Administration in the 1990s*. London: London School of Economics and Political Science, Inaugural Lecture, 16 January.

Hood, C.C. (1990b) Public administration: lost an empire not yet found a role', in A. Leftwich (ed.), *New Developments in Political Science*. Aldershot: Edward Elgar.

Hood, C.C. (1991) A public management for all seasons?, *Public Administration*, 69: 3–19.

Hood, C.C. (1995) Emerging Issues in Public Administration, *Public Administration*, 73: 165–83.

Hood, C.C. and Dunsire, A. (1981) *Bureaumetrics*. Farnborough: Gower.

Hood, C.C. and Jackson, M.J. (1991a) *Administrative Argument*. Aldershot: Dartmouth.

Hood, C.C. and Jackson, M.J. (1991b) The new public management: a recipe for disaster, *Canberra Bulletin of Public Administration*, 64 (May): 16–24.

Hood, C. and Scott, C. (1996) *Bureaucratic Regulation and New Public Management in the UK: Mirror Image Developments?* LSE/ESRC Bureaucratic Gamekeeping Project, Discussion Paper No. 2, January.

Hooghe, E. (1996) (ed.) *Cohesion and European Integration: Building Multi-Level Governance*. Oxford: Clarendon Press.

House of Lords (1981) Select Committee on the European Communities, 14th Report, *Regional Policy*, HL 93, Session 1980–81. London: HMSO

House of Lords (1991) Select Committee on the European Communities, 4th Report, *EEC Regional Development Policy* (with Evidence) Session 1991–2. London: HMSO.

Howarth, D. (1995) Discourse theory, in D. Marsh and G. Stoker (eds), *Theory and Methods in Political Science*. London: Macmillan.

Hull, C. and Rhodes, R.A.W. (1977) *Intergovernmental Relations in the European Community*. Farnborough: Saxon House.

Hume, L.J. (1981) *Bentham and Bureaucracy*. Cambridge: Cambridge University Press.

Hunter, D.J. and Wistow, G. (1987) The paradox of policy diversity in a unitary state: community care in Britain, *Public Administration*, 65: 3–23.

Hutton, W. (1996) *The State We're In*. London: Verso.

Inlogov (1992/3) *Inlogov Informs on Europe*. Birmingham: Institute of Local Government Studies.

Jackson, P. (ed.) (1985) *Implementing Government Policy Initiatives*. London: Royal Institute of Public Administration.

James, S. (1990) A streamlined city: the broken pattern of London government, *Public Administration*, 68: 493–504.

James, S. (1992) *British Cabinet Government*. London: Routledge.

Jenkins, W.I. (1978) *Policy Analysis*. London: Martin Robertson.

Jenkins, P. (1989) *Mrs Thatcher's Revolution*. London: Pan Books

Jenkins, W.I. (1993) Reshaping the management of government: the Next Steps initiative in the United Kingdom, in F.L. Seidle (ed.), *Rethinking Government: Reform or Revolution?* Quebec: Institute for Research on Public Policy.

Jenkins, W.I. and Roberts, G.K. (1971) Policy analysis: a wider perspective on public administration, *PAC Bulletin*, No. 11 (December): 57–75.

Jessop, B. (1979) Corporatism, parliamentarianism and social democracy, in P. Schmitter and G. Lehmbruch (eds), *Trends Towards Corporatist Intermediation*. Beverly Hills: Sage.

Jessop, B. (1990a) Regulation theories in retrospect and prospect, *Economy and Society* 19: 153–216.

Jessop, B. (1990b) *State Theory*. Cambridge: Polity Press.

Jessop, B. (1989) Conservative regimes and the transition to post-Fordism: the cases of Great Britain and West Germany, in M. Gottdiener and N. Komninos (eds), *Capitalist Development and Crisis Theory: Accumulation, Regulation, and Spatial Restructuring*. New York: St Martin's Press.

Jessop, B. (1992) *From the Keynesian Welfare to the Schumpeterian Workfare State*. Lancaster Regionalism Group, Working Paper 45, September. Lancaster: University of Lancaster.

John, P. (1994) 'The presence and influence of UK local authorities in Brussels'. Conference paper, 'PSA Annual Conference', University of Swansea.

Johnson, J.B. and Joslyn, R.A. (1991) *Political Science Research Methods*. Washington, DC: Congressional Quarterly.

Johnson, N. (1973) *Government in the Federal Republic of Germany: the Executive at Work*. Oxford: Pergamon Press.

Johnson, N. (1975) The place of institutions in the study of politics, *Political Studies*, XXIII: 271–283.

Johnson, N. (1980) *In Search of the Constitution*. London: Methuen University Paperback.

Johnson, N. (1989) *The Limits of Political Science*. Oxford: Clarendon Press.

Jones, G.W. (1986) Preface, in C.E. Hill, *A Bibliography of the Writings of W.A. Robson*. Greater London Paper No. 17: 6–12. London: London School of Economics and Political Science.

Jones, G.W. and Stewart, J. (1983) *The Case For Local Government*. London: Allen & Unwin.

Jordan, A.G. and Richardson, J.J. (1987) *British Politics and the Policy Process*. London: Allen & Unwin.

Jordan, A.G. (1981) Iron triangles, woolly corporatism and elastic nets: images of the policy process, *Journal of Public Policy*, 1: 95–123.

Jordan, A.G. (1990a) Sub-governments, policy communities and networks. Refilling the old bottles?, *Journal of Theoretical Politics*, 2: 319–38.

Jordan, A.G. (1990b) Policy community realism versus 'new' institutionalist ambiguity, *Political Studies*, XXXVIII: 470–84.

Jordan, A.G. (1992) *Next Steps Agencies: from Managing by Command to Managing by Contract*. Aberdeen Papers in Accountancy, Finance and Management, Paper No. 6.

Jordan, A.G. (1994) From Next Steps to market testing: administrative reform and improvisation, *Public Policy and Administration*, 9(2): 21–35.

Jordan, A.G. and Schubert, K. (eds) (1992) *Policy Networks*. Special issue of the *European Journal of Political Science*, 21, nos. 1–2.

Jordan, A.G., Maloney, W.A. and McLaughlin, A. (1994) Characterizing agricultural policy-making, *Public Administration*, 72: 505–26.

Josselin, D. (1994) 'Domestic policy networks and the making of EC policy: the case of financial services in France and the UK, 1987–1992', unpublished PhD thesis. University of London.

Jowell, J. and Oliver, D. (eds) (1989) *The Changing Constitution* (2nd edn). Oxford: Clarendon Press.

Judge, D. (1993) *The Parliamentary State*. London: Sage.

Kassim, H. (1993) Policy networks, networks and European policy-making: a sceptical view, *West European Politics*, 17: 15–27.

Kaufman, Franz-Xaver (ed.) (1991) *The Public Sector: Challenge for Coordination and Learning*. Berlin: de Gruyter.

Kavanagh, D. (1990) *Thatcherism and British Politics: the End of Consensus?* (2nd edn). Oxford: Oxford University Press.

Kavanagh, D. (1991) Why political science needs history, *Political Studies*, XXXIX: 479–95.

Kavanagh, D. and Seldon, A. (eds) (1989) *The Thatcher Effect*. Oxford: Oxford University Press.

Keating, M. and Jones, B. (eds) (1985) *Regions in the European Community*. Oxford: Clarendon Press.

Keating, M. and Jones, B. (1995) Nations, regions and Europe: the UK experience, in B. Jones and M. Keating (eds), *The European Union and the Regions*. Oxford: Clarendon Press.

Keating, M. and Waters, N. (1985) Scotland in the European Community, in M. Keating and B. Jones (eds), *Regions in the European Community*. Oxford: Clarendon Press.

Kellner, P. and Crowther-Hunt, Lord (1980) *The Civil Servants: an Inquiry into Britain's Ruling Class*. London: Macdonald.

Kemp, Sir Peter (1994) The civil service white paper: a job half finished, *Public Administration*, 72: 591–8.

Keohane, R.O. and Hoffman, S. (eds) (1991) *The New European Community: Decision making and Institutional Change*. Boulder, CO: Westview Press.

Kettl, D.F. (1993) *Sharing Power: Public Governance and Private Markets*. Washington, DC: The Brookings Institution.

Kickert, W. (1993a) Complexity, governance and dynamics: conceptual explorations of public network management, in J. Kooiman (ed.), *Modern Governance*. London: Sage.

Kickert, W. (1993b) Autopoiesis and the science of (public) administration: essence, sense and nonsense, *Organization Studies*, 14: 261–78.

Kickert, W.J.M., Klijn, E.H. and Koppenjan, J.F.M. (eds) (forthcoming) *Network Management in the Public Sector*. London: Sage.

Klijn, E.H., Koppenjan, J. and Termeer, K. (1995) Managing networks in the public sector, *Public Administration*, 73: 437–54.

Kogan, M. (1971) *The Politics of Education*. Harmondsworth: Penguin.

Kohler-Koch, B. (1996) The strength of weakness: the transformation of governance in the EU, in S. Gustavsson and L. Lewin (eds), *The Future of the Nation State: Essays on Cultural Pluralism and Political Integration*. London: Routledge.

Kohler-Koch, B. and Jachtenfuchs, M. (1995) *The Transformation of Governance in the European Union*. Arbeitspapiere Arbeitsbereich III No. 11. Mannheim: MZES.

Kooiman, J. (1993a) Social-political governance: introduction, in J. Kooiman (ed.), *Modern Governance*. London: Sage.

Kooiman, J. (1993b) Findings, speculations and recommendations, in J. Kooiman (ed.), *Modern Governance*. London: Sage.

Kooiman, J. (ed.) (1993c) *Modern Governance*. London: Sage.

Landau, M. (1979) [1972] *Political Theory and Political Science: Studies in the Methodology of Political Inquiry*. Sussex: Harvester Press.

Larson, A. (1992) Network dyads in entrepreneurial settings: a study of governance exchange relationships, *Administrative Science Quarterly*, 37: 76–104.

Laski, H.J., Jennings, W.I. and Robson, W.A. (eds) (1935) *A Century of Municipal Progress: 1835–1935*. London: Allen & Unwin.

Laski, H.J. (1939) *The Danger of Being a Gentleman* and Other Essays. London: Allen & Unwin.

Leach, S. (1995) The strange case of the local government review, in J. Stewart and G. Stoker (eds), *Local Government in the 1990s*. London: Macmillan.

Leach, S. (1996) Local government reorganization: a test case, in S. Leach, H. Davis and Associates, *Enabling or Disabling Local Government*. Buckingham: Open University Press.

Leach, S. and Davis, H. (1990) Introduction, *Local Government Studies*, 16(3): 1–11.

Leftwich, A. (1984) On the politics of politics, in A. Leftwich (ed.), *What is Politics?* Oxford: Blackwell.

Leftwich, A. (1990) Politics and development studies, in A. Leftwich (ed.), *New Developments in Political Science*. Farnborough: Edward Elgar.

Leftwich, A. (1993) Governance, democracy and development in the Third World, *Third World Quarterly*, 14: 605–24.

Leftwich, A. (1994) Governance, the state and the politics of development, *Development and Change*, 25: 363–86.

LeGales, P. and Thatcher, M. (eds) (1995) *Les réseaux de politique publique. Débat autour des policy networks*. Paris: Editions L'Harmatton.

Lewis, D. (1996) Is public access to civil service policy advice possible?, Speech to the Campaign for Freedom of Information, 5 March.

Lewis, N. and Harden, I. (1986) *The Noble Lie*. London: Hutchinson.

Lewis, D. and Wallace, H. (eds) (1984) *Policies into Practice: National and International Case Studies in Implementation*. London: Heinemann.

Likierman, A. (1982). Management information for ministers: the MINIS system in the Department of the Environment, *Public Administration*, 60: 127–42.

Lindblom, C.E. (1977) *Politics and Markets*. New York: Basic Books.

Local Government Training Board (1987) *Getting Closer to the Public*. Luton: LGTB.

Lomas, O. (1985) Law, in S. Ranson, G. Jones and K. Walsh (eds), *Between Centre and Locality*. London: Allen & Unwin.

Loughlin, M. (1996) *Legality and Locality: the Role of Law in Central–Local Government Relations*. Oxford: Clarendon Press.

Lowi, T. (1964) American business, public policy, case studies and political theory, *World Politics*, 16: 676–715.

Lowi, T. (1969) *The End of Liberalism*. New York: Norton.

Lowndes, V. (1996) Varieties of the new institutionalizm: a critical appraisal, *Public Administration*, 74: 181–97.

Luhmann, N. (1982) *The Differentiation of Society*. New York: Columbia University Press.

Luhmann, N. (1986) The autopoiesis of social systems, in F. Geyer and J. van der Zouwen (eds), *Sociocybernetic Paradoxes*. London: Sage.

Lyon, D. (1994) *Postmodernity*. Buckingham: Open University Press.

Lyotard, J-F. (1984) *The Postmodern Condition: A Report on Knowledge*. Manchester: Manchester University Press.

McAleavy, P. (1992) *The Politics of European Regional Development Policy: The European Commission's RECHAR Initiative and the Concept of Additionality*. Strathclyde Papers on Government and Politics No. 88. Glasgow: University of Strathclyde.

McConnell, A. (1966) *Private Power and American Democracy*. New York: Knopf.

McFarland, A. (1987) Interest groups and theories of power in America, *British Journal of Political Science*, 17: 129–47.

Mackenzie, W.J.M. (1967) *Politics and Social Science*. Harmondsworth: Penguin Books.

Mackenzie, W.J.M. (1975) 'Public Administration in the Universities, in W.J.M. Mackenzie, *Explorations in Government: collected papers 1951–1968*. London: Macmillan.

Mackenzie, W.J.M. and Grove, J.W. (1957) *Central Administration in Britain*. London: Longmans, Green.

McPherson, A. and Raab, C. (1988) *Governing Education*. Edinburgh: Edinburgh University Press.

Macridis, R.C. (1963) A survey of the field of comparative government, in H. Eckstein and D.E. Apter (eds), *Comparative Politics: A Reader*. London: Collier-Macmillan.

Madgwick, P. (1986) Prime ministerial power revisited, *Social Studies Review*, 1(5): 28–35.

Majone, G. (1994). The rise of the regulatory state in Europe, *West European Politics*, 17: 77–101.

Mandell, M.P. (1990) Network Management: strategic behaviour in the public sector, in R.W. Gage and M.P. Mandell (eds), *Strategies for Managing Intergovernmental Policies and Networks*. New York: Praegar.

Manheim, J.B. and Rich, R.C. (1991) *Empirical Political Analysis. Research Methods in Political Science* (3rd edn). White Plains, NY: Longmans.

Marando, V.L. and Florestano, P.S. (1990) Intergovernmental management: the state of the discipline, in N. Lynne and A. Wildavsky (eds), *Public Administration: the State of the Discipline*. Chatham, NJ: Chatham House.

March, J.G. and Olsen, J.P. (1984) The new institutionalism: organizational factors in political life, *American Political Science Review*, 78: 734–49.

March, J.G. and Olsen, J.P. (1989) *Rediscovering Institutions: The Organizational Basis of Politics*. New York: The Free Press.

Marcuse, H. (1964) *One-Dimensional Man*. Boston, MA: Beacon Press.

Marin, B. and Mayntz, R. (eds) (1991) *Policy Networks: Empirical Evidence and Theoretical Considerations*. Frankfurt am Main: Campus Verlag.

Marini, F. (ed.) (1971) *Toward a New Public Administration: the Minnowbrook Perspective*. Scranton: Chandler.

Marks, G. (1992) Structural policy in the European Community, in A. Sbragia (ed.), *Euro-Politics: Institutions and Policy making in the 'New' European Community*. Washington DC: Brooking Institution.

Marks, G. (1993) Structural policy and multi-level governance in the EC, in A.W. Cafrany and G.G. Rosenthal (eds), *The State of the European Community. Vol. 2: The Maastricht Debate and Beyond*. Harlow, Essex: Longman.

Marks, G. (1996) Exploring and Explaining Variations in EU cohesion policy, in L. Hooghe (ed.), *Cohesion and European Integration: Building Multi-Level Governance*. Oxford: Clarendon Press.

Marsh, D. (1983) *Pressure Politics*. London: Junction Books.

Marsh, D. (1991) Privatisation under Mrs Thatcher: a review of the literature, *Public Administration*, 9: 459–80.

Marsh, D. (1996) *Problems in Policy Network Analysis*. Birmingham: University of Birmingham, Department of Politics and International Studies.

Marsh, D. and Rhodes, R.A.W. (eds) (1992a) *Policy Networks in British Government*. Oxford: Clarendon Press.

Marsh, D. and Rhodes, R.A.W. (eds) (1992b) *Implementing Thatcherite Policies*. Buckingham: Open University Press.

Marsh, D. and Rhodes, R.A.W. (1995) Evaluating Thatcherism, *Politics*, 15: 49–54.

Marsh, D. and Smith, M. (1995) 'The Role of Networks in an Understanding of Whitehall: towards a dialectical approach. Conference paper, PSA Annual Conference. University of York, 18–20 April. I refer to the undated, revised version of this paper.

Marshall, G. (1984) *Constitutional Conventions: The Rules and Forms of Political Accountability*. Oxford: Clarendon Press.

Martin, S. and Pearce, G. (1993) European regional development strategies: strengthening meso-government in the UK?, *Regional Studies*, 27: 681–96.

Massey, A. (1995). *After Next Steps: an Examination of the Implications for Policy Making of the Developments in Executive Agencies*. A Report to the Office of Public Service and Science. London: OPSS.

Mayntz, R. (1993) Governing failures and the problem of governability, in J. Kooiman (ed.), *Modern Governance*. London: Sage.

Mazey, S. and Mitchell, J. (1993) Europe of the regions? Territorial interests and European integration: the Scottish experience, in S. Mazey and J. Richardson (eds), *Lobbying in the European Community*. Oxford: Oxford University Press.

Mazey, S. and Richardson, J.J. (eds) (1993) *Lobbying in the European Union*. Oxford: Oxford University Press.

Meny, Y. (1982) Should the Community Regional Policy be scrapped?, *Common Market Law Review* 19: 373–88.

Metcalfe, L. and Richards, S. (1990) *Improving Public Management* (2nd edn). London: Sage.

Meyer, J. and Rowan, B. (1977) Institutionalized organizations: formal structure as myth and ceremony, *American Journal of Sociology*, 83: 440–63.

Mills, M. and Saward, M. (1994) 'All very well in practice, but what about the theory? A critique of the British idea of policy networks'. Conference paper, PSA Annual Conference, University of Swansea, 29–31 April.

Mitchell, J. (1994) 'The articulation of regional interests in the European Union'. Conference paper, PSA Annual Conference, University of Swansea, 29–31 March.

Moodie, G.C. (1984) Politics is about government, in A. Leftwich (ed.), *What is Politics?* Oxford: Blackwell.

Moore, B. (1969) *Social Origins of Democracy and Dictatorship*. Harmondsworth: Penguin Books.

Morgan, G. (1986) *Images of Organization*. London: Sage.

Morris, J. (1991) Foreword, *European Information Service*, No. 125, December: 1–2.

Mottram, R. (1994) *The Changing Civil Service*. Ulster Papers in Policy and Management, No. 36, October. Ulster: School of Public Policy, Economics and Law, University of Ulster.

Mount, F. (1993) *The British Constitution Now: Recovery or Decline?* London: Mandarin.

Niskanen, W.A. (1971) *Bureaucracy and Representative Government*. Chicago: Aldine-Atherton.

Nordlinger, E. (1981) *On the Autonomy of the Democratic State*. Cambridge, MA: Harvard University Press.

North, D. (1990) *Institutions, Institutional Change and Economic Performance*. Cambridge: Cambridge University Press.

Norton, P. (1982) *The Constitution in Flux*. Oxford: Martin Robertson.

Norton, P. (1991a) The changing face of parliament, in P. Norton (ed.), *New Directions in British Politics? Essays on the Evolving Constitution*. Aldershot: Edward Elgar.

Norton, P. (1991b) In defence of the constitution: a riposte to the radicals, in P. Norton (ed.), *New Directions in British Politics? Essays on the Evolving Constitution* Aldershot: Edward Elgar.

Norton-Taylor, R. (1995) *Truth Is A Difficult Concept: Inside the Scott Inquiry*. London: Fourth Estate.

O'Leary, B. (1985) Is there a radical public administration?, *Public Administration*, 63: 345–51.

O'Leary, B. (1987) Why was the GLC abolished?, *International Journal of Urban and Regional Research*, 11: 193–217.

Oakeshott, M. (1967) [1962] *Rationalism in Politics and Other Essays*. London: Methuen University Paperback.

Offe, C. (1984) *Contradictions of the Welfare State*. London: Hutchinson.

Oliver, D. (1991) *Government in the United Kingdom: The Search for Accountability, Effectiveness and Citizenship*. Buckingham: Open University Press.

Olsen, J.P. (1991) Political science and organisation theory: parallel agendas but mutual disregard, in R.M. Czada and A. Windhoff-Héritier (eds), *Political Choice. Institutions, Rules and the Limits of Rationality.* Colorado: Westview Press.

Osborne, D. and Gaebler, T. (1992) *Reinventing Government.* Reading, MA: Addison-Wesley.

Oughton, J. (1994) Market testing: the future of the civil service, *Public Policy and Administration*, 9(2): 11–20.

Painter, C., Rouse, J. and Isaac-Henry, K. (1997) Local authorities and non-elected agencies: strategic responses and organizational networks, *Public Administration*, 77: forthcoming.

Painter, J. (1991) Compulsory competitive tendering in local government; the first round, *Public Administration*, 69: 191–210.

Panitch, L. (1980) Recent theories about corporatism: reflections on a growth industry, *British Journal of Sociology*, 31: 159–87.

Parker, M. (1992) Post-modern organizations or postmodern organization theory, *Organization Studies*, 13: 1–17.

Parker, R.S. (1979) The public service inquiries and responsible government, in R.F.I. Smith and P. Weller (eds), *Public Service Inquiries in Australia.* Brisbane: University of Queensland Press.

Parsons, W. (1995) *Public Policy.* Aldershot: Edward Elgar.

Perkin, H. (1969) *Origins of Modern English Society, 1780–1880.* London: Routledge & Kegan Paul.

Perrow, C. (1986) *Complex Organisations: a Critical Essay.* New York: Random House.

Peters, G. (1986) *American Public Policy.* Basingstoke: Macmillan.

Peters, G. (1992) Bureaucratic politics and the institutions of the European Community, in S. Sbragia (ed.), *Euro-Politics: Institutions and Policy Making in the 'New' European Community.* Washington: The Brookings Institution.

Peters, G. (1993) Managing the hollow state, in K.J. Eliassen and J. Kooiman (eds.), *Managing Public Organizations.* London: Sage.

Peters, T.J. and Waterman, R.H. (1982) *In Search of Excellence.* New York: Harper & Row.

Peterson, J. (1992) The European technology community: policy networks in a supranational setting, in D. Marsh and R.A.W. Rhodes (eds), *Policy Networks in British Government.* Oxford: Clarendon Press.

Peterson, J. (1995a) Policy networks and European Union policy making: a reply to Kassim, *West European Politics*, 18: 389–407.

Peterson, J. (1995b) Playing the transparency game: consultation and policy-making in the European Commission, *Public Administration*, 73: 473–92.

Peterson, J. (1995c) Decision-making in the European Union: towards a framework for analysis, *European Journal of Public Policy*, 2: 69–93.

Pickvance, C.G. (ed.) (1976) *Urban Sociology: Critical Essays.* London: Tavistock.

Pillinger, J. (1992) *Social Partner Participation in the Operation of the Structural Funds in the UK: The North West of England.* Barnsley: Northern College.

Plowden, W. (1994) *Ministers and Mandarins.* London: Institute for Public Policy Research.

Pollitt, C. (1993) *Managerialism and the Public Services* (2nd edn). Oxford: Blackwell.

Ponting, C. (1985) *The Right to Know. The Inside Story of the Belgrano Affair.* London: Sphere.

Powell, J. Enoch (1995) The greatest of the might-have-beens, in *A Rabanthology.* Chosen by Mollie Butler and privately published by Wilton 65.

Powell, W. (1991) Neither market nor hierarchy: network forms of organization, in G. Thomson *et al. Markets Hierarchies and Networks: the Coordination of Social Life.* London: Sage.

Powell, W. (1996) Trust-based forms of governance, in R.M. Kramer and T. Tyler (eds), *Trust in Organizations: Frontiers of Theory and Research.* London: Sage.

Power, M. (1994) *The Audit Explosion.* London: DEMOS.

Pressman, J. and Wildavsky, A. (1984) [1974] *Implementation* (3rd expanded edn). Berkeley: University of California Press.

Preston, C. (1984) 'The politics of implementation: the European Regional Development Fund and EC regional aid to the UK, 1975–81', unpublished PhD thesis. University of Essex, Colchester.

Price Waterhouse (1991) *Executive Agencies: Facts and Trends.* Edition 3, First Survey Report, March. London: Price Waterhouse.

Price Waterhouse (1994). *Executive Agencies: Facts and Trends.* Edition 8, Survey Report 1994, May. London: Price Waterhouse.

Prior, D. (1995) Citizen's charter, in J. Stewart and G. Stoker (eds), *Local Government in the 1990s.* London: Macmillan.

Public Accounts Committee (1994) *The Proper Conduct of Public Business.* Eighth Report, HC 154 Session 1993–94. London: HMSO.

Pugh, D.S., Hickson, D.J., Hinings, C.R., MacDonald, K., Turner, C. and Lupton, T. (1963) A conceptual scheme for organisational analysis, *Administrative Science Quarterly,* 8: 289–315.

Pugh, D.S. and Hickson, D.J. (1976) *Organizational Structure in its Context. The Aston Programme I.* Farnborough: Saxon House.

Pugh, D.S. and Hinings, C.R. (1976) *Organizational Structure: Extensions and Replications. The Aston Programme II.* Farnborough: Saxon House.

Putnam, R.A. (1988) Diplomacy and domestic politics: the logic of two-level games, *International Organization,* 42: 427–60.

Pyper, R. (1995) Ministerial responsibility and the Next Step agencies, in P. Giddings (ed.), *Parliamentary Accountability. A Study of Parliament and Executive Agencies.* London: Macmillan.

Ranson, S. and Stewart, J. (1989) Citizenship and government: the challenge of management in the public domain, *Political Studies,* XXXVII: 5–24.

Reed, M. (1992) *The Sociology of Organizations: Themes, Perspectives and Prospects.* London: Harvester Wheatsheaf.

Reed, M. (1993) Organizations and modernity: continuity and discontinuity in organization theory, in J. Hassard and M. Parker (eds), *Postmodernism and Organizations.* London: Sage.

Reich, C. (1971) *The Greening of America.* Harmondsworth: Penguin Books.

Rhodes, R.A.W. (1976) Central–local relations, in Committee of Inquiry into Local Government Finance, Appendix 6, *The Relationship between Central and Local Government: Evidence and Commissioned Work.* London: HMSO.

Rhodes, R.A.W. (1978) *The Rationality of Ambiguous Confusion: rules, strategies and prizes in British central–local relations.* London: Report to the SSRC Panel on Research into Central and Local Government.

Rhodes, R.A.W. (1979a) Research into central–local relations in Britain: a framework for analysis, in SSRC, *Central–Local Government Relationships.* London, SSRC.

Rhodes, R.A.W. (1979b) *Public Administration and Policy Analysis.* Farnborough: Saxon House.

Rhodes, R.A.W. (1980) Some myths in central–local relations, *Town Planning Review*, 51: 270–85.

Rhodes, R.A.W. (1981) *Control and Power in Central–Local Government Relationships*. Farnborough: Gower.

Rhodes, R.A.W. (1984) Continuity and change in British central–local government relations: the 'Conservative threat', 1979–83, *British Journal of Political Science*, 14: 261–83.

Rhodes, R.A.W. (1985a) Power-dependence, policy communities and intergovernmental networks, *Public Administration Bulletin*, No. 49 (December): 4–29.

Rhodes, R.A.W. (1985b) 'A squalid and politically corrupt process'? Intergovernmental relations in the postwar period, *Local Government Studies*, 11(6): 35–57.

Rhodes, R.A.W. (1986a) *The National World of Local Government*. London: Allen & Unwin.

Rhodes, R.A.W. (1986b) 'Power-dependence' theories of central–local relations: a critical reassessment, in M.J. Goldsmith (ed.), *New Research in Central-Local Relations*. Aldershot: Gower.

Rhodes, R.A.W. (1986c) *European Policy-Making, Implementation and Sub-central Governments*. Maastricht: European Institute of Public Administration.

Rhodes, R.A.W. (1988) *Beyond Westminster and Whitehall*. London: Unwin-Hyman.

Rhodes, R.A.W. (1990) Policy networks: a British perspective, *Journal of Theoretical Politics*, 2: 293–317.

Rhodes, R.A.W. (1991a) Theory and methods in British public administration: the view from political science', *Political Studies*, XXXIX: 533–54.

Rhodes, R.A.W. (ed.) (1991b) *The New Public Management*. Special issue of *Public Administration*, 69 (Spring).

Rhodes, R.A.W. (1991c) *Local Governance*. Report to the Society and Politics Research Development Group. Swindon: Economic and Social Research Council.

Rhodes, R.A.W. (1991d) Now nobody understands the system: the changing face of local government, in P. Norton (ed.), *New Directions in British Politics?* Aldershot: Edward Elgar.

Rhodes, R.A.W. (1992a) Beyond Whitehall: researching local governance, *Social Sciences*, No. 13 (November): 2.

Rhodes, R.A.W. (1992b) The Europeanisation of sub-central government: the case of the UK, *Staatswissenschaften und Staatspraxis*, 2: 80–91.

Rhodes, R.A.W. (1992c) Intergovernmental relations: unitary systems, in M. Hawkesworth and M. Kogan (eds), *Encyclopedia of Government and Politics*. London: Routledge.

Rhodes, R.A.W. (1993) *The Changing Nature of the British Executive: a research proposal*. Report to the Research Programmes Board. Swindon: Economic and Social Research Council.

Rhodes, R.A.W. (1994a) The hollowing out of the state, *Political Quarterly*, 65: 138–51.

Rhodes, R.A.W. (1994b) State-building without a bureaucracy, in I. Budge and I. McKay (eds), *Developing Democracy*. London: Sage.

Rhodes, R.A.W. (1995a) The study of political institutions, in G. Stoker and D. Marsh (eds), *Theories and Methods in Political Science*. London: Macmillan.

Rhodes, R.A.W. (1995b) *The New Governance: Governing without Government*. London: RSA and ESRC.

Rhodes, R.A.W. (1995c) The state of public administration: a professional history of the 1980s, *Public Administration*, 73: 1–15.

Rhodes, R.A.W. (ed.) (1995d) Public administration: the state of the discipline, Special issue of *Public Administration*, 73 (Spring).

Rhodes, R.A.W. (1995e) From prime ministerial power to core executive, in R.A.W. Rhodes and P. Dunleavy (eds), *Prime Minister, Cabinet and Core Executive*. London: Macmillan.

Rhodes, R.A.W. (1996a) From institutions to dogma: tradition, eclecticism and ideology in the study of British public administration, *Public Administration Review*, 55: 1–11.

Rhodes, R.A.W. (1996b) The new governance: governing without government, *Political Studies*, 44: 652–67.

Rhodes, R.A.W. (1997) Shackling the leader? Coherence, capacity and the hollow crown, in P. Weller, H. Bakvis and R.A.W. Rhodes (eds), *The Hollow Crown: Countervailing Trends in Core Executives*. London: Macmillan.

Rhodes, R.A.W., Bache, I. and George, S. (1996) Policy networks and policy-making in the European Union: a critical appraisal, in L. Hooghe (ed.), *Cohesion and European Integration: Building Multi-Level Governance*. Oxford: Clarendon Press.

Rhodes, R.A.W. and Dunleavy, P. (eds) (1995) *Prime Minister, Cabinet and Core Executive*. London: Macmillan.

Rhodes, R.A.W. and Marsh, D. (1994) 'Policy networks: "defensive" comments, modest claims, and plausible research strategies'. Conference paper, Roundtable on the Theory of Policy Communities and Policy Networks, Political Studies Association Annual Conference, University of Swansea, 29–31 April.

Rhodes, R.A.W., Hardy, B. and Pudney, K. (1980) 'Public interest groups in central–local relations: problems of terminology, classification and mapping'. Conference paper, SSRC Conference on Central–Local Relations, Wast Hills House, University of Birmingham, 14–16 March.

Rhodes, R.A.W., Hardy, B. and Pudney, K. (1982) *Patterns of Resource Exchange within the National Community of Local Government*. Discussion Paper No. 3. Colchester: Department of Government, University of Essex.

Richards, S. (1993) Memorandum submitted by Professor Sue Richards, Director of the Public Management Foundation, in TCSC, 6th Report, Volume II, *Minutes of Evidence and Appendices*. HC 390-II. Session 1992–3. London: HMSO, pp. 277–80.

Richardson, J.J. and Jordan, A.G. (1979) *Governing under Pressure: The Policy Process in a Post-Parliamentary Democracy*. Oxford: Martin Robertson.

Ridley, F.F. (1971) Public administration as a university subject, *PAC Bulletin*, No. 11 (December): 3–15.

Ridley, F.F. (1972) Public administration: cause for discontent, *Public Administration*, 50: 65–77.

Ridley, F.F. (1975) *The Study of Politics: political science and public administration*. London: Allen & Unwin.

Ridley, N. (1988) *The Local Right: Enabling Not Providing*. London: Centre for Policy Studies.

RIPA (Royal Institute of Public Administration) (1987). *Top Jobs in Whitehall: Appointments and Promotions in the Senior Civil Service*. London: RIPA.

Ripley, R. and Franklin, G. (1981) *Congress, the Bureaucracy and Public Policy*. Homewood, Il: Dorsey Press.

Robson, W.A. (1928) *Justice and Administrative Law*. London: Macmillan.

Robson, W.A. (1948) [1931] *The Development of Local Government* (revised and enlarged 2nd edn). London: Allen & Unwin.

Robson, W.A. (1939) *The Government and Misgovernment of London*. London: Allen & Unwin.

Robson, W.A. (ed.) (1956) *The Civil Service in Britain and France*. London: The Hogarth Press.

Robson, W.A. (1962) [1960] *Nationalized Industries and Public Ownership* (2nd edn). London: Allen & Unwin.

Robson, W.A. (1967) *Politics and Government at Home and Abroad*. London: Allen & Unwin.

Robson, W.A. (1975) The study of public administration then and now, *Political Studies*, XXII: 193–201.

Robson, W.A. (1979) Justice and administrative law reconsidered, *Current Legal Problems*, 32: 107–16.

Rose, R. (1980) *Politics in England* (3rd edn). London: Faber.

Rosen, F. (1983) *Jeremy Bentham and Representative Government*. Oxford: Clarendon Press.

Rosenau, J.N. (1992a) Governance, order and change in world politics, in J.N. Rosenau and E-O Czempiel (eds), *Governance without Government: Order and Change in World Politics*. Cambridge: Cambridge University Press.

Rosenau, J.N. (1992b) Citizenship in a changing global order, in J.N. Rosenau and E-O Czempiel (eds), *Governance without Government: Order and Change in World Politics*. Cambridge: Cambridge University Press.

Rosenau, P.M. (1992) *Post-modernism and the Social Sciences. Insights, Inroads and Intrusions*. Princeton: Princeton University Press.

Roszak, T. (1969) *The Making of a Counter Culture*. New York: Anchor Books.

Ryan, A. (1972) Utilitarianism and bureaucracy: the views of J.S. Mill, in G. Sutherland (ed.), *Studies in the Growth of Nineteenth Century Government*. London: Routledge & Kegan Paul.

Sabatier, P. (1986) Top-down and bottom-up models of policy implementation: a critical analysis and suggested synthesis, *Journal of Public Policy*, 6: 21–48.

Sait, E.M. (1938) *Political Institutions: A Preface*. New York: D. Appleton-Century.

Saunders, P. (1982) Why study central–local relations?, *Local Government Studies*, 8(2): 55–66.

Saunders, P. (1986) Reflections on the dual state thesis: the argument, its origins and its critics, in M. Goldsmith and S. Villadsen (eds), *Urban Political Theory and the Management of Fiscal Stress*. Aldershot: Gower.

Savage, S.P., Atkinson, R. and Robins, L. (eds) (1994) *Public Policy in Britain*. London: Macmillan.

Saward, M. (1992), The civil nuclear network in Britain, in D. Marsh and R.A.W. Rhodes (1992) *Policy Networks in British Government*. Oxford: Clarendon.

Saward, M. (1997) In search of the hollow crown, in P. Weller, H. Bakvis and R.A.W. Rhodes (eds), *The Hollow Crown*. London: Macmillan.

Sbragia, A. (1992) (ed.) *Euro-Politics: Institutions and Policy Making in the 'New' European Community*. Washington, DC: Brookings Institution.

Scharpf, F.W. (1988) The joint decision trap: lessons from German federalism and European integration, *Public Administration*, 66: 239–78.

Schmitter, P. (1979) Still the century of corporatism, in P. Schmitter and G. Lehmbruch (eds), *Trends Towards Corporatist Intermediation*. London: Sage.

Schon, D. (1973) *Beyond the Stable State*. Harmondsworth: Penguin.

Schram, S.F. (1993) Postmodern policy analysis: discourse and identity in welfare policy, *Policy Sciences*, 26: 249–70.

The Scott Report (1996) *Report of the Inquiry into the Export of Defence Equipment and Dual-Use Goods to Iraq and Related Prosecutions. Volumes I-V*. HC 115. London: HMSO.

Self, P. (1972) *Administrative Theories and Politics*. London: Allen & Unwin.

Seymour, H. (1994) Presentation to the European Parliament Labour Party on the use of the structural funds in the UK, Leeds Civic Centre, January.

Sharpe, L.J. (1978) The social scientist and policy-making in Britain and America, in M. Bulmer (ed.), *Social Policy Research*. London: Macmillan.

Sharpe, L.J. (ed.) (1993) *The Rise of Meso Government in Europe*. London: Sage.

Shelley, I. (1993) What happened to the RIPA?, *Public Administration*, 71: 471–89.

Silverman, D. (1970) *The Theory of Organizations*. London: Heinemann.

Skelcher, C. and Leach, S. (1990) Resource choice and the abolition process, *Local Government Studies*, 16(3): 33–46.

Skocpol, T. (1979) *State and Social Revolutions*. London: Cambridge University Press.

Smith, B.C. (1992) Introduction: development administration in the third development decade, in B.C. Smith (ed.), *Progress in Development Administration*. Chichester: Wiley.

Smith, M.J. (1990) *The Politics of Agricultural Support in Britain. The Development of the Agricultural Policy Community*. Aldershot: Dartmouth.

Smith, M.J. (1992) The agricultural policy community: the rise and fall of a closed relationship, in D. Marsh and R.A.W. Rhodes (eds), *Policy Networks in British Government*. Oxford: Clarendon.

Smith, M.J. (1993) *Pressure Power and Policy. State Autonomy and Policy Networks in Britain and the United States*. Hemel Hempstead: Harvester Wheatsheaf.

Smith, M.J. (1995) Interpreting the rise and fall of Margaret Thatcher: power dependence and the core executive, in R.A.W. Rhodes and P. Dunleavy (eds), *Prime Minister, Cabinet and Core Executive*. London: Macmillan.

Smith, M.J. (1996) *Theoretical and Empirical Challenges to British Central Government*. Sheffield: University of Sheffield, Department of Politics.

Smith, P. (1992) Budgeting in the UK, in A.F. Ott (ed.), *Public Sector Budgeting: a Comparative Study*. Aldershot: Edward Elgar.

South Yorkshire Local Authorities (1994) Submission to the European Parliament Labour Party hearing on the use of the structural funds in the UK. Leeds Civic Centre, January.

Stanyer, J. (1967) *County Government in England and Wales*. London: Routledge & Kegan Paul.

Stewart, J. (1971) The study of public policymaking, *PAC Bulletin*, No. 11 (December): 42–56.

Stewart, J. (1988) *Understanding the Management of Local Government*. Harlow, Essex: Longman.

Stewart, J. (1993) Defending public accountability, *Demos Newsletter*, No. 35 (November): 5–10.

Stewart, J. and Stoker, G. (1988) *From Local Administration to Community Government*. London: Fabian Society.

Stewart, J. and Stoker, G. (eds) (1989) *The Future of Local Government*. London: Macmillan.

Stewart, J. and Stoker, G. (1995a) Introduction, in J. Stewart and G. Stoker (eds), *Local Government in the 1990s*. London: Macmillan.

Stewart, J. and Stoker, G. (1995b) Fifteen years of local government restructuring 1979–94: an evaluation, in J. Stewart and G. Stoker (eds), *Local Government in the 1990s*. London: Macmillan.

Stoker, G. (1989) Creating a local government for a post-Fordist society: the Thatcherite Project?, in J. Stewart and G. Stoker (eds), *The Future of Local Government*. London: Macmillan.

Stoker, G. (1991) *The Politics of Local Government* (2nd edn). London: Macmillan.

Stoker, G. (1994) *Local Governance Programme: Annual Report 1994*. Swindon: ESRC.

Stoker, G. (1996) The struggle to reform local government: 1970–95, *Public Money and Management*, 16(1): 17–22.

Stoker, G. (1997) Local governance, *Public Administration*, 75.

Sundquist, J.L. (1968) *Politics and Policy: the Eisenhower, Kennedy and Johnson Years*. Washington DC: The Brookings Institution.

Taylor, C. (1992) *The Ethics of Authenticity*. Cambridge, MA: Harvard University Press.

TCSC (Treasury and Civil Service Committee) (1982) *Efficiency and Effectiveness in the Civil Service*. HC 236. Third Report, Session 1981–82. London: HMSO.

TCSC (Treasury and Civil Service Committee) (1993). *The Role of the Civil Service: Interim Report*. Sixth Report, Session 1992–93: Vol. I *Report, together with the Proceedings of the Committee* HC 390–I; Vol. II *Minutes of Evidence and Appendices* HC 390–II. London: HMSO.

TCSC (Treasury and Civil Service Committee) (1994) *The Role of the Civil Service*. Fifth Report. Session 1993–94: Vol. 1 *Report* HC 27–I; Vol. 2 *Minutes of Evidence* HC 27–II; Vol. 3 *Appendices to the Minutes of Evidence* HC 27–III. London: HMSO.

Terry, F. (1993) Managing relations with the European Community: the case of local government, in K. Isaac-Henry, C. Painter and C. Barnes (eds), *Management in the Public Sector: Challenge and Change*. London: Chapman and Hall.

Thain, C. and Wright, M. (1995) *The Treasury and Whitehall: the Planning and Control of Public Expenditure 1976–1993*. Oxford: Oxford University Press.

Thatcher, M. (1993) *The Downing Street Years*. London: HarperCollins.

Thelen, K. and Steinmo, S. (1992) Historical institutionalism in comparative perspective, in S. Steinmo, K. Thelen and F. Longstreth (eds), *Structuring Politics*. Cambridge: Cambridge University Press.

Thomas, R. (1978) *The British Philosophy of Administration*. London: Longman.

Thompson, P. (1993) Postmodernism: fatal distraction, in J. Hassard and M. Parker (eds), *Postmodernism and Organizations*. London: Sage.

Thompson, M., Ellis, R. and Wildavsky, A. (1990) *Cultural Theory*. Boulder, CO: Westview Press.

Thompson, G., Frances, J., Levačić, R., and Mitchell, J. (eds) (1991) *Markets Hierarchies and Networks: the Coordination of Social Life*. London: Sage.

Tilly, C. (ed.) (1975) *The Formation of National States in Western Europe*. Princeton, New Jersey: Princeton University Press.

Tricker, R.I. (1984) *International Corporate Governance*. Englewood Cliffs, NJ: Prentice Hall.

UGC (University Grants Committee) (1989) *Report of the Review Committee on Social Policy and Administration*. London: UGC.

Verney, D. (1991) Westminster model, in V. Bogdanor (ed.), *The Blackwell Encyclopaedia of Political Science* (corrected paperback edn). Oxford: Blackwell.

Vickers, Sir Geoffrey, (1968) [1965] *The Art of Judgement*. London: Methuen.

Wade, W. and Forsyth, C. (1994) *Administrative Law* (7th edn). Oxford: Clarendon Press.

Waldegrave, W. (1993) *Public Service and the Future: Reforming Britain's Bureaucracies*. London: Conservative Political Centre.

Waldo, D. (1975) Political science: tradition, discipline, profession, science, enterprise, in F.I. Greenstein and N. Polsby (eds), *Handbook of Political Science*. Vol. 1. *Political Science: Scope and Theory*. Reading, MA: Addison-Wesley.

Wallace, H. (1977) The establishment of the regional development fund: common policy or pork barrel?, in H. Wallace, W. Wallace, and C. Webb (eds), *Policy-Making in the European Communities*. Chichester: John Wiley.

Wallace H. (1984) Implementation across national boundaries, in D. Lewis and H. Wallace (eds), *Policies into Practice*. London: Heinemann.

Wallace, H., Wallace, W. and Webb, C. (eds.) (1977) *Policy Making in the European Community*. Chichester: John Wiley.

Wallace, W. (1982) Europe as a confederation, *Journal of Common Market Studies*, 20: 57–68.

Wallas, G. (1948) [1908] *Human Nature in Politics*. London: Constable.

Walsh, K. (1989) Competition and service in local government, in J. Stewart and G. Stoker (eds), *The Future of Local Government*. London: Macmillan.

Walsh, K. (1995) Competition and public service delivery, in J. Stewart and G. Stoker (eds), *Local Government in the 1990s*. London: Macmillan.

Wamsley, G.L. *et al.* (1987) The public administration and the governance process: refocusing the American dialogue, in R.C. Chandler (ed.), *A Centennial History of the American Administrative State*. London: Collier.

Wamsley, G.L. *et al.* (eds) (1990) *Refounding Public Administration*. London: Sage.

Ward, H. (1995) Rational choice theory, in D. Marsh and G. Stoker (eds), *Theories and Methods in Political Science*. London: Macmillan.

Watson, S. (1992) *Is Sir Humphrey Dead? The Changing Culture of the Civil Service*. Working Paper No. 103. Bristol: School for Advanced Urban Studies.

Weir, S. and Hall, W. (eds.) (1994) *Ego-trip: Extra Governmental Organisations in the UK and their Accountability*. London: Democratic Audit and Charter 88.

Wellberg, D. (1985) Appendix 1: Postmodernism in Europe: on recent German writing, in S. Trachtenberg (ed), *The Postmodern Movement*. Westport, Conn.: Greenwood Press.

Weller, P. (1985) *First Among Equals*. Sydney: Allen & Unwin.

Weller, P. (1989) *Malcolm Fraser, the Westminster System and the Separation of Powers*. Research Lecture Series. Brisbane: Griffith University.

Weller, P., Bakvis, H., and Rhodes, R.A.W. (eds) (1997) *The Hollow Crown*. London, Macmillan.

Wheare, K.C. (1946) *Federal Government* (4th edn). Oxford: Oxford University Press.

Wheare, K.C. (1951) *Modern Constitutions*. Oxford: Oxford University Press.

White, L.G. (1989) Public management in a pluralistic arena, *Public Administration Review*, 49: 522–32.

White, L.G. (1994) Policy analysis as discourse, *Journal of Policy Analysis and Management*, 13: 506–25.

Whittaker, A. (1992) The transformation in work: post-Fordism revisited, in M. Reed and M. Hughes (eds), *Rethinking Organizations*. London: Sage.

Wildavsky, A. (1975) *Budgeting*. Boston: Little, Brown.

Wildavsky, A. (1980) *The Art and Craft of Policy Analysis*. London: Macmillan.

Wilks, S. (1989) Government and industry relations: progress and findings of the ESRC research initiative, *Public Administration*, 67: 329–39.

Wilks, S. and Wright, M. (1987) Conclusion: comparing government–industry relations: states, sectors, and networks, in S. Wilks and M. Wright (eds), *Comparative Government Industry Relations*. Oxford: Clarendon Press.

Williams, D. and Young, T. (1994) Governance, the World Bank and liberal theory, *Political Studies*, 42: 84–100.

Williamson, O. (1975) *Markets and Hierarchies*. New York, Free Press.

Williamson, O. (1993) Calculativeness, trust, and economic organisation, *Journal of Law and Economics*, XXXVI: 453–86.

Willson, F.M.G. (1955) Ministries and boards: some aspects of administrative development since 1832, *Public Administration*, 33: 43–58.

Wilson, D. (1996) The Local Government Commission: examining the consultative process, *Public Administration*, 74: 199–219.

Wilson, G. (1991) Prospects for the public service in Britain: Major to the rescue?, *International Review of Administrative Science*, 57: 327–44.

Wilson, G. (1994) The Westminster Model in comparative perspective', in I. Budge and D. McKay (eds), *Developing Democracy*. London: Sage.

Wilson, W. (1899) *The State: Elements of Historical and Practical Politics*. London: Isbister & Co.

Wistow, G. (1992) The health service policy community: professionals pre-eminent or under challenge, in D. Marsh and R.A.W. Rhodes (eds), *Policy Networks in British Government*. Oxford: Clarendon.

Wistow, G., Knapp, M., Hardy, B and Allen, C. (1994) *Social Care in a Mixed Economy*. Buckingham: Open University Press.

Wolf-Philips, L. (1972) *Comparative Constitutions*. London: Macmillan.

Wolin, S. (1960) *Politics and Vision*. Boston: Little, Brown.

Working Party on the Internal Management of Local Authorities (1993) *Community Leadership and Representation: Unlocking the Potential*. London: HMSO.

World Bank (1992) *Governance and Development*. Washington, DC: World Bank.

Wright, D.S. (1974) Intergovernmental relations: an analytical overview, *The Annals*, No. 416: 1–16.

Wright, D.S. (1983) Managing the intergovernmental scene: the changing dramas of federalism, intergovernmental relations and intergovernmental management, in W.B. Eddy (ed.), *Handbook of Organization Management*. Berlin: de Gruyter.

Wright, D.S. (1988) *Understanding Intergovernmental Relations* (3rd edn). North Scituate, MA: Duxbury Press.

Wright, M. (1988a) Policy community, policy network and comparative industrial policies, *Political Studies*, 6: 593–612.

Wright, M. (1988b) The City rules, OK?, *Public Administration*, 66: 389–410.

Wright, M. (1989) 'Contextualising policy networks in the comparative analysis of industrial policy'. Conference paper, Conference on Policy Networks, Max-Planck-Institut für Gesellschaftsforshung, Cologne 4–5 December.

Wright, M. (1991) The comparative analysis of industrial policies: policy networks and sectoral governance structures in Britain and France, *Staatswissenschaften and Staatspraxis*, 4: 503–33

Wright, V. (1993) Public administration, regulation, deregulation and reregulation, in K.A. Eliassen and J. Kooiman (eds), *Managing Public Organizations*. London: Sage.

Wright, V. (1994) Reshaping the state: implications for public administration, *West European Politics*, 17: 102–34.

Yeatman, A. (1994) The reform of public management: an overview, *Australian Journal of Public Administration*, 53: 287–95.

Yin, R.K. (1984) *Case Study Research: Design and Methods*. London: Sage.

Young, H. (1989) *One of Us*. London: Macmillan.

Young, K. (1985) Re-reading the municipal progress: a crisis revisited, in M. Loughlin, M.D. Gelfand and K. Young (eds), *Half a Century of Municipal Decline, 1935–1985*. London: Allen & Unwin.

Young, K. (1994) Local government, in D. Kavanagh and A. Seldon (eds), *The Major Effect*. London: Macmillan.

Zifcak, S. (1994) *New Managerialism. Administrative Reform in Whitehall and Canberra*. Buckingham: Open University Press.

# 人名索引

公共行政与公共管理经典译丛

# 主题索引

# 人大版公共管理类翻译（影印）图书

## 公共行政与公共管理经典译丛

| 书名 | 著译者 | 定价 |
|---|---|---|
| 公共管理名著精华："公共行政与公共管理经典译丛"导读 | 吴爱明　刘晶　主编 | 49.80 元 |
| 公共管理导论（第四版） | ［澳］欧文·E. 休斯　著<br>张成福　马子博　等　译 | 48.00 元 |
| 政治学（第三版） | ［英］安德鲁·海伍德　著<br>张立鹏　译 | 49.80 元 |
| 公共政策分析导论（第四版） | ［美］威廉·N. 邓恩　著<br>谢明　等　译 | 49.00 元 |
| 公共政策制定（第五版） | ［美］詹姆斯·E. 安德森　著<br>谢明　等　译 | 46.00 元 |
| 公共行政学：管理、政治和法律的途径（第五版） | ［美］戴维·H. 罗森布鲁姆　等　著<br>张成福　等　译校 | 58.00 元 |
| 比较公共行政（第六版） | ［美］费勒尔·海迪　著<br>刘俊生　译校 | 49.80 元 |
| 公共部门人力资源管理：系统与战略（第六版） | ［美］唐纳德·E. 克林纳　等　著<br>孙柏瑛　等　译 | 58.00 元 |
| 公共部门人力资源管理（第二版） | ［美］埃文·M. 伯曼　等　著<br>萧鸣政　等　译 | 49.00 元 |
| 行政伦理学：实现行政责任的途径（第五版） | ［美］特里·L. 库珀　著<br>张秀琴　译　音正权　校 | 35.00 元 |
| 民治政府：美国政府与政治（第 23 版·中国版） | ［美］戴维·B. 马格莱比　等　著<br>吴爱明　等　编译 | 58.00 元 |
| 比较政府与政治导论（第五版） | ［英］罗德·黑格　马丁·哈罗普　著<br>张小劲　等　译 | 48.00 元 |
| 公共组织理论（第五版） | ［美］罗伯特·B. 登哈特　著<br>扶松茂　丁力　译　竺乾威　校 | 32.00 元 |
| 公共组织行为学 | ［美］罗伯特·B. 登哈特　等　著<br>赵丽江　译 | 49.80 元 |
| 组织领导学（第七版） | ［美］加里·尤克尔　著<br>丰俊功　译 | 78.00 元 |
| 公共关系：职业与实践（第四版） | ［美］奥蒂斯·巴斯金　等　著<br>孔祥军　等　译　郭惠民　审校 | 68.00 元 |
| 公用事业管理：面对 21 世纪的挑战 | ［美］戴维·E. 麦克纳博　著<br>常健　等　译 | 39.00 元 |
| 公共预算中的政治：收入与支出，借贷与平衡（第四版） | ［美］爱伦·鲁宾　著<br>叶娟丽　马骏　等　译 | 39.00 元 |
| 公共行政学新论：行政过程的政治（第二版） | ［美］詹姆斯·W. 费斯勒　等　著<br>陈振明　等　译校 | 58.00 元 |
| 公共部门战略管理 | ［美］保罗·C. 纳特　等　著<br>陈振明　等　译校 | 49.00 元 |
| 公共行政与公共事务（第十版·中文修订版） | ［美］尼古拉斯·亨利　著<br>孙迎春　译 | 68.00 元 |
| 案例教学指南 | ［美］小劳伦斯·E. 林恩　著<br>郗少健　等　译　张成福　等　校 | 39.00 元 |
| 公共管理中的应用统计学（第五版） | ［美］肯尼思·J. 迈耶　等　著<br>李静萍　等　译 | 49.00 元 |
| 现代城市规划（第五版） | ［美］约翰·M. 利维　著<br>张景秋　等　译 | 39.00 元 |
| 非营利组织管理 | ［美］詹姆斯·P. 盖拉特　著<br>邓国胜　等　译 | 38.00 元 |

| 书名 | 著译者 | 定价 |
|---|---|---|
| 公共财政管理：分析与应用（第九版） | ［美］约翰·L. 米克塞尔 著<br>苟燕楠 马蔡琛 译 | 138.00 元 |
| 公共行政学：概念与案例（第七版） | ［美］理查德·J. 斯蒂尔曼二世 编著<br>竺乾威 等 译 | 75.00 元 |
| 公共管理研究方法（第五版） | ［美］伊丽莎白森·奥沙利文 等 著<br>王国勤 等 译 | 79.00 元 |
| 公共管理中的量化方法：技术与应用（第三版） | ［美］苏珊·韦尔奇 等 著<br>郝大海 等 译 | 39.00 元 |
| 公共部门绩效评估 | ［美］西奥多·H. 波伊斯特 著<br>肖鸣政 等 译 | 45.00 元 |
| 公共管理的技巧（第九版） | ［美］乔治·伯克利 等 著<br>丁煌 主译 | 59.00 元 |
| 领导学：理论与实践（第五版） | ［美］彼得·G. 诺斯豪斯 著<br>吴爱明 陈爱明 陈晓明 译 | 48.00 元 |
| 领导学（亚洲版） | ［新加坡］林志颂 等 著<br>顾朋兰 等 译 丁进锋 校译 | 59.80 元 |
| 领导学：个人发展与职场成功（第二版） | ［美］克利夫·里科特斯 著<br>戴卫东 等 译 姜雪 校译 | 69.00 元 |
| 二十一世纪的公共行政：挑战与改革 | ［美］菲利普·J. 库珀 等 著<br>王巧玲 李文钊 译 毛寿龙 校 | 45.00 元 |
| 行政学（新版） | ［日］西尾胜 著<br>毛桂荣 等 译 | 35.00 元 |
| 比较公共行政导论：官僚政治视角（第六版） | ［美］B. 盖伊·彼得斯 著<br>聂露 李姿姿 译 | 49.80 元 |
| 理解公共政策（第十二版） | ［美］托马斯·R. 戴伊 著<br>谢明 译 | 45.00 元 |
| 公共政策导论（第三版） | ［美］小约瑟夫·斯图尔特 等 著<br>韩红 译 | 35.00 元 |
| 公共政策分析：理论与实践（第四版） | ［美］戴维·L. 韦默 等 著<br>刘伟 译校 | 68.00 元 |
| 公共政策分析案例（第二版） | ［美］乔治·M. 格伦 保罗·G. 法纳姆 著<br>王军霞 贾洪波 译 王军霞 校 | 59.00 元 |
| 公共危机与应急管理概论 | ［美］迈克尔·K. 林德尔 等 著<br>王宏伟 译 | 59.00 元 |
| 公共行政导论（第六版） | ［美］杰伊·M. 沙夫里茨 等 著<br>刘俊生 等 译 | 65.00 元 |
| 城市管理学：美国视角（第六版·中文修订版） | ［美］戴维·R. 摩根 等 著<br>杨宏山 陈建国 译 杨宏山 校 | 56.00 元 |
| 公共经济学：政府在国家经济中的作用 | ［美］林德尔·G. 霍尔库姆 著<br>顾建光 译 | 69.80 元 |
| 公共部门管理（第八版） | ［美］格罗弗·斯塔林 著<br>常健 等 译 常健 校 | 75.00 元 |
| 公共行政学经典（第七版·中国版） | ［美］杰伊·M. 沙夫里茨 艾伯特·C. 海德 主编<br>刘俊生 译校 | 148.00 元 |
| 理解治理：政策网络、治理、反思与问责 | ［英］R. A. W. 罗兹 著<br>丁煌 丁方达 译 丁煌 校 | 69.80 元 |
| 政治、经济与福利 | ［美］罗伯特·A. 达尔 查尔斯·E. 林德布洛姆 著<br>蓝志勇 等 译 | 98.00 元 |
| 新公共服务：服务，而不是掌舵（第三版） | ［美］珍妮特·V. 登哈特 罗伯特·B. 登哈特 著<br>丁煌 译 方兴 丁煌 校 | 39.00 元 |

| 书名 | 著译者 | 定价 |
|---|---|---|
| 议程、备选方案与公共政策（第二版·中文修订版） | ［美］约翰·W. 金登 著<br>丁煌 方兴 译 丁煌 校 | 49.00 元 |
| 政策分析八步法（第三版） | ［美］尤金·巴达克 著<br>谢明 等 译 谢明 等 校 | 48.00 元 |
| 新公共行政 | ［美］H. 乔治·弗雷德里克森<br>丁煌 方兴 译 丁煌 校 | 23.00 元 |
| 公共行政的精神（中文修订版） | ［美］H. 乔治·弗雷德里克森 著<br>张成福 等 译 张成福 校 | 48.00 元 |
| 官僚制内幕（中文修订版） | ［美］安东尼·唐斯 著<br>郭小聪 等 译 | 49.80 元 |
| 民营化与公私部门的伙伴关系（中文修订版） | ［美］E. S. 萨瓦斯<br>周志忍 等 译 | 59.00 元 |
| 行政伦理学手册（第二版） | ［美］特里·L. 库珀 主编<br>熊节春 译 熊节春 熊碧霞 校 | 168.00 元 |
| 政府绩效管理：创建政府改革的持续动力机制 | ［美］唐纳德·P. 莫伊尼汗 著<br>尚虎平 杨娟 孟陶 译 孟陶 校 | 69.00 元 |
| 后现代公共行政：话语指向（中文修订版） | ［美］查尔斯·J. 福克斯 等 著<br>楚艳红 等 译 吴琼 校 | 38.00 元 |
| 公共行政的合法性：一种话语分析（中文修订版） | ［美］O. C. 麦克斯怀特 著<br>吴琼 译 | 45.00 元 |
| 公共行政的语言：官僚制、现代性和后现代性（中文修订版） | ［美］戴维·约翰·法默尔 著<br>吴琼 译 | 56.00 元 |
| 领导学 | ［美］詹姆斯·麦格雷戈·伯恩斯 著<br>常健 孙海云 等 译 常健 校 | 69.00 元 |
| 官僚经验：后现代主义的挑战（第五版） | ［美］拉尔夫·P. 赫梅尔 著<br>韩红 译 | 39.00 元 |
| 制度分析：理论与争议（第二版） | ［韩］河连燮 著<br>李秀峰 柴宝勇 译 | 48.00 元 |
| 公共服务中的情绪劳动 | ［美］玛丽·E. 盖伊 等 著<br>周文霞 等 译 | 38.00 元 |
| 预算过程中的新政治（第五版） | ［美］阿伦·威尔达夫斯基 等 著<br>苟燕楠 译 | 58.00 元 |
| 公共行政中的价值观与美德：比较研究视角 | ［荷］米歇尔·S. 德·弗里斯 等 主编<br>熊缨 耿小平 等 译 | 58.00 元 |
| 公共决策中的公民参与 | ［美］约翰·克莱顿·托马斯 著<br>孙柏瑛 等 译 | 28.00 元 |
| 再造政府 | ［美］戴维·奥斯本 等 著<br>谭功荣 等 译 | 45.00 元 |
| 构建虚拟政府：信息技术与制度创新 | ［美］简·E. 芳汀 著<br>邵国松 译 | 32.00 元 |
| 突破官僚制：政府管理的新愿景 | ［美］麦克尔·巴泽雷 著<br>孔宪遂 等 译 | 25.00 元 |
| 政府未来的治理模式（中文修订版） | ［美］B. 盖伊·彼得斯 著<br>吴爱明 等 译 张成福 校 | 38.00 元 |
| 无缝隙政府：公共部门再造指南（中文修订版） | ［美］拉塞尔·M. 林登 著<br>汪大海 等 译 | 48.00 元 |
| 公民治理：引领 21 世纪的美国社区（中文修订版） | ［美］理查德·C. 博克斯 著<br>孙柏瑛 等 译 | 38.00 元 |
| 持续创新：打造自发创新的政府和非营利组织 | ［美］保罗·C. 莱特 著<br>张秀琴 译 音正权 校 | 28.00 元 |

| 书名 | 著译者 | 定价 |
|---|---|---|
| 政府改革手册：战略与工具 | [美] 戴维·奥斯本 等 著<br>谭功荣 等 译 | 59.00 元 |
| 公共部门的社会问责：理念探讨及模式分析 | 世界银行专家组 著<br>宋涛 译校 | 28.00 元 |
| 公私合作伙伴关系：基础设施供给和项目融资的全球革命 | [英] 达霖·格里姆赛 等 著<br>济邦咨询公司 译 | 29.80 元 |
| 非政府组织问责：政治、原则与创新 | [美] 丽莎·乔丹 等 主编<br>康晓光 等 译 冯利 校 | 32.00 元 |
| 市场与国家之间的发展政策：公民社会组织的可能性与界限 | [德] 康保锐 著<br>隋学礼 译校 | 49.80 元 |
| 建设更好的政府：建立监控与评估系统 | [澳] 凯思·麦基 著<br>丁煌 译 方兴 校 | 30.00 元 |
| 新有效公共管理者：在变革的政府中追求成功（第二版） | [美] 史蒂文·科恩 等 著<br>王巧玲 等 译 张成福 校 | 28.00 元 |
| 驾御变革的浪潮：开发动荡时代的管理潜能 | [加] 加里斯·摩根 著<br>孙晓莉 译 刘霞 校 | 22.00 元 |
| 自上而下的政策制定 | [美] 托马斯·R.戴伊 著<br>鞠方安 等 译 | 23.00 元 |
| 政府全面质量管理：实践指南 | [美] 史蒂文·科恩 等 著<br>孔宪遂 等 译 | 25.00 元 |
| 公共部门标杆管理：突破政府绩效的瓶颈 | [美] 帕特里夏·基利 等 著<br>张定淮 译校 | 28.00 元 |
| 创建高绩效政府组织：公共管理实用指南 | [美] 马克·G.波波维奇 主编<br>孔宪遂 等 译 耿洪敏 校 | 23.00 元 |
| 职业优势：公共服务中的技能三角 | [美] 詹姆斯·S.鲍曼 等 著<br>张秀琴 译 音正权 校 | 19.00 元 |
| 全球筹款手册：NGO 及社区组织资源动员指南（第二版） | [美] 米歇尔·诺顿 著<br>张秀琴 等 译 音正权 校 | 39.80 元 |

## 公共政策经典译丛

| 书名 | 著译者 | 定价 |
|---|---|---|
| 公共政策评估 | [美] 弗兰克·费希尔 著<br>吴爱明 等 译 | 38.00 元 |
| 公共政策工具——对公共管理工具的评价 | [美] B.盖伊·彼得斯 等 编<br>顾建光 译 | 29.80 元 |
| 第四代评估 | [美] 埃贡·G.古贝 等 著<br>秦霖 等 译 杨爱华 校 | 39.00 元 |
| 政策规划与评估方法 | [加] 梁鹤年 著<br>丁进锋 译 | 39.80 元 |

## 当代西方公共行政学思想经典译丛

| 书名 | 编译者 | 定价 |
|---|---|---|
| 公共行政学中的批判理论 | 戴黍 牛美丽 等 编译 | 29.00 元 |
| 公民参与 | 王巍 牛美丽 编译 | 45.00 元 |
| 公共行政学百年争论 | 颜昌武 马骏 编译 | 49.80 元 |
| 公共行政学中的伦理话语 | 罗蔚 周霞 编译 | 45.00 元 |

# 公共管理英文版著作

| 书名 | 作者 | 定价 |
|---|---|---|
| 公共管理导论（第四版） | ［澳］Owen E. Hughes<br>（欧文·E. 休斯） 著 | 45.00 元 |
| 理解公共政策（第十二版） | ［美］Thomas R. Dye<br>（托马斯·R. 戴伊） 著 | 34.00 元 |
| 公共行政学经典（第五版） | ［美］Jay M. Shafritz<br>（杰伊·M. 莎夫里茨） 等 编 | 59.80 元 |
| 组织理论经典（第五版） | ［美］Jay M. Shafritz<br>（杰伊·M. 莎夫里茨） 等 编 | 46.00 元 |
| 公共政策导论（第三版） | ［美］Joseph Stewart, Jr.<br>（小约瑟夫·斯图尔特） 等 著 | 35.00 元 |
| 公共部门管理（第九版·中国学生版） | ［美］Grover Starling<br>（格罗弗·斯塔林） 著 | 59.80 元 |
| 政治学（第三版） | ［英］Andrew Heywood<br>（安德鲁·海伍德） 著 | 35.00 元 |
| 公共行政导论（第五版） | ［美］Jay M. Shafritz<br>（杰伊·M. 莎夫里茨） 等 著 | 58.00 元 |
| 公共组织理论（第五版） | ［美］Robert B. Denhardt<br>（罗伯特·B. 登哈特） 著 | 32.00 元 |
| 公共政策分析导论（第四版） | ［美］William N. Dunn<br>（威廉·N. 邓恩） 著 | 45.00 元 |
| 公共部门人力资源管理：系统与战略（第六版） | ［美］Donald E. Klingner<br>（唐纳德·E. 克林纳） 等 著 | 48.00 元 |
| 公共行政与公共事务（第十版） | ［美］Nicholas Henry<br>（尼古拉斯·亨利） 著 | 39.00 元 |
| 公共行政学：管理、政治和法律的途径（第七版） | ［美］David H. Rosenbloom<br>（戴维·H. 罗森布鲁姆） 等 著 | 68.00 元 |
| 公共经济学：政府在国家经济中的作用 | ［美］Randall G. Holcombe<br>（林德尔·G. 霍尔库姆） 著 | 62.00 元 |
| 领导学：理论与实践（第六版） | ［美］Peter G. Northouse<br>（彼得·G. 诺斯豪斯） 著 | 45.00 元 |

**更多图书信息，请登录 www.crup.com.cn 查询，或联系中国人民大学出版社政治与公共管理出版分社获取**

地址：北京市海淀区中关村大街甲 59 号文化大厦 1202 室　　邮编：100872

电话：010－82502724　　　　　　　　　　　　　　　　　　传真：010－62514775

E-mail：ggglcbfs@vip.163.com　　　　　　　　　　　　　　网站：http://www.crup.com.cn

**图书在版编目（CIP）数据**

理解治理：政策网络、治理、反思与问责／（英）R. A. W. 罗兹（R. A. W. Rhodes）著；丁煌，丁方达译. --北京：中国人民大学出版社，2020.6

（公共行政与公共管理经典译丛）

"十三五"国家重点出版物出版规划项目

ISBN 978-7-300-27637-3

Ⅰ.①理… Ⅱ.①R…②丁…③丁… Ⅲ.①行政管理-研究 Ⅳ.①D035

中国版本图书馆 CIP 数据核字（2019）第 254227 号

"十三五"国家重点出版物出版规划项目

公共行政与公共管理经典译丛

**理解治理**

政策网络、治理、反思与问责

［英］R. A. W. 罗兹（R. A. W. Rhodes）　著

丁煌　丁方达　译

丁煌　校

Lijie Zhili

| | | | | |
|---|---|---|---|---|
| **出版发行** | 中国人民大学出版社 | | | |
| **社　　址** | 北京中关村大街 31 号 | **邮政编码** | 100080 | |
| **电　　话** | 010 - 62511242（总编室） | 010 - 62511770（质管部） | | |
| | 010 - 82501766（邮购部） | 010 - 62514148（门市部） | | |
| | 010 - 62515195（发行公司） | 010 - 62515275（盗版举报） | | |
| **网　　址** | http://www.crup.com.cn | | | |
| **经　　销** | 新华书店 | | | |
| **印　　刷** | 北京宏伟双华印刷有限公司 | | | |
| **规　　格** | 185 mm×260 mm　16 开本 | **版　次** | 2020 年 6 月第 1 版 | |
| **印　　张** | 15 插页 2 | **印　次** | 2022 年 1 月第 2 次印刷 | |
| **字　　数** | 305 000 | **定　价** | 69.80 元 | |